INA SCHMIDT

ALLES IN BESTER ORDNUNG

**oder wie man lernt,
das Chaos zu lieben**

**Ein philosophischer Wegweiser
vom Suchen zum Finden**

LUDWiG

 Verlagsgruppe Random House FSC-DEU-0100
Das für dieses Buch verwendete
FSC®-zertifizierte Papier *EOS*
liefert Salzer Papier, St. Pölten, Austria.

Lektorat: Imke Sörensen, Hamburg

Umschlaggestaltung: Eisele Grafik-Design, München
Umschlagfoto: © plainpicture/Anne Deppe
Satz: Leingärtner, Nabburg
Druck und Bindung: Pustet, Regensburg
Printed in Germany 2011
ISBN: 978-3-453-28027-4

Für Nils in Liebe

Das Wunderbare, das einzig eigentlich Seiende,
das mir begegnet, ist der Mensch, der er selbst ist.

KARL JASPERS

Inhalt

Kapitel 4:
Wie bringe ich mein Leben in Ordnung?
Ein philosophischer Wegweiser in aller Kürze 247

Einführung:
Alles in Ordnung?

Die Frage, ob alles in Ordnung ist, unser Leben wirklich so ist, wie es sein sollte, ob oder wie wir es in »Ordnung« bringen könnten, begleitet uns auf Schritt und Tritt. Immer wieder begegnen uns Dinge in unserem Leben, die wir verbessern, »optimieren« oder »maximieren« könnten: Effektivität und Effizienz sind zum Wert an sich aufgestiegen, und beide gehorchen einer streng durchdachten und regulierten Ordnung – sonst wären sie eben weder effektiv noch effizient.

Aber irgendwie werden wir bei all dem Herumschrauben an unseren Lebensmodellen nur angestrengter, verwirrter und unsicherer – nur eben nicht glücklicher. Es ist noch immer nicht alles in Ordnung, aber vielleicht liegt gerade darin das Geheimnis. Denn Ordnung ist weitaus mehr als das gedankenlose und mechanistische Aufpolieren der eigenen Möglichkeiten, sie ist mehr als das Zusammenbauen von Regalwänden und Hängeschränken – und erst, wenn wir dieses »Mehr« einmal genauer unter die Lupe nehmen, hat Ordnung vielleicht auch etwas mit Glück zu tun.

Überall sind wir umgeben von Dingen, Erfahrungen und Überzeugungen, denen wir eine Bedeutung geben oder einmal gegeben haben, die wir lieber behalten oder eigentlich loswerden wollen. Wir sind umgeben von Möglichkeiten, Menschen und Geschichten. Alles zusammen ergibt unsere eigene kleine oder große Welt in ihrer ganz besonderen Ordnung – ganz egal, ob es darin besonders aufgeräumt aussieht oder nicht.

Aber spätestens, wenn wir das Gefühl haben, dass darin etwas fehlt – also eine Lücke entstanden oder etwas in Unordnung geraten ist –, sollten wir ebendiese Dinge auf den Prüfstand stellen – bzw. unsere ganz persönlichen Vorstellungen von ihnen. Das, was mir fehlt, mag mein Nachbar noch nie vermisst haben, die Fragen, die sich meine Kollegin stellt, beunruhigen mich nicht im Geringsten, und so hat der antike Philosoph Epiktet noch immer recht, wenn er sagt, dass es viel weniger die Dinge sind, die uns beunruhigen, als unsere Meinung über die Dinge – unsere Vorstellung bzw. Erwartung an eine bestimmte Ordnung bzw. Unordnung. Es spielt eine Rolle, was ich »denke«, was ich von etwas halte – und oft genug wissen wir das gar nicht so ganz genau. »Darüber habe ich so noch nie nachgedacht« ist ein Satz, der mir in Seminaren oder Gesprächen häufig begegnet und meist einen interessanten Denkprozess in Gang setzt, in dem die eigene Lebens-Ordnung tatsächlich einmal zum Thema wird – ohne Bewertung, einfach als Gegenstand einer persönlichen Betrachtung: Wie und warum sehen die Ordnungen um mich herum eigentlich so aus und warum nicht ganz anders?

Die unterschiedlichen Gesichter der Ordnung

Die Frage, welche Rolle die »Ordnung« bei meiner eigenen Suche nach der »besten aller denkbaren Welten« (Wilhelm Leibniz) spielen sollte, hat sich mir schon vor ziemlich langer Zeit gestellt. Ich bin in einem recht großen Haus in einem recht kleinen Dorf aufgewachsen. Es war selbstverständlich, dass sich auf chaotischen Dach- und Heuböden jede Menge Gerümpel und damit Abenteuer verbargen und es immer eine Großmutter, Tante oder sonst jemanden gab, der zu meinen Entdeckungen eine Geschichte zu erzählen hatte. Auf unserem eigenen Dachboden gab es verschiedene schwere Holztruhen, in denen, neben kaputten Weihnachtskugeln, uralte

Kleidungsstücke, verblichene Reichsmarkscheine und alte Bonbontüten aus dem Kolonialwarenladen meiner Großmutter lagerten. Für alles schien Platz zu sein, und nur selten musste etwas weggeworfen werden. Scheinbar Überflüssiges kam in einen Karton, und der stand dann neben besagten Holztruhen warm und trocken auf dem Boden, und hin und wieder wurde in diesen Kisten etwas wiedergefunden. Dieser Dachboden war Rückzugsort zum Höhlenbauen und Versteckspielen, zum Sachensuchen und Finden, zum Geschichtenausdenken und Verkleiden. Erst sehr viel später habe ich diese Kostbarkeit wirklich zu schätzen gelernt, die mich in meiner Kindheit wie selbstverständlich umgab. Es gab immer ein bisschen zeitloses Chaos, in das man sich zwischen Hausaufgaben, Stundenplänen und Zimmeraufräumen flüchten konnte. Aber dass es durchaus auch einen Reiz hatte, den Dingen eine eigene Ordnung zu geben, entdeckte ich erst bei einem Besuch weit weg von unserem Dachboden.

Als ich neun Jahre alt war, verbrachte ich die Ferien bei einer meiner Cousinen, die ich immer ein bisschen aus der Ferne bewunderte, weil sie am Rande der Großstadt wohnte, in einem Riesenhaus, das sie mit so vielen Menschen teilte, dass sie gar nicht wusste, wer außer ihr noch alles in diesem Haus lebte. Ihr Zimmer war etwas kleiner als meins und es gab keinen Dachboden, in dem sich Kisten und Kästen aus verschiedenen Generationen stapelten. Dafür gab es allerhand andere Dinge, die mich in ihrer Unterschiedlichkeit zu dem, was ich gewohnt war, begeisterten. Das Faszinierendste im Zimmer meiner Cousine waren ihre Schubladen – in all diesen kleinen und großen praktischen Kästen befanden sich ihre Schätze (von denen es eine Menge gibt, wenn man neun Jahre alt ist), die sie meist in beschrifteten Tütchen oder kleinen Kartons aufbewahrte. Um alles, was zusammengehörte, hatte sie zumindest ein Gummiband oder eine Schleife gebunden. Das bot einen grandiosen An- und Einblick in das, was passierte, wenn man seinen Schätzen so begegnete wie sie es verdienten, um überhaupt als solche bezeichnet werden zu können. Denn kann etwas wirklich kostbar und wertvoll für uns sein, wenn es irgendwo in der letzten Ecke eines Dachbodens vor sich hin staubt?

Vielleicht ist es die echte Aufmerksamkeit, die den Dingen in unserem Leben eine Ordnung gibt, ein eindeutiges »Bekenntnis« zu dem, was wichtig ist und was eben nicht, ohne das ewige »vielleicht brauche ich das ja später noch mal« – eine Frage, die uns ganz sicher noch ausführlich beschäftigen wird.

Meine Cousine wusste genau, was wo war und wohin gehörte. Alles hatte seinen Platz – und eben nicht irgendeinen. Ein schier unvereinbarer Gegensatz zu dem, was ich in meinem eigenen Zimmer an Dingen zusammengetragen hatte, die mir – wenn eigentlich auch nicht weniger wichtig – so doch immer irgendwie außer Kontrolle zu geraten schienen. Selbst wenn sie einen besonderen Platz bekommen hatten, so wurden sie meist innerhalb kürzester Zeit von etwas umringt, bedrängt oder verdeckt, was gerade dazwischenkam, anders, neuer oder aufregender schien und doch noch keinen richtigen Platz gefunden hatte, also eher darauf wartete, später irgendwie »eingeordnet« zu werden. Was oft genug nicht passierte. Im Zweifel landeten diese Dinge erneut in einem Karton neben oder in der Holztruhe.

An einigen Stellen meines Lebens ist es bis heute so geblieben – mit dem großen Unterschied, dass ich mit mittlerweile mehr Menschen in einem kleineren Haus lebe und nicht die Chance habe, mich in Vorläufigkeiten und »Zwischenstationen« zu flüchten. Die Dinge fordern ihren Platz, ihr Recht – ihre Ordnung. Sie starren mich an und wollen wissen, welche Aufmerksamkeit ihnen zukommt und was ich von ihnen will. An guten Tagen gelingt es mir, um mit dem Schriftsteller W. Somerset-Maugham zu sprechen, mit »humorvoller Resignation« darauf zu reagieren und mich auch all dem zu widmen, was eher notwendig als großartig daherkommt. An weniger guten Tagen regen sich Fluchtgedanken, und dann gibt es noch diese wunderbaren Tage, an denen ich sofort weiß, was eigentlich wohin gehört und in welcher Reihenfolge – Tage, in denen alles halb so schlimm und dann auch erstaunlich schnell erledigt ist.

Aber häufig begegnet mir an diesen Tagen, an denen mich meine eigene Ordnung bzw. Unordnung beschäftigt, das Bild jener aufgeräumten Schubladen voller kindlicher Kostbarkeiten – etwa wenn ich den Blick auf meinem Schreibtisch herumwandern lasse, mich tapfer auf die Suche nach dem zwei Zentimeter großen Legolaserschwert im Zimmer meines Sohnes oder den Nägeln mit den größeren Köpfen auf der Werkbank meines Mannes mache oder einfach nur darüber nachdenke, warum Menschen die Dinge in ihrem Leben so unterschiedlich »anordnen«. Ist es wirklich ein Zuviel oder ein Zuwenig an »Platz«, das den Unterschied macht, sind es zu enge Regeln oder zu chaotische Strukturen, und wenn – beginnt diese Unterscheidung dann nicht bereits in unseren Köpfen, in engstirnigen Urteilen, starren Wertvorstellungen oder beschränkten Weltbildern?

Was haben all diese »Ordnungen« miteinander zu tun und wie gehen wir auf die Suche nach den eigenen Zusammenhängen? Eine gewisse Ordnung scheint jeder Mensch zu brauchen, um sich zurechtzufinden, um »sicher« zu sein, und doch muss jeder für sich selbst herausfinden, wie er diese »Übersichtlichkeit« herstellen und gestalten kann. Niemand kann für den anderen Ordnung schaffen – oder doch nur begrenzt –, eine Erkenntnis, die mit wachsender Anzahl der Familienmitglieder in meinem Leben immer deutlicher wird und in vielen Gesprächen, insbesondere mit anderen Eltern kleiner Kinder, Bestätigung findet, die ebenfalls an ihrer eigenen Ordnungsfront kämpfen. Aber warum ist das so? Was ist so furchtbar an Wäschebergen, was macht die Stapel auf dem Schreibtisch so unerträglich und warum entschuldigen wir uns als Erstes bei unangemeldetem Besuch über die unaufgeräumte Küche? Gibt es nicht Wichtigeres? Doch – würden wir sicher alle schnell einig bekennen –, es gibt sogar sehr viel Wichtigeres, und eigentlich möchten wir gar nicht an diesen geordneten Vorstellungen hängen bleiben, aber irgendetwas ganz tief in uns bleibt dabei. Wenn die Eltern im Anmarsch sind, wird gründlicher geputzt als sonst, der Wunsch nach beschrifteten Kartons im Keller lässt uns sogar in unseren anarchischen Momenten nicht wirklich los und selbst der schlampigste Fünfzehnjährige räumt sein Zimmer auf, wenn die Freundin auf dem Weg zu ihm ist.

Letztlich bleibt das Phänomen Ordnung auf seltsame Weise unbegreiflich – unbegrifflich –, wenn wir es auf unser persönliches Leben anwenden: Jeder von uns braucht es, um sich zurechtzufinden, um nicht jeden Morgen wieder von vorn zu beginnen. Denn auch wenn sie nicht zwingend das halbe Leben ausmachen sollte, ohne Ordnung funktioniert kaum etwas. Aber wie gesagt: Wo fängt das Zuviel an oder hört das Zuwenig auf? Wo liegt unser ganz persönliches »Maß« an unentdeckten Dachböden und der Übersichtlichkeit liebevoll aufgeräumter Schubladen?

Ist also alles in Ordnung?

Was also ist es, was eine lebendige »Ordnung« ausmacht? Können wir Ordnung tatsächlich herstellen oder geht es nicht viel eher darum, sie zu »ent-decken«, also Schicht für Schicht das abzutragen, was uns die Sicht verstellt, den Blick auf eine vielleicht grundsätzliche Ordnung in unserem Leben verhindert? Ist Ordnung demnach eine »Tugend«, ein Wert, der uns das Leben erleichtert, oder steckt noch mehr dahinter? Ist Aufräumen das Gleiche wie Ordnung schaffen, und wer entscheidet, was ordentlich ist und was nicht? Haben die Dinge eine eigene Ordnung, wie kann ich sie erkennen, und was führt zu so etwas wie einer »inneren« Ordnung, die im

Außen dann mit etwas Glück überhaupt keine Rechtfertigung mehr braucht?

All diese Fragen sollen in den folgenden Kapiteln gestellt und verfolgt werden, Antworten gibt es auch, aber keine Rezepte oder Leitlinien. Die zentrale Überzeugung dieses Buches ist es, dass Ordnung ein ganz persönliches Gefühl ist – ein Gefühl von »Stimmigkeit«, das sich ergibt, sobald wir uns darauf einlassen, uns selbst in die Suche nach einer eigenen Ordnung einzubeziehen, Fragen zu stellen und auszuhalten, dass wir am Ende nicht in der Lage sind, unser ganzes Leben in Schubladen, Aktenordnern und Schrankwänden unterzubringen, sondern im besten Fall Kriterien dafür finden können, wie wir unser Leben in geordnete Verhältnisse bringen.

Verhältnisse meinen aber, dass es immer einen Bezug, eine Beziehung zu etwas außer mir gibt und geben wird, etwas, das ich nicht kalkulieren kann, das aber maßgeblich zur Gestaltung meiner eigenen Ordnung beiträgt. Ich kann mich also nur in Ordnung üben, sie immer wieder neu »justieren«, weil ich schlicht nicht wissen kann, wie beispielsweise meine Familie auf die Idee einer beruflichen Auszeit reagiert. Vielleicht stifte ich so jede Menge Unordnung – oder aber die Dinge kommen dadurch tatsächlich einmal zur Ruhe.

Gerade in diesem Versuch, die Ordnung immer wieder neu zu entdecken, ohne sich selbst den Boden unter den Füßen wegzuziehen, besteht die Herausforderung und der eigentliche Reiz. Friedrich Nietzsche hat einmal gesagt, dass wir noch ein wenig Chaos in uns tragen müssen, um einen tanzenden Stern zu gebären – weil das Leben in seinem innersten Wesen chaotisch, rätselhaft, manchmal dunkel, im besten Sinne aber fantastisch ist und wir uns damit nicht nur arrangieren oder abfinden, sondern genau diese Kraft und Lebendigkeit nutzen sollten, die uns vielfach verloren geht, wenn wir ewig auf der Suche nach der perfekten »Ordnung« unterwegs sind – oder aber sie im Gegensatz dazu vehement ablehnen. Im ersten wie im zweiten Fall bleiben wir in der alten

Vorstellung von Ordnung stecken. Selbst bei einer starrköpfigen (und oft wahnsinnig selbstverliebten) Ablehnung eines »geordneten Lebens« stellen wir es frei nach Hegel nur auf den Kopf: Auch in der reinen Negation bleiben wir von dem abhängig, was wir da ablehnen. Wir schaffen nichts wirklich Neues, sondern drehen das Alte einmal herum.

Dieses Buch möchte eine Idee von Ordnung entwickeln, die sich nicht von »alten« Vorstellungen trennen muss, um sich dem Neuen zu öffnen. Ordnung ist alles andere als spießig, sie ist spannend und ein kreativer Prozess, wenn wir denn ein bisschen Chaos in uns bewahren. Es kann also nicht das Ziel sein, all unsere Unordnung auf ewig wegzuräumen oder gar unter den Teppich zu kehren, aber wir dürfen uns auch nicht aus dem Staub machen, indem wir die Ablehnung von Ordnung als Ausdruck trendiger Avantgarde, Freiheit und Kreativität bewerten. Beides ist auf Dauer langweilig und engstirnig. Das Ziel liegt darin, eine Perspektive zu eröffnen, in der die Ordnung eine wichtige Bedingung für persönliche Freiheit und tatsächliche Selbstverwirklichung ist.

Denn Freiheit, der wir alle so sehnsüchtig nachhängen, braucht einen persönlichen Rahmen, in dem sie sich entfalten kann, einen Boden, auf dem sie wachsen kann, und zwar einen Boden, den wir so wählen müssen, wie wir ihn als Teil einer lebendigen Gemeinschaft, einer Familie, eines Projektteams, einer Fußballmannschaft und auch als Mitglied einer freiheitlichen Gesellschaftsordnung vor uns selbst verantworten und gestalten können. Wenn die Dinge in Ordnung kommen sollen, wenn wir unser Leben in Ordnung bringen wollen, dann braucht es weitaus mehr als den Keller zu entrümpeln – es geht ums »Ganze«: Nur, wenn wir uns mit all dem, was wir sind, mit unserem Denken, unseren Werten, unseren Emotionen und Erfahrungen auf den Prüfstand stellen und ernsthaft darüber nachdenken, warum wir dort stehen, wo wir stehen, ob wir überhaupt stehen und ob uns das, was wir dabei sehen, gefällt, kommen wir tatsächlich einen Schritt weiter.

Auf diesem Weg ist die Philosophie eine wertvolle Hilfe. Sie ist Expertin im Hinterfragen, im Klären und Demaskieren – sie bringt uns auf die richtigen, die »wegweisenden« Gedanken und kann dabei sogar sehr verständlich und lebensnah daherkommen. Nach einem Beratungsgespräch hat sich eine junge Frau bei mir für die Hilfe beim »Gehirnaufräumen« bedankt – und aus dieser neuen gedanklichen Ordnung haben sich bei ihr zentrale Lebensentscheidungen ergeben, die vorher verstellt und verwickelt waren. Diese Entscheidungen trifft jeder für sich allein, aber das philosophische Denken hilft, klarer zu sehen – eine andere Brille aufzusetzen, um zu erkennen, welche Möglichkeiten wir tatsächlich haben. Es gibt Kritiker, die sehr laut und überzeugt ablehnen, dass Philosophie so etwas wie Lebenshilfe sein kann – sie könne maximal das Denken lehren, sei aber an sich eine eher schmerzhafte und in jedem Fall einsame Angelegenheit. Das mag so sein – wenn wir uns in die Philosophiegeschichte vertiefen, versuchen, gegen all die Satzungeheuer anzuarbeiten, die auch im Namen der »Liebe zur Weisheit« verbrochen worden sind, und vor allen Dingen, wenn wir weiterhin davon ausgehen, dass das Denken nur dann ein »richtiges« und geschultes Denken ist, wenn es sich in logischen Gefügen und Theorien bewegen und in der Kunst der Abstraktion glänzen kann. Nun, ich bin ganz und gar anderer Ansicht und würde in jeder Schule des Denkens immer das Anliegen vermuten, sich im eigenen Leben besser zurechtzufinden, Dinge besser zu verstehen, Hilfe zu suchen bei Fragen, die ich allein nicht zu klären imstande bin. Eine solche Hilfe ist nach meinem Verständnis Lebenshilfe im besten Sinne – ganz und gar in der sokratischen Tradition, eine Philosophie, die nicht einmal zu Papier gebracht werden musste und allein im Dialog stattfand – soviel zum Thema Einsamkeit und Askese auf dem Weg zu mir selbst. Der Hirnforscher Ernst Pöppel hat auf einer

Konferenz im vergangenen Jahr gesagt, es müsse doch möglich sein, einmal ein anderes Denken auszuprobieren als das »weißer, westlicher, männlicher Rechtshänder«. Vielleicht ist genau das eine gute Idee, um die häufig so lebensfern geprägte Philosophie aus dem einen oder anderen theorieverliebten Universitätsgebäude hinaus auf die Straße zu locken, mitten in die banalen, manchmal nervtötenden, aber so oft wundervollen Fragen und Begegnungen, die nur aus einer Nähe zum Phänomen des Lebens als Erfahrung und nicht als Begriff hervorgehen können.

Es werden also im Folgenden keine philosophischen Denkgebäude skizziert oder einzelne Theorien vorgestellt, sondern alltägliche Sinn- und Lebensfragen, konkrete Ideen oder Geschichten geben den Takt vor. Geschichten und Gedanken, die mir begegnet sind, in Gesprächen, am Rande von Vorträgen oder Abendveranstaltungen oder in meinem ganz persönlichen Familienleben, das jede Menge Fragen nach Ordnung und Chaos aufwirft. Oft genug hat die Philosophie etwas sehr Wertvolles dazu zu sagen, eine andere Perspektive oder eine Möglichkeit, die zum Nachdenken anregt, die mitten im Alltag innehalten lässt und für ein wenig Ordnung sorgen kann. Insbesondere die Denker, die der sogenannten Lebensphilosophie angehörten, werden zu Wort kommen. Vertreter wie Friedrich Schlegel, Arthur Schopenhauer, Friedrich Nietzsche, aber auch Philosophen aus dem 20. Jahrhundert wie Karl Jaspers, Martin Heidegger und Hannah Arendt haben vielfach mit Bezug zur platonischen und stoischen Philosophie der griechischen Antike von der Frühromantik bis ins 20. Jahrhundert hinein für eine lebensnahe und lebendige Philosophie gekämpft, die sich nicht nur hinter den Mauern der akademischen Zunft verschanzt. Eine Philosophie, die den Mut hat, mitten im Leben zu philosophieren und damit auch aus der wissenschaftlichen Ordnung herauszutreten – eintretend in einen Dialog mit dem, was den Menschen am Herzen liegt, was sie bewegt und wonach sie suchen. Hier findet das eigentliche philosophische Denken sein wertvollstes Material und seine größte Herausforderung und damit eben auch selbst den Weg in eine eigene gedankliche Ordnung, die sich nicht auf die Theorie beschränken will, sondern in der Persönlichkeit des Philosophierenden aufgeht, weil es nun mal nicht anders geht – auch Philosophen sind »nur« Menschen, so wie die meisten Menschen mit Karl Popper auch Philosophen sind oder es zumindest sein könnten.

In diesem Sinne nähern wir uns in den folgenden Kapiteln dem Phänomen »Ordnung« auf ganz unterschiedliche Weisen. Zu Beginn geht es darum, die grundsätzlichen Fragen danach zu stellen, was Ordnung eigentlich »ist«, was wir meinen, wenn wir etwas als »ordentlich« oder »geordnet« beschreiben. Auf welche Denktradition stützen wir uns dabei – oft, ohne es zu wissen – und welche Begriffe können uns helfen, einmal ganz anders darüber nachzudenken?

Wie gehen wir eigentlich mit der manchmal so eigenwilligen Ordnung um, die aus den Dingen selbst heraus zu entstehen scheint, der Frage also, ob einzelnen Dingen, Momenten, Gebilden so etwas wie eine eigene Ordnung innewohnt? Hier helfen auch Anleihen an den Grenzen von Philosophie und Physik, den Ideen der Selbstorganisation, dem Zusammenspiel von Gegensätzen und dem plötzlichen Entstehen neuer Zusammenhänge innerhalb eines Systems.

Diese Gedanken auf unsere eigene innere wie äußere Welt anzuwenden, darum geht es im zweiten Kapitel. In welchen Lebensbereichen ist das Gefühl von Unordnung besonders groß und warum? Können wir Ordnung hier tatsächlich durch Aufräumen herstellen oder sind wir hier nicht vielmehr auf der Suche nach einer Lebens*kunst*, die eher einem Rhythmus, einer individuellen Harmonie ähnelt und eben nicht dazu aufruft, alles wegzuheften und einen bürokratischen Hängeschrank im Kopf zu eröffnen?

Dieser Möglichkeit gehen wir im dritten Kapitel des Buches nach, und vielleicht geht an einem solchen Punkt vielmehr darum, die eigenen Schrankwände einzureißen, um zu schauen, was dahinter liegt. Entdeckergeist, Neugier und Erfindungsreichtum, all das wird zu prüfen sein, auf dem Weg in eine eigene Ordnung. Damit haben wir es mit einer sehr komplexen, philosophischen und schwierigen Aufgabe zu tun – aber gleichzeitig mit einer der schönsten, die wir uns stellen können. Fangen wir also an, Ordnung zu schaffen!

Kapitel I

Die Ordnung der Dinge:
Vom Aufräumen mit staubigen Weltbildern

Nicht die Zukunft als solche,
sondern die Zukunft als Plan negiert das Gegebene.

HANNAH ARENDT

D as Suchen nach irgendwelchen Dingen, der Wunsch nach einer einigermaßen stabilen Ordnung, in der die Dinge brav an ihrem Platz bleiben, treibt uns oft genug an den Rand des Wahnsinns – die Dinge bleiben einfach nicht dort, wo wir sie gern hätten oder auch nur vermuten. Dauernd verändert sich etwas, und manchmal hat man das Gefühl, man arbeite die ganze Zeit nur daran, einen mittelmäßigen Status quo aufrechtzuerhalten und dabei keinen Schritt voranzukommen. Dabei haben wir immer wieder das Gefühl, es nur nicht »richtig« angestellt zu haben. Wir müssten noch besser, effizienter, organisierter sein – aber alles Verschieben, Drehen und Wenden, alle Listen und Merkzettel helfen anscheinend wenig: Wir suchen beständig nach den Autoschlüsseln, dem richtigen Mann, den passenden Vorhängen und dem großen Glück. Hin und wieder finden wir auch etwas, aber viel zu oft kommen wir über die Autoschlüssel oder die Vorhänge nicht hinaus. Woran liegt das? Suchen wir nicht richtig, oder wollen wir etwas finden, das wir gar nicht suchen können?

Also halten wir trotz all unserer Geschäftigkeit kurz inne und überlegen: Vielleicht liegt das Problem überhaupt nicht darin, dass wir mit unserem Ordnungsmanagement nicht umgehen können, dass wir zu faul, zu klein, zu arm oder zu fantasielos sind, sondern darin, dass sich die wenigsten Dinge in unseren Schubladen und Strukturen wirklich unterbringen lassen. Sie widersetzen sich schlicht unserer Idee von Ordnung und sprengen mit einem hämischen Grinsen jeden Rahmen, den wir für sie vorgesehen hatten. Ob hübsch geputzt, neu angeschafft oder etwas eingestaubt in den hinteren Ecken unserer Welt, unser Verständnis von Ordnung scheint nicht mit dem mitzuhalten, was die Dinge, die Welt da draußen von uns fordert, damit tatsächlich endlich einmal alles in »Ordnung« sein kann. Und doch wollen, können und sollten wir den Versuch, eine Ordnung herzustellen, nicht aufgeben – sie verspricht uns Sicherheit und ist als anerkannte Sekundärtugend ein wesentlicher Bestandteil, um ein gutes, erfülltes Leben überhaupt irgendwie strukturiert zu bekommen. Zumindest war das einmal so.

Ist Ordnung eine Tugend – und was ist überhaupt eine Tugend?

Mittlerweile ist die Tugendhaftigkeit der Ordnung (wie übrigens auch der Begriff der Tugend, der in der griechischen Antike zentral für die eigene Lebensführung gewesen ist) ziemlich aus der Mode geraten.

Das, was in den 70er-Jahren als Sekundärtugenden beschrieben wurde, sind Qualitäten, die zum Gelingen einer Gesellschaft beitragen sollten. Dazu gehörten Fleiß, Treue, Gehorsam – und u. a. auch die Liebe zur Ordnung. Die Auswahl dieser Tugenden geht zurück auf das preußische Verständnis von Tugendhaftigkeit und geriet in der Gesellschaft der Moderne vielfach schnell an seine Grenzen. Kritik aus der Studentenbewegung und schnelle Bezüge zum Nationalsozialismus haben die positive Bewertung der Tugenden im Sinne der griechischen Idee eines »geglückten« Lebens fast unmöglich gemacht.

Schauen wir also auf unsere jüngste Geschichte zurück, dann verstehen wir, warum Tugend im Sinne von blindem

Gehorsam, Fleiß und Disziplin bei uns keinen Platz oder zumindest einen schweren Stand hat – auch die Ordnung hat aus diesem Grund nur selten einen positiven Beigeschmack, obwohl wir sie in unserem Wohnzimmer, Keller oder den Küchenschubladen überaus schätzen.

Dennoch ist die gesamte Entwicklung der Moderne und Postmoderne darauf ausgerichtet, gewachsene »Ordnungen«, religiöse und weltanschauliche Leitlinien auf den Prüfstand zu stellen, neue Ideen zu entwickeln, sich aus dem »Korsett« überlebter Denkstrukturen zu befreien. Dabei ist sie immer wieder auf die Gegenbewegung gestoßen, auf konservative Geister, denen es weniger um die Ordnung als um ihre eigene Machtstellung ging und die das Bewährte zu bewahren versuchten. Vertreter einer »konservativen Revolution« haben um 1900 versucht, den Bestrebungen einer freiheitlichen Lebensreformbewegung entgegenzuwirken und damit z. T. dazu beigetragen, dass eine neue politische Idee Aufwind bekam, die die Grenzen jeder denkbaren Ordnung maßlos überschritten hat.

Was uns nach all den geschichtlichen Katastrophen, Wirren und unerzählten Geschichten bleibt, ist ein sehr oft »gestörtes«, unglückliches und ungeklärtes Verhältnis zu dem, was Ordnung auch sein kann, sein muss und immer sein wird.

Sie umgibt uns als lebendiges Prinzip in allen Dingen, zeigt sich in dem, wie wir uns in unserem Leben einrichten, und hilft uns im besten Fall, das, was uns wesentlich ist, zu erreichen, zu strukturieren und umzusetzen. Die ursprüngliche Idee eines tugendhaften Lebens findet sich in der griechischen Philosophie erstmalig in einem Text des Dichters Aischylos, später sehr zentral in der platonischen Philosophie, die vier Kardinaltugenden formulierte: die Tapferkeit, die Gerechtigkeit, die Besonnenheit und die Klugheit bzw. Weisheit. Diese vier Tugenden beschrieben die Qualitäten, die Fähigkeiten eines Menschen, der zu werden, der er ist – seine ihm gegebenen Fähigkeiten zu entfalten und damit, wie Aristoteles es beschrieb, zur inneren Glückseligkeit zu finden. So ist auch in der weiteren Entwicklung des Begriffs bis hin zur Formulierung der preußische Kardinaltugenden das Tugendhafte immer ein Zeichen der inneren Selbstbefreiung, eines reflektierten und selbstbewussten Wesens gewesen, das sein Leben im besten Sinne zu gestalten imstande ist. Die bürgerlichen Tugenden haben diesen ursprünglichen Katalog erweitert, sodass auch die »Ordnung« nun unter den Tugenden zu finden ist. Aber auch hier ist die Ordnungsliebe ursprünglich ein Instrument der Aufklärung gewesen und diente nicht in erster Linie dazu, die Menschen der eigenen Struktur unterzuordnen, sondern deutlich zu machen, dass der Mensch seinem Wesen nach Struktur braucht, um selbstständig denken und handeln zu können (ein Gedanke, der zugegeben sehr leicht für die eigene Ideologie zu missbrauchen ist).

Ordnung ist sogar mehr als das »halbe Leben«

Das, was Ordnung sein kann, was sie ausmacht, wenn man sie von ihren geschichtlichen und politischen Beschränkungen befreit, ist eben nicht das, was den »ewigen Spießer« bei Ödön von Horvath auszeichnet, oder das, was den blitzblanken Opportunisten und Mitläufer in Heinrich Manns »Untertan« beschreibt. Nicht die aufgeräumte Fassade und symmetrisch angeordneten Blumenrabatten sind das, worum es der Ordnung geht, sondern vielmehr das, was der Philosoph Martin Heidegger schon in den 50er-Jahren mit »Bodenständigkeit« gemeint hat. Eine Haltung, die den Boden unter den eigenen Füßen ebenso ernst nimmt wie die Möglichkeit, sich zu entwickeln und neugierig durch die Welt zu stromern. Eine Bodenständigkeit, die das Ziel verfolgt, Ordnung und Sicherheit zu schaffen, ohne sich dabei in Ausflüchten, Dogmen, idealen Zerrbildern oder glänzenden Fassaden zu verfangen.

Angesichts der wachsenden technischen Möglichkeiten des damals gerade beginnenden Atomzeitalters und der gleichzeitigen Entwurzelung vieler Menschen nach zwei Weltkriegen fragt Heidegger, was dem Einzelnen einen neuen Grund geben kann, auf dem er stehen lernen – wieder boden-ständig werden kann. Dabei warnt er vor einer Gedankenflucht, einer gedankenlosen Flucht u. a. in die Welt der Naturwissenschaft, die uns die Welt der Zahlen als das eigentliche Wesen der Dinge verkaufen will – und dabei dem Wesen des Menschen nicht gerecht wird, einem Wesen, das sich doch gerade durch das individuelle, besinnliche Denken auszeichnet. Heidegger ist überzeugt, dass die größte Gefahr, der wir ins Auge sehen müssen, viel weniger die Atombombe oder das Ausmaß des technischen Fortschritts ist (auch wenn wir jetzt wissen, dass diese Gefahr tatsächlich Realität werden kann), sondern die mindestens ebenso gefährliche Möglichkeit, dass »die im Atomzeitalter anrollende Revolution der Technik den Menschen auf eine Weise fesseln, behexen, blenden und verblenden könnte, dass eines Tages das rechnende Denken als das einzige in Geltung und Übung bliebe. Welche große Gefahr zöge dann herauf? Dann ginge mit dem höchsten und erfolgreichsten Scharfsinn des rechnenden Planens und Erfindens – die Gleichgültigkeit gegen das Nachdenken, die totale Gedankenlosigkeit zusammen. Und dann? Dann hätte der Mensch sein Eigenstes, das er nämlich ein nachdenkendes Wesen ist, verleugnet und weggeworfen. Darum gilt es, dieses Wesen des Menschen zu retten. Darum gilt es, das Nachdenken wach zu halten.«

Wenn wir uns mit dieser Unterscheidung näher beschäftigen (und dazu kommen wir noch ausführlich), wird deutlich, was für ein unterschiedliches Empfinden oder Beurteilen von Ordnung daraus entsteht. Das »rechnende« Denken jongliert mit Zahlen und ist zufrieden, wenn die Bilanzen stimmen, die Rechnung am Ende aufgeht: Dann ist alles in Ordnung. Das besinnliche Denken fängt an dieser Stelle erst an: Ist wirklich alles in Ordnung, was empfinde ich angesichts einer berechenbaren Welt und wie finde ich mich selbst darin wieder? Es zeigt sich schon hier – in den kleinen und persönlichen Dingen wie den großen gesellschaftlichen Zusammenhängen –, wie ambivalent unser Verhältnis zu dem ist, was wir Ordnung nennen. Wir brauchen sie, wollen sie aber nicht so richtig, oder aber wir klammern uns so sehr an die »gute alte Ordnung«, dass wir uns dabei den Blick auf das gegenwärtige Leben verstellen. Aber vielleicht gelingt es, diesem eigenartigen Phänomen in den folgenden Abschnitten so auf die Spur zu kommen, dass der eine oder andere Gegensatz sich in einer neuen Perspektive auflösen lässt.

Was sagen die Wissenschaften?

Wenn wir mit unserem Latein an dieser Stelle am Ende sind, fragen wir doch einmal dort nach, wo es um die kompetente Erforschung ebensolcher Fragen geht. Es gibt verschiedenste Bereiche der Wissenschaft und Forschung, die sich mit dem Phänomen »Ordnung« beschäftigen – und möglicherweise hilft uns die eine oder andere Idee bei unseren Fragen weiter. Wir alle kennen den Begriff der »Ordnung« aus der Biologie: Im Zuge der Evolution lassen sich Pflanzen und Tiere in höhere und niedere Ordnungen einteilen. Aus der Soziologie und den politischen Theorien ist der Begriff einer gesellschaftlichen Ordnung oder gar einer Weltordnung geläufig, in der Theologie geht es gar um eine »göttliche Ordnung«.

Bei aller Unterschiedlichkeit dessen, was am Ende als »Ordnung« definiert wird, geht es in fast all diesen Überlegungen darum, wie Ordnung und Veränderung zueinanderstehen, wie sie miteinander in Einklang zu bringen sind und worin die Bedingungen für das eine wie das andere liegen. Also: Gibt es so etwas wie eine Ordnung, die immer eine Ordnung bleibt? Einmal aufgeräumt, immer aufgeräumt?

Eine wunderbare Vorstellung, oder etwa nicht? Wie müsste eine solche Ordnung beschaffen sein?

Um allen Spekulationen und Überlegungen an dieser Stelle vorzugreifen – die zentrale Bedingung für eine solche Ordnung ist die Abwesenheit jeglicher lebendiger Elemente. Wir müssten uns und unser Leben mit wegräumen, erst dann würde ein für alle Mal Ordnung einkehren. Auch darin sind sich die meisten wissenschaftlichen Theorien einig, was sie jedoch nicht daran hindert, diese Abwesenheit von Leben als den Idealfall in Laboren oder Modellen als Idealfall der Realität zu stilisieren.

Dahinter steht der immer noch verbreitete Gedanke einer im Kern deterministischen Idee der Welt auf Basis (mono-) kausaler Zusammenhänge: »Wenn ich dies tue, dann passiert das.« Hin und wieder und unter idealen Bedingungen funktioniert dieses Prinzip auch, aber ist es damit auch das, was die Welt in Ordnung bringt? Der französische Denker und Forscher Laplace hat zu Beginn des 19. Jahrhunderts diese Idee pointiert mit dem Begriff eines »Dämonen« beschrieben, der – allerdings nur als theoretische Möglichkeit – den Verlauf der Welt zu berechnen imstande sein könnte. Der Laplace'sche Dämon steht für das deterministische Ideal, dass wir, sofern wir alle Bedingungen, alle Gegebenheiten im Zusammenspiel der Dinge kennten, tatsächlich auch in der Lage wären, ihren weiteren Verlauf vorauszusagen. »Eine Intelligenz, die in einem gegebenen Augenblick alle Kräfte kennt, mit denen die Welt begabt ist, und die gegenwärtige Lage der Gebilde, die sie zusammensetzen, und die überdies umfassend genug wäre, diese Kenntnisse der Analyse zu unterwerfen, würde in der gleichen Formel die Bewegungen der größten Himmelskörper und die des leichtesten Atoms einbegreifen. Nichts wäre für sie ungewiss, Zukunft und Vergangenheit lägen klar vor ihren Augen.«

Das ist die Reinform der Idee einer im Kern deterministischen Welt, an der wir nur deshalb scheitern, weil wir eben nicht in der Lage sind (mangels Intelligenz, Zeit oder An-strengung sei hier jetzt mal dahingestellt), alle Gegebenhei-ten und Bedingtheiten zu kennen. Im Idealfall der reinen Theorie aber würde die Wesenhaftigkeit der Welt eine genaue Berechenbarkeit ihrer selbst hergeben. Dagegen sprechen alle lebendigen Erfahrungen, was der ehemalige Direktor des Max-Planck-Instituts für experimentelle Medizin Friedrich Cramer mit einer »fundamentalen« Komplexität beschreibt, einem chaotischen Zusammenspiel der Dinge, das sich letzt-lich jeder Form der klassischen physikalischen Berechnung entzieht. Hurra, es lebe das Chaos! Aber wie gehen wir nun mit unserem nach wie vor elementaren und verständlichen Wunsch nach Systematik und Prognostizierbarkeit um?

Ordnung ist kein statischer Zustand

Wie so oft entstehen die interessantesten Möglichkeiten an den Grenzen der Disziplinen, dort, wo sich Unterschiedliches berührt und damit andere Denk- und Sichtweisen auf das ver-meintlich »Erkannte« möglich werden. So gibt es verschie-denste Begriffe und Brückenschläge, die aus den Naturwissen-schaften in die Welt des sozialen Miteinanders übertragbar und uns bei der Suche nach neuen Denkansätzen eine große Hilfe sind. In der Physik (bzw. der Thermodynamik) und der Informationstheorie finden wir den interessanten Begriff der Entropie, der das Maß an Energie bezeichnet, das wir aufbrin-gen müssen, um ein komplexes »System« – z. B. unser Wohn-zimmer, aber auch das Verhältnis zu unserem Bruder oder die Situation in der Firma – aus seinem Status vieler optionaler und verschiedener Wirklichkeiten in nur einen realisierbaren Zustand der Wirklichkeit zu befördern, einen Zustand, in dem die Dinge ihren eigenen Platz haben – also geordnet erschei-nen. Der ideale Zustand, bei dem alles »in Ordnung« ist – also eben nur einen einzigen Platz hat –, bietet keinerlei Möglichkeit für eine andere Wirklichkeit. In der Thermodynamik, der dieser Begriff ursprünglich entstammt, ist dieser Zustand ein Eiskristall bei 273 Grad minus – ein schönes Bild, um zu zeigen, wie wunderschön eine statische, perfekte Ordnung am Ende sein kann, wie viel Kälte aber auch von einem Zustand ausgeht, der keinen Platz für irgendeine Form von Lebendigkeit mehr bietet. Alles ist erfroren!

Dennoch scheinen wir sehr an der Idee zu hängen, dass wir einen Zustand erreichen können, der uns eine solche statische Ordnung ermöglicht und – erhält. Friedrich Cramer fasst es zusammen: »Ordnung ist in unserem herkömmlichen Begriffssystem etwas Statisches. Fast automatisch denken wir bei raumzeitlicher Ordnung an einen Endpunkt, an welchem alles in dieser vorgegebenen Ordnung erstarrt. Kristallisation wäre dann das Idealbild von Ordnung. Wir werden jedoch sehen, dass die Ordnung des Lebendigen kein statisches Phänomen ist, nicht dem Kristall vergleichbar. Leben ist auf der einen Seite ein dynamisches Entstehen von Ordnung, das immer von Zerfall von Ordnung, vom Übergang in Chaos begleitet wird.«

Dieser Zerfall aber, das Chaos, wie wir es nennen und das wir hinter dem Zerfall vermuten, macht uns Angst. Wir empfinden solch unkontrollierbare Unordnung als etwas Bedrohliches, und nur selten sehen wir darin die positive Möglichkeit zur Veränderung. In der Thermodynamik ist das – chaotische – Gegenstück zu einem Kristall ein Gasgemisch, in dem die Teilchen munter durcheinanderwirbeln, ohne sich für einen Platz zu interessieren, an dem sie haltmachen wollen – hochgradig entropisch. Die Ordnung, die hier entsteht, ist die »Gleichgültigkeit« jedes ihrer Elemente. Es gibt keine Hierarchien oder festen Strukturen: die totale Freiheit, Ordnung in ihrer schönsten Form oder eben doch das totale Chaos?

Wer einmal einen größeren Kindergeburtstag veranstaltet hat, weiß ungefähr, was es bedeutet, mit einem solchen Zustand umgehen zu müssen. Er ist zwar unglaublich lebendig, voller Überraschungen und Möglichkeiten, aber auf Dauer nicht auszuhalten. Es braucht also etwas zwischen diesen beiden extremen Polen, um das »Maß« der Entropie so einzupendeln, dass wir in der Lage sind, uns in unserem eigenen organischen System, unserer Welt, zurechtzufinden, ihr einen Rahmen und uns einen Halt zu geben und doch für Veränderung offen zu bleiben.

Das Phänomen der schöpferischen Zerstörung

Damit sind wir bei einem Wechselspiel zwischen den beiden Polen Ordnung und Unordnung angelangt, das der Ökonom Joseph Schumpeter in seinem Werk »Kapitalismus, Sozialismus und Demokratie« mit dem schönen Begriff der »schöpferischen Zerstörung« beschrieben hat. Hier nutzen wir also die Erforschung sozialer Systeme, die das menschliche Miteinander in den Blick nehmen und es in seiner Wirkungsweise von so manchen berechenbaren Vorgängen in der Natur abzugrenzen – wenn auch nach wie vor mit dem Ziel, es in Form von Theorien einigermaßen schlüssig und abstrakt zu erfassen. Schumpeter beschreibt in seinem Buch die notwendige »Zerstörung« von Ordnungen, damit neue, weiterentwickelte oder einfach nur andere Zusammenhänge überhaupt entstehen können. In diesem Fall steckt etwas sehr Positives hinter dem Gedanken, dass sich Ordnung nur als Prozess und weniger als ein Zustand denken lässt. Ohne diese Dynamik gäbe es keinen Fortschritt, keine Veränderung zum Besseren, sondern es bliebe bei der Aufrechterhaltung dessen, was wir kennen. Auch wenn der Begriff ursprünglich aus der Ökonomie stammt, so wissen wir doch auch in unseren täglichen Beobachtungen genau, was damit gemeint ist. Jede Ordnung, auch wenn wir sie noch so sehr herbeigesehnt haben, verselbstständigt sich nur allzu gern und droht im schlimmsten Fall zum leeren Selbstzweck zu werden. Warum genau können die Blumenvasen nicht einen Platz auf dem obersten Küchenregal bekommen, dort, wo sie eigentlich gebraucht werden? Ach, ja, sicher, weil sie immer schon unten im Keller gestanden haben (was genau heißt immer?), das Blumenbeet neben der Kellertür aber seit mindestens zehn Jahren schon nicht mehr da ist. Solche Ordnungen sind eigentlich keine mehr, sie sind einfach übrig gebliebene Zusammenhänge, die ihren ursprünglichen Kontext verloren haben, ohne dass es jemandem aufgefallen wäre. Es gibt Ordnungen, die basieren auf ehemals sinnvollen Zusammenhängen, die Zusammenhänge haben sich verändert, die Ordnung aber nicht. Dies ist ein eindeutiger Fall von notwendiger »schöpferischer Zerstörung«, es spricht nichts dagegen, die Vasen schleunigst aus dem Keller in die Küche zu holen und die Ordnung den bestehenden Verhältnissen anzupassen. So einfach ist es natürlich nicht immer – denn manchmal ist diese alte Ordnung eben auch eine lieb gewordene Gewohnheit, die wir wie einen alten Pantoffel durch alle Lebensphasen schleppen und mit der man auch gut und gerne alt und grau werden könnte. Bei aller Begeisterung für »Neues« und »anderes« sind wir Menschen darauf angelegt, das Alte, Gewohnte vorzuziehen, weil die Tatsache, dass wir uns darin auskennen, Sicherheit verspricht – Fortschritt und schöpferisches Potenzial hin oder her. Dieser Wunsch und die Sehnsucht nach Sicherheit sind es, die uns die Dinge überhaupt erst ordnen lassen. Wir wollen uns in dem auskennen, was wir tun – und das ist zunächst auch ein hochgradig wichtiger und notwendiger Schritt, um in unserem Leben Strukturen zu schaffen, um uns zu orientieren und ein Fundament zu legen, auf dem wir gut stehen können.

Wenn wir im nächsten Schritt aber außer Acht lassen, dass das Leben selbst ein dynamischer Wechsel von Kommen und Gehen, von Schöpfungs- und Zerstörungsprozessen ist, dann werden wir sehr viel Lebenskraft in das Aufrechterhalten von

Strukturen stecken, die uns Sicherheit schenken sollen, indem sie uns den Blick auf jede Veränderung verstellen. Die Idee der »schöpferischen Zerstörung« meint im wirtschaftlichen Zusammenhang die Reaktion auf das, was schon J. W. Goethe mit der Erstarrung jeder Ordnung in Pedanterie meinte, eine Form sich selbst überlebender Ordnungen, die dringend durch neue Formen und Strukturen abgelöst werden müssen – ihrer Zeit und den Umständen angemessen und entsprechend.

Ein ewiges Hin und Her

Wenn unsere Welt also wirklich in »Ordnung« sein soll, dann geht es nicht um das Herstellen eines bestimmten Zustands, sondern um das gekonnte Aushalten dieses »Hin und Her« – einer Entwicklung, von der wir selbst ein Teil sind. Das klingt nach einem großen Ziel, einem Ideal, das wir nicht so recht mit unserem Problem ewig unaufgeräumter Kinderzimmer zusammenbringen können – aber es hat sehr viel miteinander zu tun. Wenn ich meinen Sohn beispielsweise jeden Abend dazu auffordere, sein Zimmer aufzuräumen, dann (wir gehen jetzt einmal von dem Fall aus, dass er meiner Aufforderung tatsächlich nachkommt) wird es für ihn unmöglich sein, bestimmte Prozesse zu Ende zu bringen, die definitiv mehr Zeit brauchen als einen lächerlichen Nachmittag: notwendige Erfindungen, chemische Seltsamkeiten oder Legotürme, die den Fußboden mit der Decke verbinden sollen. Andererseits wird es nie zu neuen oder anderen Ideen kommen, wenn sich all seine Bauten und Gebilde ziellos und unfertig aneinanderreihen. Dann entsteht genau das Chaos, vor dem wir uns selbst immer gewarnt haben. Das Zimmer ist kaum noch zu betreten, es fehlt an jeder Form oder Struktur und ist weder für neue Ideen noch überraschende Besucher zu gebrauchen.

Es braucht also eine Ordnung, die sich den Gegebenheiten anpasst – eine Struktur, die sowohl mein Sohn als auch ich (sprich alle, die für die herzustellende Ordnung verantwortlich sind) kennen, um ihr gemäß das Zimmer in einen Zustand zu versetzen, in dem man frei atmen, denken, entwickeln und entspannen kann. Ordnung gehorcht bestimmten Kriterien, Regeln und Prinzipien, die vermittelt, kommuniziert und gemeinsam festgelegt werden, aber eben auch immer neu ausgerichtet oder angepasst werden wollen – wir müssen es nur tun. Wir werden also irgendwie lernen müssen, das, was wir sowieso jeden Tag erleben, als »unaufgeräumte« Voraussetzung für das anzuerkennen, was wir uns so sehnlich wünschen, wenn wir nach einer neuen »Ordnung« suchen – einer Ordnung, die nicht unbedingt das Gegenteil von Chaos sein kann, sondern eher der gelassene Versuch, das Chaos von seiner besten Seite zu sehen. Aber dazu kommen wir im folgenden Abschnitt.

Grundsätzlich lassen sich meist recht schnell zwei unterschiedliche Arten ausmachen, wie wir normalerweise und ohne groß darüber nachzudenken mit dem umgehen, was wir Ordnung nennen, wobei der gravierende Unterschied dieser beiden »Ordnungsprinzipien« hauptsächlich in der Bewertung all der Dinge liegt, die sich nicht so ohne Weiteres einordnen lassen.

Systematische oder kosmische Ordnung?

Es gibt zum einen die systematische Ordnung – ein Gebilde, das Regeln gehorcht, um bestimmte Zwecke zu erfüllen und Orientierung zu schaffen. Diese Form der Ordnung ist gemeint, wenn wir uns an die rein naturwissenschaftlichen Vorstellungen der Biologie oder auch der klassischen Physik erinnern. Demgegenüber steht die Vorstellung einer organischen, einer »kosmischen« Ordnung, die nicht nur auf die

Ordnung im Universum bezogen ist, sondern auch in kleinsten Lebensformen und lebendigen Prinzipien ihren Ausdruck findet. Das Anliegen dieser Ordnung ist ein »holistischer« Ansatz, der sich u. a. in all dem wiederfindet, was die Quantenphysik im letzten Jahrhundert herausgefunden hat. Jede Trennung der Objekte bringt nur eine Annäherung an ihr Wesen hervor, das eigentliche Interessante liegt in ihren Beziehungen, ihren Verbindungen und dynamischen Veränderungen. Hier ist keine Systematik gemeint, kein akribisches Sortieren, sondern am Ende ist es das Gefühl von »Stimmigkeit«, um das es geht – im Großen wie im Kleinen.

Beiden Möglichkeiten wollen wir im Folgenden genauer nachgehen und klären, was wir eigentlich meinen, wenn wir von Ordnungen sprechen – wann vielleicht das eine Modell sinnvoller ist als das andere und ob es nicht gelingen kann, beide Vorstellungen als zwei Seiten einer Medaille zu denken und nicht als permanenten Gegensatz. Widmen wir uns also zunächst der Vorstellung einer »systematischen« Ordnung und finden wir heraus, was wir davon halten.

Der Versuch, die Welt in den Griff zu bekommen: Die systematische Ordnung

Das, was wir in den meisten Fällen erkennen, wenn wir etwas für ordentlich und aufgeräumt halten, ist eine bestimmte Systematik, eine Art Baukasten, dem man die Dinge zuordnen kann, die um einen herumliegen, und der sich ohne viel Mühe auch einem Außenstehenden erklären lässt. Büros sind so angeordnet, aber auch Besteckkästen oder Supermarktregale. In Amerika gibt es sogar eine National Association of Professional Organizers (kurz NAPO), die sich diesem Ideal verpflichtet, um das Leben unorganisierter Amerikaner endlich wieder auf Vordermann zu bringen. Und es scheint zu funktionieren. Die Association wurde 1985 mit 16 Mitarbeitern gegründet und ist bis 2005 auf stolze 3 000 Professional Organizers angewachsen. Die Unternehmensphilosophie ist nicht weiter kompliziert: Ordnung ist besser als Unordnung, sie spart Zeit, Geld und Kraft. Wenn wir die Stapel auf unserem Schreibtisch in anständige Ordner ablegen, die Ordner mit farbigen Etiketten versehen und immer genau wissen, was wo steht, dann ist das Leben leichter, schöner, erfolgreicher. Der Professor für Management an der Columbia University Eric Abrahamson hat sich dieser These angenommen und konnte keinen Beweis für ihre Richtigkeit finden – im Gegenteil. All die Arbeit, die wir in eine »clean desk policy«, eine gute Strategieentwicklung oder das akribische Listen von Zahlen und Fakten investieren, ist eben nicht zwingend der Anlass dafür, dass wir tatsächlich auch an anderen Stellen besser klarkommen. Manchmal hindert sie uns sogar daran. Aber wir glauben felsenfest, dass eine grundlegende systematische Ordnung eine der wesentlichen Säulen des »Erfolgs« sein muss. Was also genau meinen wir damit?

Dahinter steckt der lateinische Begriff »ordo«, der auf die erwähnte Idee einer biologischen Systematik zurückgeht, in der Naturphänomene in bestimmten »Ordnungen«, Systemen, Gattungen oder Familien untergebracht wurden, um sie besser in das Gesamtsystem einordnen zu können. Diese eher nüchterne, sachliche Vorstellung ist es, die wir meist mit Ordnung meinen, wenn wir sie vermissen, einfordern oder endlich einmal wieder den Keller aufräumen wollen, weil alles durcheinander, kreuz und quer in den Regalen steht. Und selbst wenn wir hier gern das Idealbild schwedischer Möbelhäuser in unsere Kellerräume holen wollen, so ist dieser Ursprung eben auch der Grund, warum wir bei dem Wort »Ordnung« vielfach an spießig-lieblose Langeweile und ewig gleiche Behördengebäude denken, die zwar aufgeräumt, aber völlig seelenlos daherkommen. Vor lauter Ordnung ist das

Lebendige hier tatsächlich mit weggeräumt worden – wir denken an den Kristall –, was zwar vieles einfacher macht, aber das Leben kurz vor seinem eigenen Stillstand auf das Ausfüllen von Formularen begrenzt und damit neue Probleme aufwirft.

Diese Form der Ordnung hilft eben gerade nicht weiter, wenn es um unsere ganz persönliche Ordnung, unsere Wünsche und Sehnsüchte – unsere lebendige, soziale Ordnung geht (und genau die ist eben auch die Grundlage erfolgreicher Unternehmensmodelle).

Auch im sozialen Miteinander lassen sich Prioritäten ausmachen, sollten Ziele verfolgt und Pläne geschmiedet werden, aber Gattungen und Raster sind an dieser Stelle eher kontraproduktiv. Sobald wir mit solch systematisch-reduzierten Vorstellungen im Kopf unterwegs sind, beschränkt sich unsere Welt irgendwann tatsächlich auf dieses scheinbare Baukastensystem, weil wir glauben, dass alles, was nicht in unsere geistigen Schubladen passt, entweder völliger Blödsinn, Einbildung oder unwichtig ist.

Der Hang zur Bürokratie im Kopf: Das innere Ordnungsamt

Das Problem einer solchen Ordnung, die sich allein auf geregelte Strukturen zurückzieht, ist viel weniger die Tatsache, dass es sie gibt, sondern vielmehr die Anstrengung, die es kostet, sie aufrechtzuerhalten, sobald sie sich in sozialen Kontexten einrichtet. Einen Großteil unserer Kraft investieren wir allein in die beständige Restaurierung all unserer großen und kleinen Denkbausteine, um sie gegen die lebendige Unordnung in den Kampf zu schicken – die Ordnung wird zum Selbstzweck –, und es wird nicht mehr hinterfragt, wieso sie da ist, seit wann und wofür. Das ist das, was wir dann unter Bürokratie verstehen. Die Bürokratie, die uns umgibt und vielfach mit Ordnung verwechselt wird, hat nur wenig mit lebendigen Phänomenen am Hut. Es geht ihr nicht darum, das

Fundament für etwas anderes zu sein, eine Ordnung herzustellen, um ein Ziel zu erreichen oder Freiräume für anderes zu schaffen. Ihr geht es darum, das Bestehende zu verwalten und zu bewahren – und dafür zu sorgen, dass möglichst wenig Neues durch die Tür kommt, das für Unruhe sorgen könnte. Die bürokratische Ordnung kann die verschiedensten Formen annehmen: von grauen Behördengängen über säuberlich beschriftete Tupperdosen bis hin zu fest zementierten Sitzordnungen im Großraumbüro. Es ist unerheblich, wie diese Strukturen genau aussehen, wichtig ist, dass sie gedanken-, sinn- und seelenlos aufrechterhalten werden, obwohl sie möglicherweise längst nicht mehr das tun, wozu Strukturen und Regeln eigentlich da sind – etwas zu ermöglichen und zu erleichtern, das über sie hinausgeht, ganz im Sinne der »schöpferischen Zerstörung«, eines Weitergehens, eines Sich-entwickeln-Könnens. Die Bürokratie verhindert jede Möglichkeit fortschrittlicher Entwicklung, weil sie keinen Bezug zu den gelebten Werten herstellt – ja, sogar den Anspruch erhebt, gerade diesen Bezug zu vermeiden. Die Philosophin Hannah Arendt hat das bürokratische Denken als eine »Herrschaft des Niemand« bezeichnet, weil es sich in Denkgebäuden, Schubladen und bunten Formularen einrichtet und damit verhindert, dass der einzelne Mensch sich als Teil dieser Ordnung einbringt. Das Individuum gibt die Verantwortung für ein selbstständiges Denken auf, es passt sich der Struktur an und nicht umgekehrt, ganz im Sinne des Ausspruchs von Antoine de Saint-Exupéry: »Wenn du das Leben einführst, begründest du Ordnung, und wenn du die Ordnung einführst, führst du den Tod herbei. Ordnung um der Ordnung willen ist ein Zerrbild des Lebens.«

Und genau dieses Zerrbild finden wir häufig genug vor, ohne uns so recht im Klaren darüber zu sein – aber wir spüren ein Unbehagen, fühlen uns unwohl, wissen nur nicht so recht, warum oder wie es anders sein könnte. Das, was wir wahrnehmen, wenn wir dieses Unbehagen spüren, ist die Tatsache, dass Ordnung hier nur auf Kosten der beschriebenen Anstrengung entstanden ist bzw. am Leben gehalten wird. Der Philosoph Friedrich Nietzsche hat in diesem Zusammenhang schon Ende des 19. Jahrhunderts beklagt, dass wir ständig Dinge miteinander gleichsetzen, die sich maximal ähnlich sind, aber keineswegs identisch. Wir quetschen Dinge in Raster und Regale, und wenn es nicht so recht klappen will, dann bauen wir keine neuen Raster, sondern schneiden einfach an den Ecken ein Stück ab, pinseln ein wenig drüber und wundern uns, dass wir am Ende nicht so recht zufrieden mit unserer geistigen oder äußeren Ordnung sind.

Lebendige Ordnung oder Rasterfahndung?

Damit erzeugen wir eine riesige Schieflage und tun uns selbst nebenbei nichts Gutes: Wenn wir doch alle einzigartig und individuell sind (und genau das wollen wir ja auch sein), warum sollte dann für alle von uns das Gleiche »richtig« sein? Warum sollte »stromlinienförmig« die einzig mögliche Karriereform beschreiben? Warum sollen unsere Kinder alle auf dieselbe Weise unterrichtet werden? Warum gehen wir davon aus, dass jeder Mensch dieselben Kopfschmerzen hat und damit die Lösung auf der ganzen Welt »Aspirin« heißen sollte? Warum also sind wir so furchtbar stolz darauf, die Vielfalt und Einzigartigkeit, die jeden von uns ausmacht, auf ganz bestimmte Theorien (natürlich alle wissenschaftlich abgesichert), Mechanismen und Ordnungsprinzipien zu reduzieren?

Friedrich Nietzsche hat sich in seinem Text »Über Wahrheit und Lüge im außermoralischen Sinne« mit dieser Frage beschäftigt und am Ende die Bewertungen dieser Bemühungen in ihr Gegenteil verkehrt: Die Suche nach Wahrheit – einer sehr hoch geschätzten Form der Ordnung – einer Methode unterzuordnen, die sich auf die Gleichsetzung von

Ähnlichem konzentriert, verkehrt sich am Ende zu einer Lüge, weil sie eben gerade nicht die »Wahrheit« in der absoluten Individualität der lebendigen Phänomene anerkennt, sondern so tut, als gäbe es objektivierbare Umstände, die am Ende nichts anderes sind als »Illusionen«, von denen wir vergessen haben, dass sie welche sind. Unterschiede werden nivelliert und fallen dem Wunsch nach Berechnungen und Messungen zum Opfer.

Aber – ist dann die Welt wirklich in Ordnung, nur weil wir einen Teil der Dinge, die in ihr vorgehen, besser erklären oder logisch herleiten können? Der Physiker und Schriftsteller Georg Christoph Lichtenberg, der in seinen kurzen Aphorismen und Texten schon früh die Lebensnähe wissenschaftlicher Forschung anmahnte, schreibt ganz im Sinne Nietzsches dazu: »Ordo. Die Ordnung, die aktive Herstellung zeitlicher und räumlicher Strukturen. Die Bemühung, ein allgemeines Principium, eine ordo in manchen Wissenschaften zu finden, ist vielleicht öfters ebenso fruchtlos, als die Bemühung derjenigen sein würde, die in der Biologie ein allgemeines Prinzip oder Ur-Teilchen finden wollten, durch dessen Zusammensetzung alle Lebewesen entstanden seien. Die Natur schafft keine Gattungen und Arten, sie schafft Individuen, und unsere Kurzsichtigkeit muss sich Ähnlichkeiten heraussuchen, um vieles auf einmal behalten zu können.« Eine Ordnung, die sich auf das »Systematisieren« der Welt beschränkt, die glaubt, sie sei die einzig wahre und sie gebe den Takt für das vor, was richtig und gut zu sein habe, ist eben genau das: Sie ist kurzsichtig, manchmal blind für das, worum es tatsächlich geht – den Zusammenhang von Ordnung und Lebendigkeit, den fortwährenden Prozess, den dieser Zusammenhang mit sich bringt und den wir so schwer »denken« können. Das Denken ist hierbei so etwas wie der Schlüssel zu einem anderen »Empfinden« von Ordnung. Wenn wir genau darüber nachdenken, wann wir das Gefühl haben, es sei alles in Ordnung, und uns dann fragen, welche Gedanken uns dabei durch den Kopf gehen, lassen sich interessante Zusammenhänge erkennen, die vielfach sehr tief in uns selbst, aber auch in unserem kulturellen Verständnis von Ordnung und Unordnung verwurzelt sind. Widmen wir uns also einen Moment der Frage, wie und warum wir so sehr an der Idee einer systematischen Ordnung hängen.

Die Zerrissenheit der Welt und die Spaltung von Subjekt und Objekt

Wie also denken wir Ordnung, was »halten« wir von dem, was wir ordentlich nennen? Was hat unsere Haltung, unser Verhalten damit zu tun, und wissen wir eigentlich, welche Haltung wir in all unserer mehr oder weniger geordneten Welt einnehmen? Wir stehen in einer Denktradition, die den meisten von uns selbstverständlich erscheint – eine Tradition, die bis zum Beginn der Neuzeit zurückgeht und erfolgreich dafür gesorgt hat, dass wir den Zusammenhang von innerer und äußerer Welt, unsere ganz persönliche Ordnung, unsere Werte und Maßstäbe viel zu oft ausblenden. »Gefühle haben hier nichts zu suchen. Hier geht es ganz allein um die Fakten!« Das geht schon in Ordnung, aber: Geht das überhaupt?

Um dieser Frage nachzugehen, möchte ich an dieser Stelle doch ein wenig in die Philosophiegeschichte eintauchen, um besser verständlich zu machen, warum wir so oft in unseren eigenen Vorstellungen hängen bleiben und – wie wir bereits von Epiktet gehört haben – es sind diese Vorstellungen von den Dingen und viel weniger die Dinge selbst, die uns das Leben so schwer machen.

Es geht also darum, wie wir die Welt »denken«, wie wir glauben, dass sie zu sein hat, um in Ordnung zu sein. Damit wenden wir uns dem Philosophen René Descartes zu, der in seinen »Meditationes de prima philosophia« den Satz geprägt hat: »Je pense, donc je suis – Cogito ergo sum – oder: Ich denke, also bin ich.«

Wir alle kennen diesen Satz und finden ihn wahrscheinlich nicht weiter bedenkenswert. Doch dahinter steckt eine ganze Menge Zündstoff, wenn wir einmal genauer überlegen, was diese wenigen Worte für ein Weltbild und welche gedankliche Ordnung sie begründet haben. Descartes hat sich mit seinen Schriften zum Ausgang des Mittelalters gegen die rein religiöse Erklärung der Welt gewandt und sich auf die Suche nach größtmöglicher Gewissheit im Denken gemacht. Ein sehr anspruchsvolles und ehrenwertes Vorhaben, das damals mehr als revolutionär daherkam. Im Gegensatz zu einer göttlichen Ordnung entdeckte Descartes also die Möglichkeit, sich denkend eine (menschliche) Erklärung der Welt zu erschaffen. Dabei ging er folgendermaßen vor: Er schloss all das, was zur Erklärung der Dinge von Bedingungen abhängig war (also zeitliche oder geschichtliche, persönliche Zusammenhänge), aus, was letztlich die gesamten Inhalte unserer Gedanken betrifft, die immer davon geprägt und dadurch bedingt sind, dass ich sie denke, sie auf meinen Erfahrungen beruhen. Das einzige Phänomen also, auf das Descartes stieß, das wirklich unabhängig von allen Bedingtheiten der Welt Bestand hatte, war das »Ich«, das Ego, das er entsprechend der Welt als denkendes Subjekt – als »res cogitans« – gegenüberstellte. Und hier stehen wir am Anfang unseres dualistischen Denkens in Gegensätzen. Descartes löste das »Ich« aus seiner Welt heraus und schnitt so die Beziehungen durch, die immer auch entscheidend für die Erklärung des Erlebten, des Gedachten und Gefühlten sind. Die Welt der Objekte wurde zum Material für unseren Verstand und das »Ich« sollte nun mit Hilfe der Vernunft in der Lage sein, Erklärungen für die Welt der »res extensa« zu finden und zu formulieren. So beginnt in der Geistesgeschichte der höchst zweifelhafte Siegeszug eines Denkens, das fest daran glaubt, die äußere Welt abbilden und erklären zu können – und zwar aus sicherer Distanz des Denkenden zu den zu erklärenden Objekten. Daraus sind im Laufe der Jahrhunderte viele logische und theoretisch einwandfreie Gebilde, auch philosophische Systeme und wissenschaftliche Theorien entstanden, die das »Material« (inklusive des Menschen) der Welt zu erkennen und zu analysieren versuchen – und dabei von der Voraussetzung ausgehen, dass sich so etwas wie ein objektiver Standpunkt finden den lässt.

Das Subjekt Betrachter und Gegenstand der Betrachtung: Ich bin Teil meiner Welt

Und diesem Wunsch jagen wir auch Jahrhunderte später noch eifrig hinterher: Irgendwo muss er doch stecken, der Hebel, mit dem ich die Dinge wieder in den Griff bekomme, die Antwort, die meine Frage ein für alle Mal beantwortet, der Job, der mich restlos glücklich und wenigstens ein bisschen reich macht. Wir stellen uns den Dingen gegenüber und glauben, dass sie unabhängig von uns verlaufen, dass die Beziehung, die wir zu ihnen aufbauen, zwar eine Bedeutung hat, es am Ende aber ein Neben- oder Miteinander ist, in dem sich die Dinge bzw. die Menschen in Abgrenzung voneinander verändern. Und doch erleben wir ständig das Gegenteil – Paare, die sich immer ähnlicher werden, das Verschwimmen von Erinnerungen, die mit der Zeit von neuen Erlebnissen überlagert und tatsächlich verändert werden. Dinge, die heute so und morgen irgendwie ganz anders daher kommen. Das Gefühl, dass meine gute Laune gerade den gesamten Tag verändert und die Leute so viel freundlicher sind. Wir sind dieses andere und das andere ist ein Teil von uns. Es ist unmöglich, die Beziehungen zu trennen und daraus einzelne Phänomene zu machen, die wir dann artig in entsprechende Schubladen räumen können. Aber genau das versuchen wir stetig. Nur kann und wird es nicht gelingen, wie schon der englische Philosoph William James betonte: »Das Wesen des Lebens besteht darin, sich ununterbrochen zu verändern. Aber unsere Begriffe sind alle diskontinuierlich und unveränderlich (…) Diese Begriffe sind nicht Teile der Wirklichkeit, nicht Stellungen, die sie wirklich innehat, es sind vielmehr Unterstellungen, Zeichen, die wir selbst machen, und man kann mit ihnen ebenso wenig die Substanz der Wirklichkeit heraufholen, wie man Wasser heraufholen kann mit einem, wenn auch noch so feinmaschigen Netze.«

Aber dennoch: Die Trennung der Welt in ein erklärendes Subjekt und ein zu erklärendes Objekt ist in uns allen verankert und führt uns nach dem bereits Gehörten zu der spannenden Aufgabe, die beiden Seiten im Sinne einer gelebten Ganzheitlichkeit wieder zusammen zu denken, um tatsächlich in geordneten, d. h. den Dingen angemessenen Verhältnissen leben zu lernen.

Alte Muster ausmustern: Ordnung ist ein organisches Gebilde

Der Quantenphysiker Werner Heisenberg hat sich im letzten Jahrhundert u. a. intensiv mit der »Begegnung« von Physik und Philosophie beschäftigt und deutlich gemacht: »Es sind die gleichen ordnenden Kräfte, die die Natur in allen ihren Formen gebildet haben und die für die Struktur unserer Seele, also auch unseres Denkvermögens verantwortlich sind.« Gerade die Entwicklung der klassischen Physik hin zur Quantenphysik hat uns schon vor Jahrzehnten deutlich gemacht, dass wir mit unserem Denken in Zuständen und festen Substanzen am Ende sind. Es geht darum, in Relationen, in Beziehungen denken zu lernen und die Dinge entsprechend ins Verhältnis zu setzen. Der Beobachter verändert das Beobachtete – auch das ist eine wichtige Erkenntnis der Heisenbergschen Unschärferelation, die weit über die wissenschaftliche Welt hinaus zum Umdenken führen sollte.

Um in diese Gedankenwelt ein wenig einzusteigen, lohnt ein Blick in die philosophische Tradition weit vor Descartes und entsprechend noch deutlich weiter vor Heisenberg. Ein Blick, der bis in die griechische Antike reicht und dort auf eine gelebte Ganzheitlichkeit trifft, die nach über 2 000 Jahren wieder höchst aktuell und hilfreich zu sein scheint. Das besinnliche Denken, das Heidegger in seinem Vortrag über die »Gelassenheit« gegenüber dem rein rechnenden Verstand angemahnt hatte, ist im griechischen Verständnis der Philosophie noch selbstverständlich und misst dem rein »rechnenden« Denken in Bezug auf die Frage nach Glückseligkeit keinerlei Bedeutung zu.

Der griechische Impuls, sich der Welt philosophisch zu nähern, ist nach Aristoteles das zugewandte Staunen vor der Unerklärbarkeit der Welt, die eben nicht überwunden werden kann oder gar muss, weil diese Unverständlichkeit kein Defizit beschreibt, sondern die ganz persönlichen Erfahrungen, Ängste und Wünsche des Denkenden einbezieht, ihnen einen Platz gibt und gerade dadurch Ordnung herstellt. Es geht weniger um Macht und Machbarkeit durch Theorien, Analysen und Konzepte, sondern um den Versuch einer Einordnung des eigenen Lebens in einen Gesamtzusammenhang, der weit über dieses Leben hinausgeht.

Denn nur so finden wir den Weg in ganz andere Dimensionen der Ordnung – Dimensionen, die wir nicht herstellen, nicht messen oder gar beweisen, sondern nur ent-decken können, indem wir die Bedeutungen, die wir den Dingen gegeben haben, Stück für Stück abzubauen versuchen, um so ein wenig Licht ins Dunkel zu bringen.

Diese Ordnung »zeigt« sich, erhellt sich, sofern wir wachsam durch die Welt gehen, einen Schritt zurück machen und nicht nur schauen, sondern neben dem Sehen auch das Staunen ganz neu lernen – über uns und unsere Welt, von der wir selbst immer ein Teil sind.

Dazu müssen wir unseren Standpunkt auch wieder verlassen, das uns Gewohnte einmal aus einem anderen Blickwinkel betrachten, die Gardinen wegziehen, auf einen Stuhl steigen, vielleicht nur ein wenig auf der Stelle treten oder aber durch den ganzen Raum tanzen, um herauszufinden, wo wir stehen, stehen wollen und was eigentlich in unserem Leben in »Ordnung« kommen soll. Überlegen Sie einmal ganz genau: Was will ich gerade ordnen, sortieren, in »den Griff bekommen«? Will ich mein Leben besser verstehen, will ich grundsätzliche Entscheidungen überdenken oder geht es mir vorrangig darum, überhaupt erst einmal ein System zu etablieren – Grund in die Dinge zu bringen –, damit ich überhaupt anfangen kann, mir Gedanken zu machen? All diese Möglichkeiten sind gleich viel wert, wichtig ist, sich bewusst zu machen, welche Fragen wirklich und tatsächlich im Raum stehen.

Soziale Ordnung ist ein System im Wandel: Die Entdeckung der Zwischenräume

Der Idee einer systematischen Ordnung geht es, wie wir gehört haben, um einen klar strukturierten Zustand, der darauf beruht, dass die Dinge einen ihnen zugehörigen Platz haben – möglichst einen einzigen Platz –, was bis zu einem gewissen Punkt überaus sinnvoll ist, damit wir eben nicht jeden Tag auf die Suche nach Autoschlüsseln, Brillenetuis, Zahnbürsten und ähnlichen praktischen Dingen gehen müssen. Aber mittlerweile wissen wir, dass unser Wunsch nach Ordnung weit darüber hinausgeht und die Gestaltung unserer persönlichen Rahmen und Geländer immer eine ziemlich subjektive Angelegenheit ist. Denn bei aller Begeisterung für allgemeingültige Lösungen werden wir anerkennen, dass es keine objektiv »richtige« Ordnung für ein Wohn- oder Kinderzimmer, für Platten- oder Kakteensammlungen, für Bücher- oder Kellerregale gibt, wenn auch naheliegende Möglichkeiten: Wir können uns bei unserem Bücherregal beispielsweise für die schnöde alphabetische Reihenfolge entscheiden, die für jedermann erkennbar ist, für die chronologische, die schon deutlich mehr Kompetenz voraussetzt oder aber für die biografische Ordnung, die in dem wunderbaren Film »High Fidelity« (bzw. dem Roman von Nick Hornby) in Bezug auf die lebenslang gehütete Plattensammlung erst den eigentlichen Königsweg beschreibt. Aber es gibt auch Menschen, die all ihre Bücher in farbiges Papier einschlagen, um ihr Bücherregal zu einem kunstvollen Farbspektakel werden zu lassen, und dem Buch selbst offenbar eine völlig andere Bedeutung beimessen, als es nach seinem Inhalt zu beurteilen. Diese Ordnung ist ungewöhnlich, aber ganz sicher nicht falsch oder schlecht. Am Ende soll sie demjenigen dienen, der sie für sich entwickelt hat – so weit es geht im Einklang mit den Dingen, die in dieser Ordnung vorkommen. Denn auch die den Dingen innewohnende Ordnung lässt sich nicht beliebig strapazieren. Um in diesem Bild zu bleiben: Die Seiten aller Bücher herauszureißen und alle ersten Kapitel untereinander zu versammeln, mag zwar eine interessante Möglichkeit sein, entspricht aber nicht der »Idee« des Buches, das damit seine ihm innewohnende Ordnung verlöre. Auf diese Frage der »Idee« werden wir später zurückkommen, für den Moment gilt es, sie erst einmal im Hinterkopf zu behalten.

Es gibt also innerhalb des Zusammenspiels der Dinge in meiner kleinen Welt und dem, was ich in meinem Leben mit ihnen vorhabe, die verschiedensten Möglichkeiten, sofern ich aber eine von ihnen auswähle und »verwirkliche«, gehorcht sie bestimmten Kriterien, die allerdings weiterhin nichts mit Objektivität zu tun haben müssen. So hat beispielsweise eine Bekannte von mir wochenlang ihren Hammer gesucht, den sie aus voller Überzeugung bei den Kochlöffeln in der Küche aufbewahrt. Offensichtlich zum Unwillen ihres Freundes, der das gute Stück während eines Besuchs beherzt an den für ihn »richtigen« Platz beförderte – in den Werkzeugkasten – und den Hammer damit für meine Bekannte unauffindbar machte.

Wenn wir also das Werkzeug lieber in der Küche, das Spielzeug der Kinder lieber im Wohnzimmer und den Computer am liebsten auf dem Klavier liegen lassen, dann sollten wir uns vielleicht weniger an den Vorstellungen kompetenter Innenarchitekten oder den hochgezogenen Augenbrauen der Schwiegermutter orientieren, sondern den Dingen ihren Platz genau da einräumen, an dem sie gebraucht werden – ohne uns darüber zu ärgern, dass sie dort »liegen geblieben« sind. Manchmal entstehen aus dieser Form der Gelassenheit – also aus dem Seinlassen der Dinge – die interessantesten Ordnungen, die am Ende sogar dazu führen, dass wir uns deutlich weniger bei unseren Freundinnen über all die Unordnung beschweren müssen und einfach einmal einen gemeinsamen Kaffee genießen können.

Dahinter steht viel weniger die Verabschiedung jeglicher Systematik als die Überwindung der genannten Trennung von Subjekt und Objekt und die Akzeptanz der Tatsache, dass wir selbst immer einen Teil unserer Ordnung ausmachen – und zwar in jedem Moment. Wir beeinflussen das, was uns umgibt, durch die Art und Weise, wie wir es sehen und behandeln. Wir können uns also überhaupt nicht aus unserem

Leben herausräumen und erzeugen immer eine »ganzheitliche« Ordnung – ob wir es nun wollen oder nicht. Daraus entsteht ein völlig neuer »Gestaltungsraum«, Raum für eine lebendige Ordnung, die wir nicht nur der Natur oder dem Universum überlassen sollten, gerade weil der Ausdruck einer solchen Ordnung überall um uns herum stattfindet und sichtbar wird. Wir sind Teil unserer eigenen Ordnung, und die Ordnung, in der wir leben, verändert sich mit uns – es geht gar nicht anders. Also ist bereits ein wichtiger Schritt getan, wenn wir den Gedanken aufgeben, wir könnten uns vor unsere Welt hinstellen und darin aufräumen, indem wir anständig die Ärmel hochkrempeln. Ganz egal, wie ehrenwert dieser Wunsch nach Taten und echten Handlungen (was auch immer das im konkreten Fall sein soll) gemeint ist, wir werden nicht zu zufriedenstellenden Resultaten kommen, wenn wir weiter an rein systematischen Ordnungen festhängen, die für jedes soziale System schon im Ansatz zu kurz greifen.

Die Besonderheit einer sozialen Ordnung

Soziale Systeme sind hochkomplexe und sehr eigenwillige Gebilde, sie sind nur sehr begrenzt zu kontrollieren oder zu berechnen – das wissen wir eigentlich, auch wenn wir uns beständig darüber wundern. Aber letztlich bleibt uns nichts anderes übrig, als mit Hilfe von Prognosen, Wahrscheinlichkeiten und flexiblen Strukturen dafür zu sorgen, dass wir nicht jeden Morgen dieselben Dinge aufs Neue entscheiden müssen. Dass wir lernen, uns in unseren Fragen und komplexen Zusammenhängen zu ordnen, ist eine Sache, dass wir glauben, damit die Welt zu erklären wie sie ist, eine andere. Um es mit dem italienischen Schriftsteller und Dichter Alessandro Barricco zu sagen: »Wir sind nicht verrückt, wenn wir das System finden, mit dem wir uns retten können.« Aber es ist und bleibt eine Form der Rettung, eine »Möglichkeit« – jeden Tag aufs Neue. Der Romantiker Friedrich Schlegel schreibt ganz in diesem Sinne: »Es ist gleich tödlich für den Geist, ein System zu haben und keins zu haben. Wir werden uns wohl entschließen müssen, beides miteinander zu verbinden.«

Es geht also nicht darum, jede Form der Systematik über Bord zu werfen und nur noch dem Gang der Dinge hinterherzuschlingern. Auch das entspricht unserem menschlichen Wesen nicht – wir brauchen Orientierung und halbwegs stabile Leitlinien. Denn eines bleibt bei aller Kritik unbenommen: Ohne diese Systeme wären wir völlig verloren in einer Dynamik, die wir eben dank unserer selbst geschaffenen Strukturen nicht mehr als Problem oder gar Gefahr erleben, die wir aber auch viel zu selten als »Gedankenstütze« wahrnehmen. Wenn wir uns diese Qualität immer wieder neu vor Augen führen, uns mit Nietzsche darüber klar bleiben, wie viel Illusion in unseren Überzeugungen steckt, wie viel Möglichkeit und Potenzial für anderes, dann sind wir an dem Punkt angelangt, an dem sich auch das verändert, was wir unter Ordnung verstehen.

Denn was passiert, wenn wir uns mit dieser Perspektive einmal außerhalb unserer gewohnten Ordnungen auf den Weg machen? Wie geht es einem Halligbewohner in der Großstadt? Oder einem New Yorker in den Alpen? Wie »Lost in Translation« sind wir, wenn wir unsere gewohnten Strukturen verlassen und auf eine Ordnung treffen, die wir nicht als solche wahrnehmen, die aber anderen Menschen ebenfalls Sicherheit und Stabilität verspricht, also ganz sicher ihre eigene Existenzberechtigung hat? Was passiert, wenn wir aus Zusammenhängen herausgerissen werden, herausfallen oder uns einfach nur entscheiden, eine Zeit lang etwas anderes sehen und erleben zu wollen?

Wir erleben, auf welche Weise auch immer, dass unsere manchmal wie in Stein gemeißelte oder so sehnsüchtig gewünschte Ordnung etwas ist, das nichts »Gegebenes« ist. Sie lässt sich verändern und ein »das ist aber so« oder gar »das haben wir schon immer so gemacht« ist alles Mögliche, nur kein Wert an sich. Unterschiedlichste Menschen leben in unterschiedlichsten Systemen, Lebensformen, Kulturen und Traditionen. Und wenn wir Glück hatten, dann haben unsere Eltern, Lehrer, Tanten oder Nachbarn uns schon früh mit diesem Gedanken vertraut gemacht:»Ordnungen« sind menschliche Gebilde, die sich immer wieder verändern – auch wenn es irgendetwas zu geben scheint, das ihnen zugrunde liegt und uns bei genauer Betrachtung aus den Dingen heraus ein Signal, eine Hilfestellung sendet. »Ja, jetzt stimmt es! Nein, noch ein Stück nach rechts, nein, wieder zurück, genau, so ist es richtig!« Aber dazu kommen wir noch.

Halten wir also für den Moment fest: Ordnungen sind existenziell, aber es gibt nicht nur die eine – die eine und wahre Ordnung, die wir nicht mehr zu verändern brauchen. Und damit sind wir an einem Punkt, den die strukturierte, rational-wissenschaftliche Ordnung der Welt nicht erklären, vielleicht nicht einmal sehen kann oder will. Um diesen Punkt sehen zu können, müssen wir eine andere Form der Ordnung zulassen – eine andere Perspektive einnehmen, einen anderen Blick schulen, der mit logischer Systematik nicht viel anfangen kann, sondern das, was er sieht, lieber verstehen statt erklären will. Wir kommen nun zu der zweiten grundlegenden Art und Weise, wie sich Ordnung denken lässt, wenn wir unsere eigene Systematik um ihr eigenes Potenzial, ihre eigene Quelle oder Voraussetzung erweitern. Und das bedeutet zunächst nichts anderes als ein neuer und anderer Blick auf das, was wir »Chaos« nennen, da der Gedanke einer kosmischen Ordnung in der Unergründlichkeit des Chaos seine eigene Bedingung sieht. Gehen wir also zunächst einmal dem nach, was wir an chaotischen Zuständen in unserem Leben so vorfinden.

Der Mut zum Chaos oder die Lust an der Unordnung

Und wieder fragen wir zunächst erst einmal nach: Was genau meinen wir eigentlich mit Chaos? Immer, wenn irgendetwas aus dem Ruder zu laufen scheint, das Wetter, der Verkehr oder die Vorbereitung für das morgige Meeting, sprechen wir von »chaotischen« Zuständen. Es gibt offenbar verschiedenste Formen des Chaos und interessanterweise ist nicht jedes Chaos für jeden tatsächlich ein Chaos – so manche Ordnung ist eben nicht auf den ersten Blick zu erkennen, und wenn ich mir vorstelle, jemand würde meinen Schreibtisch zu seinen und meinen Hochphasen systematisch aufräumen, um endlich einmal Ordnung zu schaffen, so stehen mir nur bei dem Gedanken die Haare zu Berge. Schreibtische und andere Arbeitsplätze bis hin zur Küche sind wunderbare Orte, um die unterschiedlichen Vorstellungen von Chaos und Ordnung zu demonstrieren.

Neben dem Chaos ist auch das alte hebräische Wort »Tohuwabohu« für uns ein deutlicher Ausdruck für ein großes Durcheinander, etwas, in das dringend eine gewisse Ordnung gebracht werden sollte. Martin Luther übersetzte den Begriff als Beschreibung für eine »wüste und leere« Welt, aber in unserem Sinne interessanter ist die Wahl, die Martin Buber und Franz Rosenzweig in ihrer Übersetzung »Die Schrift« für das ursprünglich irdische Durcheinander gefunden haben. Buber nennt das ursprüngliche Tohuwabohu die »Irrsal und Wirrsal«, die auf der einen Seite durch den Mangel an geistiger Führung, aber auch durch das Fehlen einer inneren geistigen Fülle, also einer gedanklichen Leere oder Gedankenlosigkeit entsteht. Wir sind also auf eine Ordnung der Dinge, vielleicht auch eine höhere Ordnung angewiesen, tragen aber durch unsere innere Verfasstheit dazu bei, ob und wie diese Dinge in Ordnung kommen und welchen Platz wir darin einnehmen werden.

Sammler, Bastler und Experimentierkünstler:
Die eigentlichen Herrscher von Chaos und Tohuwabohu?

Mein Vater herrschte in meinem Elternhaus über ein unsagbares Sammelsurium von mehr oder weniger aktuellen Werkzeugen, Erinnerungsstücken aus seiner Zeit als Maschinenschlosser, Ersatzteilen von verschiedensten, nicht mehr funktionstüchtigen Geräten, die nur darauf warteten, in irgendeiner Weise noch einmal eine Funktion erfüllen zu dürfen, Holzresten, Latten und Brettern in den verschiedensten Ausführungen und so manchen rätselhaften Gegenständen, für die mir keine Bezeichnung einfällt. All das lagerte in einer Art ehemaliger »Scheune«, in der neben all jenen Kostbarkeiten noch Raum für sämtliche Familienfahrräder, die Utensilien und Tonvorräte meiner Mutter aus ihrer Töpferwerkstatt und im Winter auch für unser meist etwas angeschlagenes Zweitauto war. Es gab also jede Menge Platz, aber (wir erinnern uns an den bereits beschriebenen Dachboden) eben auch viel Raum für Chaos und Unordnung, Angefangenes und Ausgedientes. Dennoch war mein Vater in der Lage, auf Anfrage die interessantesten Dinge aus diesem Sammelsurium herauszufischen – gern mit einem triumphierenden Lächeln um die Mundwinkel, weil bereits die Art der Fragestellung seines Gegenübers fast immer implizierte, dass es wohl unmöglich sei, in dieser Werkstatt überhaupt irgendetwas zu finden. Und sofern wir Chaos als etwas definieren wollen, das mit der Abwesenheit jeder Ordnung glänzt, dann haben wir es hier eben nur mit einer besonderen Form von Ordnung, aber eben nicht mit Chaos zu tun. Wichtig bleibt, dass egal wann und wie wir uns auf diesen Begriff verständigen können, in der Regel etwas damit gemeint ist, das wir nicht verstehen, das uns als »Durcheinander« vorkommt, weil es eben nicht unseren Mustern entspricht und damit zeitgleich als etwas beurteilt wird, das der für uns erkennbaren Ordnung unterzuordnen wäre. Das Chaos ist den meisten von uns weniger wert, chaotische Menschen weniger erfolgreich, sprich weniger effizient, und daher bemühen wir uns meist, im Angesicht des Chaos schnellstmöglich Ordnung in das Durcheinander zu bringen. Dahinter steht immer die leise, aber mächtige Überzeugung, dass wir dazu auch in der Lage sind, dass wir die Herrscher des Chaos sein können, wenn wir denn wollen – organisiert und diszipliniert genug, um die eigenen Strategien durchzuhalten.

Was aber, wenn dem nicht so ist – was, wenn Nietzsche recht hat, wenn wir die Idee einer kosmischen Ordnung auch in unserem alltäglichen Leben umsetzen und mit dem Chaos leben lernen müssen, vielleicht sogar lernen sollten, es zu nutzen. Vielleicht finden wir es am Ende sogar ganz schön, ein bisschen Chaos in unserem Leben zu behalten, dem wir nicht den Kampf ansagen müssen? Denn – wie wir ja bereits herausgefunden haben – für kaum eine Frage finden wir eine letzte Antwort, irgendwann stoßen wir an die Grenze dessen, was wir systematisieren, sortieren und theoretisch erklären, also ordnen können. Und was nun?

Vielleicht gewinnen wir unsere »Beherrschung« am ehesten dann zurück, wenn wir zunächst klären, was und welches Chaos eigentlich ein wirkliches Problem darstellt bzw. fragen, welchen Vorteil »Ordnung« an genau dieser Stelle wirklich hätte. Denn obwohl wir uns alle fürchterlich einig sind, dass es besser ist, in geordneten Verhältnissen zu leben, so fühlen wir uns irgendwie doch auch sehr von »kreativen Chaoten« und einer etwas unordentlichen Lebensweise angezogen (auch wenn wir sie vielleicht nicht sofort teilen möchten).

Wenn wir uns für diesen Versuch einen Moment Zeit nehmen, werden wir wahrscheinlich feststellen, dass es einen elementaren Unterschied macht, wie »lebendig« dieses vorgefundene Chaos ist – also mit welcher Aufmerksamkeit ein solches Durcheinander »aufgeladen« ist. Die Werkstatt meines Vaters war prall gefüllt mit der liebevollen Überzeugung, dass all die Dinge darin auf irgendeine Weise ihren Wert hatten, vielleicht nicht jetzt, aber irgendwann würden sie zum Zuge kommen, und selbst wenn in irgendeiner Ecke etwas Vergessenes schlummerte, dann war es früher oder später eher Anlass für eine freudige Überraschung als eine Bedrohung der angestammten Ordnung.

Die Form des Chaos, der wir beständig und häufig genug prophylaktisch den Kampf anzusagen versuchen, ist die Ansammlung von Dingen, die uns das Leben zu- und verstellen, die verstaubt am Ende eher zu einer Form von Krempel und Müll mutieren, ohne selbst etwas dafür zu können. Dinge, die mit ihren ersten Löchern und Sprüngen eigentlich nur Hindernisse auf dem Weg zu lang ersehnten Neuanschaffungen darstellen, die uns an Ungeliebtes erinnern oder zum Handeln auffordern, ohne dass wir so recht wissen, wie. Es geht um Dinge, denen wir keine Aufmerksamkeit mehr schenken wollen, die uns nerven, ärgern oder eben einfach nur die Sicht verbauen, die wir mit keinem zukünftigen Bauvorhaben oder der ultimativen Erfindung mehr verbinden können.

Chaos ist viel mehr als Krempel

Chaos bedeutet letztlich nicht mehr oder weniger als eine Ansammlung von Vielheit – wir haben gehört, es ist so etwas wie ein Potenzial, das wir nutzen können oder auch nicht. Die Gleichwertigkeit aller Möglichkeiten, das Fehlen jeder Hierarchie – also eine »verwirrte Masse« – ist nach unserem Verständnis ein Zeichen von Unordnung oder aber, wenn wir an die Idee der Entropie denken, Ordnung in ihrer höchsten Form: der absoluten Gleichwertigkeit aller Möglichkeiten, die in ihr enthalten sind. Was für uns wichtig bleibt: Das Chaos ist nicht das absolute Gegenteil der Ordnung, es ist nicht die bloße Abwesenheit von Ordnung, sondern beide Facetten bedingen sich gegenseitig, weil in beiden Dimensionen immer auch ein Teil des anderen enthalten ist.

Die holistische Ordnung, die auch nach griechischem Verständnis aus dem Chaos hervorging, war demnach keine statische, sondern eine dynamische, eine lebendige, die dem Wandel, dem Ausschöpfen der vielfältigen Möglichkeiten gerecht werden konnte. In der »Theogonie«, einem Gedicht mit 1022 Versen über die Weltentstehung und den Ursprung der Götter, hat der griechische Dichter Hesiod etwa 700 v. Chr. das Chaos als den Urzustand der Welt beschrieben. »Wahrlich, zuerst entstand das Chaos und später die Erde …« (Vers 116) Das Chaos ist damit so etwas wie ein Anfangszustand, ein leerer, alle Dinge umgreifender Raum, das spätere Universum, aus dem sich im Laufe der Zeit eine Ordnung, der Kosmos, entwickelt hat.

Das chaotische Nichts ist aber kein absolutes Nichts, es beschreibt eine Möglichkeit, ohne eine Substanz oder einen konkreten Inhalt zu meinen, nichts, das wir begrifflich oder visuell fassen könnten, aber es trägt die Möglichkeiten all dessen, was ist, bereits in sich. So beschrieb auch der römische Dichter Ovid (um Christi Geburt) das Chaos als eine »verworrene, formlose Urmasse«, die die Voraussetzung für all die Formen und Ordnungen in sich trug, die im Kosmos zum Ausdruck kommen sollten. Jahrhunderte später finden wir in Meyers Lexikon von 1895 dazu folgenden Eintrag: »Da das Chaos, das älteste der Wesen, nie mit klar hervortretendem Charakter der Persönlichkeit, sondern bald als völlig regungslos, bald als im inneren Kampf seiner widerstreitenden Elemente begriffen gedacht wurde, so bedeutete es auch sprichwörtlich eine ordnungslose, verwirrte Masse, ein Gemengsel oder ein Gewirr.«

Diese »verwirrte Masse«, dieses »Gemengsel« bedeutet aber eben nicht nur Desorientierung und nicht vorhandene Strukturen, sondern es meint den Zustand eines »noch nicht«, etwas, das noch zu etwas werden wird – auch wenn wir nicht wissen, was es ist. Darin liegt ein fundamentaler Unterschied zu all dem, was wir mit Krempel, Schrott, Müll oder Gerümpel beschreiben. Allein wir haben es in der Hand, ob dieser oder jener Gegenstand nun das eine oder das andere für uns sein soll.

Das mag zunächst alles etwas abstrakt und ungewohnt klingen, aber wir gehen jeden Tag mit einem höchst chaotischen System um, ohne uns darüber viele Gedanken zu machen: Die Welt des Internet ist eine der interessantesten und selbstverständlichsten Formen eines chaotischen Durcheinanders, in das wir niemals in Gänze eine Form der Ordnung bringen könnten. Darin finden wir ohne Frage jede Menge Müll und Schrott, aber die zugrunde liegende Form ist eine Offenheit, die Potenzial für »alles Mögliche« (im ursprünglichen Sinn dieser häufig benutzten Floskel) bietet. Dabei ist das Angebot so vielfältig, dass die einzige Orientierung, die wir darin finden, durch uns selbst entsteht, unsere Selektion und die Entscheidung, an welcher Weggabel wir links oder rechts gehen, worauf oder wohin wir klicken. Nicht als ursprünglicher Plan, sondern als eine Entscheidung, die direkt von der zuvor getroffenen Entscheidung abhängt (auch das entspricht der physikalischen Idee der Rekursion). Es ist eine Ordnung, die beim Gehen, beim »Klicken« – Schritt für Schritt – entsteht. Manchmal kommen wir an völlig anderen Zielen an, als wir geplant hatten, und eben damit ist eine der wichtigsten Voraussetzungen erfüllt, die auch die alten Griechen schon in der Idee des Kosmos verankert sahen.

Das Chaos ist überall

Der Physiker, Sozialwissenschaftler und Philosoph Günther Küppers arbeitet seit vielen Jahren über die Zusammenhänge von Chaos und Ordnung und schreibt an dieser Stelle: »Ist man dem Chaos auf der Spur, entdeckt man es in allen Bereichen der natürlichen und sozialen Realität und kommt zu der Überzeugung, dass die Realität der klassischen Wissenschaft eine durch deren Ordnungsvorstellungen geprägte Weltsicht ist, die darauf beruht, dass Ausnahmen – Inseln des Regelmäßigen – zum Gerüst der Welt erklärt wurden.«

Küppers macht diese Unmöglichkeit letzter Ordnungen u. a. an der »Drei-Körper-Thematik« fest, die schon den Physiker H. Poincaré an den Rand der Verzweiflung getrieben hat. Diese Problematik beschreibt einen Prozess, der von der Abhängigkeit dreier Körper (beispielsweise in dem sogenannten Chaospendel, das aus drei ineinandergreifenden Pendeln besteht) ausgeht und offenlegt, dass die Bewegungen, die sich aus diesem Zusammenspiel ergeben, alles andere als berechenbar sind. Sie ergeben sich unmittelbar aus der vorhergehenden Bewegung, damit sind sie zwar nicht willkürlich, aber sie lassen sich eben nicht berechnen oder prognostizieren (wir denken an den Laplace'schen Dämon) – ein Drama für jedes wissenschaftliche Anliegen bzw. unseren Glauben an die Kräfte dieser Wissenschaft. Demnach gibt es außer unter idealen Laborbedingungen und modellhaften Versuchen von Wirklichkeit keine Möglichkeit, das Chaos außen vor zu lassen.

Aber – wieder denken wir an Nietzsches tanzenden Stern – warum sollten wir das eigentlich wollen? Wir können doch auch mit dem Chaos ganz gut leben, oder nicht? Es gibt Möglichkeiten, unseren Umgang mit dem Chaos so zu gestalten, dass wir Stabilitäten schaffen – beispielsweise durch die glückliche Fähigkeit zur Kooperation. Ähnlich wie sich zwei sehr unterschiedliche Menschen wunderbar ergänzen können, so können auch instabile Systeme durchaus voneinander profitieren. Der Physiker Hans-Peter Dürr nennt dafür das schöne Beispiel unseres eigenen, körperlichen Gleichgewichtssinns. Er stellt in einem Vortrag die Frage, warum wir eigentlich nicht drei Beine haben, sondern nur zwei – drei wären doch deutlich stabiler. Aber erst die Instabilität, die wir durch zwei Beine quasi am eigenen Leib erleben, nötigt uns dazu, das Ungleichgewicht aufzufangen, das entsteht, wenn wir einen Fuß vom Boden heben. Also beginnen wir einen Schritt vor den anderen zu setzen: mit dem enormen Vorteil, dass wir uns dabei auch noch fortbewegen. Es kann also außerordentlich fortschrittlich (hier im wahrsten Sinne des Wortes) sein, die eigene Unvollständigkeit durch ein anderes, ebenso unvollständiges System zu ergänzen, um am Ende einen ziemlich sicheren Umgang mit diesen scheinbaren Defiziten zu finden. Ein weiterer Begriff beschreibt ein ähnliches Phänomen, nämlich die Beobachtung der »stochastischen Resonanz«, die u. a. auftritt, wenn es um das Filtern von Geräuschen geht, etwa beim Telefonieren. Rauschen oder Nebengeräusche wurden lange Zeit als Störgeräusche behandelt und sollten möglichst minimiert bzw. gegen null reduziert werden. Offenbar ist aber unser Gehör bzw. unser Gehirn gar nicht auf die »absolute« Reinheit einzelner Geräusche aus, vielfach entsteht durch das Zusammenfallen verschiedener Rauschzustände eine Form von Klarheit, die sich über die Separierung der einzelnen Geräusche nicht herstellen lässt. Also die Verbindung scheinbar chaotischer Phänomene führt zum Ziel – zumindest in unserer sinnlichen Wahrnehmung.

Es kann demnach gelingen, mit und in diesem Chaos zu leben, gut zu leben und Schritt für Schritt verstehen zu lernen, was solche chaotischen Prozesse eigentlich ausmacht – indem wir sie von nun an begleiten und nicht mehr das allein »zu-Beseitigende« oder »zu-Beherrschende« in ihnen sehen. Es geht vielmehr darum, zu welchen Phänomenen wir welche Beziehung eingehen, wie wir uns auf die Dinge einlassen und wie wir sie mit Aufmerksamkeit »aufladen.« Diese Perspektive, diese Beziehung zu den Dingen erklärt u. a., warum mein Vater ohne Probleme in der Lage war, einzelne Schrauben aus einer Kiste mit Nägeln zu fischen – eben weil er eine lebendige Beziehung zu der Anordnung seiner Werkzeuge pflegte, in der ein Außenstehender nur einen Haufen Durcheinander zu erkennen imstande war. Und genau diese Beziehung, die wir pflegen oder auch nicht, gilt es in den Blick zu nehmen.

Sie ist das, was die Stabilität, die Verknüpfung, das tatsächliche Dazwischen überhaupt erst möglich macht. Das, was wir dafür dringend brauchen, sind neben einer großen Portion Mut, Zeit und Geduld, um überhaupt in der Lage zu sein, unsere Wahrnehmung zu schulen, daran anknüpfend kluge Entscheidungen und der Aufbau echter Beziehungen. Nicht mehr, aber eben auch nicht weniger.

Eine lebendige Ordnung der Dinge: Vom Chaos zum Kosmos

Um etwas erklären zu können, brauchen wir Theorien, Kriterien, logische Schlussfolgerungen, auf die wir uns im Rahmen einer bestimmten Sprache oder Disziplin verständigt haben. Um eine Beziehung aufzubauen, etwas oder jemanden verstehen zu können, brauchen wir all diese Dinge nicht – oder zumindest bedeutend weniger. Hier gilt es, sich in etwas oder jemanden hineinversetzen zu lernen – empathische Fähigkeiten zu entwickeln bzw. zu stärken, um eine völlig andere Form der Gewissheit zu erreichen. Ein Verstehen in diesem Sinne sucht nach Verbindungen und Beziehungen zu dem anderen und weniger nach scharfkantigen und abstrakten Abgrenzungskriterien. So mancher Konflikt oder manche Unstimmigkeit lassen sich über ein solches Verstehen ausräumen, ohne dass sich tatsächlich etwas ändern muss. Das, was sich ändert, ist das Verständnis, warum die Dinge oder der Mensch anders sind, als wir es von uns selbst oder auf der Basis unserer Denkmuster gewohnt sind.

Dahinter steht eine grundsätzlich andere Vorstellung von den Dingen als die übliche, die glaubt, nur wir selbst wären in der Lage, Ordnung zu schaffen. Was aber, wenn eine implizite Form von Ordnung existieren bzw. sich ohne unser Zutun bilden kann und wir sie sehen lernen können und viel weniger eingreifen müssen, als wir denken? Können wir mit dieser Idee mitgehen und wenn ja, wie verändert das unsere lieb gewordenen Vorstellungen von dem, wie etwas zu sein hat?

Die Dinge werden sich finden – was ist eine kosmische Ordnung?

Dieser Ansatz ist Ausdruck für das, was dem griechischen Begriff des »Kosmos« entspricht, der »Ordnung«, aber genauso »Welt« und wunderbarerweise auch »Anstand« bedeutet. Der Kosmos beschreibt in der griechischen Antike die Form der Ordnung, die sich aus dem Chaos ergeben hat und eine Folge des Chaos gewesen ist, ohne sich vollständig von ihren chaotischen Wurzeln zu trennen.

Das, was den Gedanken des Kosmos also ursächlich ausmacht, ist eine Ordnung, die beständig und ganz bewusst ein Verhältnis zum Chaos eingeht, ein Chaos, aus dem der Kosmos überhaupt erst entstehen kann. Damit ist beides die Voraussetzung des jeweils anderen, aber das Chaos ist gerade nicht das Gegenteil einer kosmischen Ordnung. Das Gegenteil des Kosmos ist eine kristallisierte Ordnung, die unsere Suche nach Sicherheit auf das »gute Gefühl« reduziert zu wissen, was wo und wie seinen Platz hat. Wenn es aber tatsächlich um dieses »gute Gefühl« geht, reicht beständiges Aufräumen nicht aus – erst das »Einverständnis«, dass die Welt in ihrem Innersten ein chaotisches Wesen ist, in das ich hin und wieder etwas Ordnung zaubern oder das ich als solches wahrnehmen lernen kann, vermag ein tiefes Gefühl der Sicherheit zu wecken.

In diesem Einverständnis zwischen mir und den Dingen, die ich zu ordnen versuche, liegt genau das, was wir so oft mit der Suche nach dem »Glück« oder dem Wunsch, unserem Leben eine Ordnung zu geben, meinen: Die meisten von uns kennen diese zugegeben kurzen und seltenen Momente. Momente, in denen alles stimmt, wir uns fallen lassen können in dieses Gefühl, nichts verändern zu wollen. Wenn wir solche Momente wirklich und bewusst wahrnehmen, dann tragen sie uns eine ganze Weile auch durch die etwas unordentlichen Zeiten hindurch. Das mag etwas pathetisch und verklärt daherkommen, aber es macht dieses Gefühl nicht weniger wichtig – und was an dieser Stelle vielleicht noch mehr Bedeutung hat, nicht weniger kräftig.

Hermann Hesse hat dieses »Einverstandensein« auf Schönste in der Beschreibung eines morgendlichen Blicks aus dem Fenster seines Kinderzimmers eingefangen, ein Gefühl, das ihn durch viele Jahrzehnte begleitet hat und immer so etwas wie der Maßstab für das Erleben eines vollkommenen Glücksmoments geblieben ist. »Es war Morgen, durchs hohe Fenster sah ich über dem langen Dachrücken des Nachbarhauses den Himmel heiter in reinem Hellblau stehen, auch er schien voll Glück, als habe er Besonderes vor und habe dazu sein hübschestes Kleid angezogen. Mehr war von meinem Bette aus von der Welt nicht zu sehen, nur ebendieser schöne Himmel und das lange Stück Dach vom Nachbarhause, aber auch dies langweilige und öde Dach aus dunkel rotbraunen Ziegeln schien zu lachen, es ging über seine steile schattige Schrägwand ein leises Spiel von Farben, und die einzelne bläuliche Glaspfanne zwischen den roten tönernen schien lebendig und schien freudig bemüht, etwas von diesem so leise und stetig strahlenden Frühhimmel zu spiegeln. Der Himmel, die etwas raue Kante des Dachrückens, das uniformierte Heer der braunen und das luftig dünne Blau des einzigen Glasziegels schienen auf eine schöne und erfreuliche Weise miteinander einverstanden, sie hatten sichtlich nichts anderes im Sinn, als in dieser besonderen Morgenstunde einander anzulachen und es gut miteinander zu meinen. Himmelblau, Ziegelbraun und Glasblau hatten einen Sinn, sie gehörten zusammen, sie spielten miteinander, es war ihnen wohl, und es war gut und tat wohl, sie zu sehen, ihrem Spiel beizuwohnen, sich vom selben Morgenglanz und Wohlgefühl durchflossen zu fühlen wie sie.

So lag ich, den beginnenden Morgen samt dem ruhigen Nachgefühl des Schlafes genießend, eine schöne Ewigkeit in meinem Bett, und ob ich ein gleiches oder ähnliches Glück noch andere Male in meinem Leben gekostet habe, tiefer und wirklicher konnte keines sein: die Welt war in Ordnung. (...) Es bestand aus nichts, dieses Glück, als aus dem Zusammenklang der paar Dinge um mich her mit meinem eigenen Sein, aus einem wunschlosen Wohlsein, das nach keiner Änderung, keiner Steigerung verlangte.«

In diesem Gefühl, dass die Welt in Ordnung ist, wir nichts an ihr verändern wollen oder gar müssen, steckt all das, was wir nur durch die Idee einer kosmischen Ordnung erfahren können. Das Erleben eines solchen Zusammenhangs stiftet die Gewissheit, dass so ein »Einverständnis« möglich ist, dass wir unser Augenmerk also viel mehr darauf richten sollten, ein solches Zusammenspiel zu entdecken, vielleicht den Boden dafür zu bereiten als uns in dem Glauben aufzuhalten, dass wir die Kontrolle über die Dinge tatsächlich in unseren Händen halten können. Auch Antoine de Saint-Exupéry beschreibt in seinem kurzen Text »Bekenntnis einer Freundschaft« eine Zusammenkunft in einem einfachen Restaurant am Ufer der Saone, »eines Tages vor dem Kriege«, die die Qualität dieses Einverstandenseins wiedergibt: »Wir wurden immer heiterer und wussten keineswegs, warum. Alles machte uns sicher: die Sonne, die so gut leuchtete, der Fluß, der so schön hinabfloss, das Mahl, das ein richtiges Mahl war; die

Matrosen waren auf unseren Zuruf gekommen, das Mädchen bediente uns mit einer Art glücklicher Freundlichkeit, als gäbe sie ein unvergängliches Fest. Wir befanden uns völlig im Frieden, aufs Beste eingefügt in eine endgültige Zivilisation, vor Unordnung sicher. Wir genossen eine Art vollkommenen Zustandes, in dem wir uns nichts mehr anzuvertrauen hatten – alle Wünsche waren erfüllt. Wir fühlten uns rein, aufrichtig, klar und milde. Wir hätten nichts zu sagen gewusst, welche Wahrheit es war, deren Evidenz uns entzückte. Aber das Gefühl, das uns beherrschte, war das der Gewissheit. Einer fast übermütigen Gewissheit. So bewies das Weltall, durch uns hindurch, seinen guten Willen (...) Alles hatte sich glücklich zusammengetan, um, durch uns hindurch auf diese Stufe der Freude hinauszulaufen! Das war, als Ende der Entwicklung, gar nicht so übel.«

Diese Gewissheit, die stärker ist als jede Form der systematischen Erkenntnis, liegt allein in uns selbst. Sie bedeutet die Wahrnehmung des Wunderbaren – und wie Saint-Exupéry ebenfalls feststellt, wie »wenig Lärm machen die wirklichen Wunder«. Auch in den kleinen, alltäglichen und leisen Dingen liegt dieses Einverständnis verborgen. Es liegt an uns, ob wir es herausfinden wollen (auch das ist eine Form des Findens, bei dem wir nicht zwingend suchen müssen). Ich erinnere mich an einen Nachmittag an der dänischen Nordseeküste – mitten im Sommer. Nach einigen Tagen Windstille wehte endlich wieder die übliche frische Brise am Wasser, und unser Sohn wollte nun endlich das Versprechen eingelöst sehen, seinen neuen Drachen steigen zu lassen. Mein Mann und ich sind also wacker und mit den besten Vorsätzen am Strand hin und her gerannt, haben uns gegenseitig gute Tipps gegeben, um unserem Sohn zu zeigen, wie man diesen Drachen anständig an den Himmel befördert. Aber so richtig wollte es nicht gelingen – der Wind zu stark, zu böig, die Sonne zu grell, der Sand unter den Füßen zu weich. Was auch immer es war, der Drache blieb einfach nicht in der Luft.

Nachdem unser Sohn sich das ganze Spektakel eine Weile angesehen hatte, kam er mit all der Weisheit seiner damals sechs Jahre auf uns zu, nahm sich den Drachen und zog ihn fast gleichgültig hinter sich her, drehte sich beim Gehen in den Wind – und ließ seinen Drachen steigen. Ein kleines Lächeln spielte um seinen Mund, als er uns etwas großspurig mitteilte: »Ihr müsst einfach nur folgsamer sein.« Darauf gab es keine Antwort, es war einfach nur richtig, und das Bild dieses kleinen Jungen, der folgsam und im Einklang mit dem Wind all unsere guten Ratschläge in ebendiesen Wind schlägt, begleitet mich bis heute.

In einem solchen »Einklang« der Dinge gibt es nichts, das geplant werden kann, abgeheftet in Regalen nebeneinander liegt und in seiner alphabetischen Ordnung miteinander einverstanden ist. Das, was ich an diesem Nachmittag gelernt habe, das, was Hermann Hesse an seinem besonderen Morgen wahrnimmt, ist eine Ordnung, in der die Dinge ganz ohne unser Zutun zueinanderfinden und uns daran teilhaben lassen – wenn wir bereit sind, ihnen zu folgen. Wir haben eine solche Ordnung nicht hergestellt, sie ergibt sich aus sich selbst heraus, und das Einzige, was wir »tun« können, ist eben nicht einzugreifen.

Und was haben wir davon?

Allein in dieser Einsicht liegt der Nutzen, der »Mehrwert«, das Besondere – in dieser Fähigkeit der Wahrnehmung, der Ausrichtung all unserer Sinne auf das, was uns umgibt. Auch das schafft Ordnung. Gelingt uns der Schritt, der über das rein systematische Ordnungsverständnis hinaus den Blick auf so etwas wie »kosmologische« Zusammenhänge öffnet und freiräumt, dann entsteht etwas, das uns auch mit den eigenen Ängsten und Unsicherheiten versöhnen kann. Wir hören oder lesen nicht nur, sondern erfahren selbst, dass sich Dinge auch ohne unsere stetige Kontrolle zum »Guten« entwickeln können, dass unsere Kinder selbstständige und wunderbare Persönlichkeiten werden, auch (oder gerade) wenn wir sie nicht bei allem überwachen, was sie tun, dass der Abend mit Freunden auch gelingen kann, wenn nicht alles bis ins Letzte organisiert und dekoriert ist – wenn wir also dem »Lauf der Dinge« soviel Vertrauen entgegenbringen, dass ebendiese Dinge, Menschen und lebendigen Zusammenhänge noch Luft zum Atmen haben.

Aber immer wenn ich in Seminaren oder Gesprächsrunden zu einem solchen Denken einlade, kommt (begründeter) Zweifel auf: Schauen wir uns doch um in der Welt – was sollte da denn miteinander einverstanden sein? Wie kommen wir als Einzelner gegen die gesellschaftlichen Regeln an? Es ist doch furchtbar anstrengend, immer so gegen den Strom zu schwimmen oder auch nur zu denken. Und dürfen wir überhaupt noch auf die Suche nach diesen Momenten, diesem ganz persönlichen Glück gehen, wenn um uns herum alles aus den Fugen zu geraten scheint?

Gerade solche Fragen, solche Zweifel und berechtigte Skepsis sind der Grund, sich mit einer »Philosophie des Als-ob«, einem philosophischen Trotzdem, wie es Friedrich Nietzsche gefordert hat, auf das zu konzentrieren, was wir wirklich und wahrhaftig um uns herum wahrnehmen: Leben wir tatsächlich in einer Risikogesellschaft, wenn wir unseren Wohlstand und Komfort mit dem vergleichen, was noch bis vor wenigen Jahrhunderten Stand der Zivilisation gewesen ist? Was sind die eigentlichen und ganz konkreten Ängste, die dahinterstecken? Und welche Rolle spielen diese Sorgen, wenn wir uns einmal klarmachen, wie erfolgreich wir uns immer wieder gegen die Tatsache stemmen, dass unser Leben jeden Moment zu Ende sein könnte? Dass wir nicht wissen, warum wir hier sind und – wie lange das Ganze dauert. Martin Heidegger hat die »Angst« als eine Grundbefindlichkeit des Menschen herausgestellt, sie gehört zu uns, an manchen Stellen ist sie überaus sinnvoll, und all unsere Suche nach Zerstreuung, Geselligkeit und Bedeutung ändert daran gar nichts. Aber bei aller Berechtigung von Angst und Unsicherheit – sie müssen nicht die Hauptakteure in unserem Leben werden. Unsere Ordnung braucht und darf nicht nur eine Trutzburg oder ein Bollwerk gegen potenzielle Gefahren sein. Auch die Generationen vor uns waren nicht frei von Angst, die Bedrohungen waren andere, die Not vielfach sogar weitaus konkreter. Also vielleicht versuchen wir die Angst mit dem dänischen Philosophen Sören Kierkegaard in unsere Ordnung einzubeziehen, sie einzuladen und sie nicht an unseren selbst gebauten Festungen, Zahlen und Statistiken abprallen zu lassen? »Angst ist nichts für Weichlinge« hat Kierkegaard betont, es gehört eine Menge Mut dazu, sich seinen Ängsten zu stellen, sie als Begleiter des eigenen Lebens ernst zu nehmen. Und so ist es im Großen wie im Kleinen alles andere als verwerflich, auch in Zeiten großer Unruhe und berechtigter Sorge auf die Suche nach den Zusammenhängen zu gehen, die uns Trost und Sicherheit geben – damit wir endlich auch einmal die Kraft haben, den drängenden Fragen der Gegenwart etwas entgegenzusetzen, weil wir endlich erkannt haben, wie wertvoll das ist, was wir Leben, was wir »Welt« nennen.

Das tägliche Übungsprogramm:
Fangen wir bei den kleinen Dingen an

Dabei sind es auch hier die kleinen Momente, in denen wir herausfinden können, ob wir den Mut aufbringen, ob das Vertrauen in einen inneren Zusammenhang der Dinge ausreicht. Glauben wir den Dingen, dass sie sich einfach auch einmal von selbst finden, ohne dass ich sie suchen oder schubsen muss? Oder gehe ich davon aus, dass ohne mein Zutun alles den Bach runtergeht? Was passiert, wenn wir uns einfach einmal »trauen« loszulassen und zu schauen. Einigen sich die Kinder in der Sandkiste auch allein oder ziehen sie sich am Ende gnadenlos die Schaufel über den Kopf, wenn keine besorgte Mutter eingreift? Muss jede Krankheit, jede auch nur potenzielle Fehlentwicklung sofort mit Medikamenten oder Therapien beantwortet werden oder gibt es andere Wege, seinem Körper zu vertrauen, dass er manches auch sehr gut allein wieder in den Griff bekommt? Schwer zu sagen und ganz sicher nicht zu garantieren. Aber wichtig ist, gerade solche kleinen und alltäglichen Momente zu nutzen, um sich selbst daraufhin zu befragen. Was denke ich eigentlich in diesem Moment und warum? Welches Grundverständnis liegt meiner Sorge zugrunde, dass kleine Kinder beim Spielen offenbar nichts Besseres zu tun haben, als sich gegenseitig zu schaden? Vielfach ist das Gegenteil der Fall, bis zu dem Moment, in dem ein interessiertes erwachsenes Publikum seine eigenen Wertvorstellungen ins Spiel bringt.

Am Ende läuft es auf eine ziemlich existenzielle Frage hinaus: Ist das Gute unsere eigentliche Grundordnung oder ist schon der Gedanke daran nichts als vernebeltes Gutmenschentum? Halte ich es mit dem englischen Denker Thomas Hobbes für naheliegender, dass »jeder Mensch des anderen Wolf« ist, die Gier regiert und ich am besten beraten bin, mich allein um mich selbst zu kümmern, meine ganz eigene Ordnung zu schaffen?

Die Welt scheint uns diese Überzeugung gern und mit großer medialer Unterstützung immer wieder nahezulegen. Versuchen wir aber dennoch einmal, uns von dieser Sicht zu lösen und halten uns im Folgenden an die Idee, dass es letztlich doch »das Gute« ist, das uns Menschen am meisten Halt gibt – der Anstand, der das eigentliche kosmische Prinzip ausmacht. Dann ist es nicht das Böse in seiner vielfach so banalen Gleichgültigkeit, das vermeintlich Chaotische und Unverständliche, das uns Sorgen machen muss, sondern die Abwesenheit des Guten, der Werte, die wir einer solchen Gleichgültigkeit entgegensetzen können und müssen, um das

Einverständnis der Dinge zu erleben – sie in Ordnung zu wissen. Damit sind wir bei einem zentralen Gedanken Platons angelangt, den wir im Folgenden um etwas Hilfestellung in Sachen Ordnung bitten wollen.

Die Güte der Ordnung – oder:
Ist das Gute immer in Ordnung?

Möglicherweise erscheint dieser Gedanke verwirrend. Was hat »das Gute« mit meiner ganz persönlichen Unordnung zu tun? Warum sollte ich mich damit beschäftigen, wenn sich bei mir im Keller das Gerümpel stapelt? Ganz einfach, weil gerade diese Frage über das reine »Wegräumen« oder Reparieren hinausgeht und dem nachspürt, warum dieses ganze Gerümpel sich eigentlich angesammelt hat – was also das Zustandekommen einer »kosmischen« Ordnung verhindert.

Dahinter steht nicht weniger als die Frage, wie die Art und Weise, in der ich mich in meinem Haus, meinem Leben eingerichtet habe, etwas über meine Werte, meine Vorstellungen vom Leben aussagt. Also: Was heben wir da eigentlich auf? Was glauben wir, damit noch anstellen zu wollen? Was halten wir fest und warum? Vielfach stecken Sorgen, Ängste, manchmal sogar Vorwürfe in solchen Stapeln von aufgetürmten Erinnerungen, Geschichten und Eventualitäten, die man vielleicht irgendwann und irgendwie doch noch einmal gebrauchen könnte, meistens aber nie wieder hervorkramt – außer, um sie möglicherweise der eigenen Mutter, dem Ehemann oder den Kindern vorzuhalten.

Ein Blick in die platonische Gedankenwelt bietet hier zweierlei Anknüpfungspunkte. Der erste hat wenig mit dem »Guten« als Qualität zu tun, sondern beschreibt eher den Weg, sich dieser Qualität zu nähern, sie zu eröffnen. Es geht um den Austausch, den Dialog über das, was die eigene Welt zusammenhält. Das Gespräch ist eine der wichtigsten philosophischen Methoden, ein Gespräch, in dem ich nicht nur anderen etwas beibringen oder vermitteln kann, sondern in dem ich auch mich selbst möglicherweise erst wirklich kennenlerne – indem ich das ausspreche, was ich will, nicht will oder unbedingt verändern möchte. Diese Bedeutung des Gesprächs, das oft genug eben nicht stattfindet (»Nein wieso? Ist doch alles in Ordnung.«) ist etwas, das uns hilft, uns und unsere Dinge zu ordnen, das Gute vom weniger Guten zu trennen bzw. ein Verständnis herzustellen, das sich auf den ersten Blick einfach nicht einstellen will: Warum will ich eigentlich, dass mein Mann abends seine Socken wegräumt? Was ist wirklich und tatsächlich so schlimm daran, den Anblick der Socken zu ertragen oder sie neben tausend anderen Kleinigkeiten einfach mit aufzuräumen? Steckt etwas anderes dahinter? Habe ich das Gefühl, durch den Klamottenstapel meiner Lieben auf die Ebene eines ewig putzenden, waschenden und aufräumenden Heinzelmännchens degradiert zu werden – und was tue ich dagegen? Habe ich eigentlich schon mal gesagt, was mich stört? Und außerdem: Warum mäkelt meine Kollegin ständig an meinen Präsentationen herum? Wieso guckt die Frau an der Kasse eigentlich immer so komisch? Und muss der neue Nachbar immer so schwungvoll in seine Einfahrt einbiegen? Vermute ich hinter dem Verhalten meiner Mitmenschen gern zweideutige Absichten, reine Schikane oder bösartige Sticheleien, und warum ist das so? Wieso gehe ich immer eher davon aus, dass man es schlecht mit mir meint als umgekehrt?

Genau an dieser Stelle sind wir bei der Idee des Guten und dem Platz, den es in unserer kleinen, ganz persönlichen Weltordnung einnimmt.

In den philosophischen Dialogen Platons mit seinem Lehrer Sokrates geht es um all die großen Themen der Philosophie, Fragen, in denen wir heute keinen Schritt weiter sind als diese beiden unermüdlichen Denker, aber ungleich viel mehr Angebote haben, um uns innerhalb der Philosophie ein Bild zu machen. Dennoch ist das platonische Weltbild für den Gedanken der Ordnung nach wie vor zentral und hochaktuell. Platon legt in seinen Schriften der sichtbaren Welt der Phänomene um uns herum eine Welt der »Ideen« zugrunde, die so etwas wie das Wesen der einzelnen Dinge beschreiben, das wir aber nur in all der Vielfalt möglicher Ausdrucksformen zu sehen bekommen, die die Welt zu bieten hat. Im Gegensatz zu der Vorstellung einer äußerlichen Struktur, die wir suchen, um dort die Dinge hineinzuordnen, finden wir die platonische Ordnung nicht an der Oberfläche, sondern in der Tiefe des Geistes und der Dinge selbst. Sie wohnt ihnen inne und macht ihr Wesen aus, das sich erst im zweiten Schritt und auf vielfältigste Weise in der Außenwelt zeigt.

Sofern wir uns also mit Platon auf die Suche nach »geordneten Verhältnissen« machen, müssen wir darauf vertrauen, dass sich in der Tiefe der Dinge etwas zeigt, das uns eine Hilfe ist, vielleicht nicht immer eine Antwort oder eine Lösung, aber etwas, das uns uns selbst näherbringt und den nächsten Schritt ermöglicht. Platon beschreibt dieses Denken am ausführlichsten in seinem Werk »politeia« und ist dort der festen Überzeugung, dass es »das Gute ist (...), was jeder anstrebt und um dessentwillen er alles tut, was er tut.«

Auf die Idee des Guten gehen nach Platon also all unsere Handlungen zurück, wie im Bild eines Baumes, dessen letzte Verästelungen zwar nicht miteinander verbunden, aber dennoch auf eine gemeinsame Wurzel zurückzuführen sind. Diese Verzweigungen stehen symbolisch für den Glauben an eine »sinnvolle« Wirklichkeit, die wir nicht immer verstehen können, die aber einen Kern in sich trägt, an den wir uns möglicherweise »erinnern«, den wir nachempfinden, aber nicht logisch herleiten können. Nach Platon liegt das höchste Wissen, das uns zugänglich ist, in unserer Erinnerung. Also führt auch der Weg zu einer Ordnung des »Guten« immer über den Blick nach innen – über das Denken, das er das innere Gespräch der Seele mit sich selbst nennt. Wie auch immer wir zu der Idee stehen mögen, dass wir uns grundsätzlich am Guten orientieren – wenn wir uns umschauen, dann scheint es doch letztlich der Verlust des »Guten« zu sein, der Verlust jeder Hoffnung und die Banalität der Gleichgültigkeit (wie es bei Hannah Arendt sehr eindrucksvoll beschrieben wird), die die Menschen zum Gegenteil greifen lässt – und nicht die Freude oder die Lust am Bösen, die den Anfang macht. Ein Gedanke, der Platon recht gibt.

Das »Gute« ist hier vielleicht am Besten im Sinne des »Anstands« zu denken, der schon als Übersetzung des griechischen »Kosmos« erwähnt worden ist. Das Gute ist das »unbedingt Gesollte« – es ist das, was am Ende Ordnung in der Gleichartigkeit der chaotischen Möglichkeiten stiftet – es ist das »gute« Gefühl, das eine Ordnung zu einer sinnvollen Ganzheit werden lässt. Diesem tiefen Wissen, das uns dabei helfen kann, das für uns »Richtige« zu verstehen und zu erschließen, sollte unsere eigentliche Suche gelten – indem wir aufhören, hektisch durch die Welt zu rennen und aufzuräumen, Überzeugungen und Informationen zu sammeln und zu sortieren, sondern uns zu dem bekennen, was wir für gut und richtig halten: ruhig in uns hineinhören, um zu wissen, wohin wir eigentlich rennen wollen – und können. Es geht um das Wiederfinden der eigenen Tugendhaftigkeit, die bei allem Gerede um Werte und Selbstverwirklichung so sehr aus der Mode gekommen zu sein scheint, und von der Aristoteles sagt, sie sei »jene feste Grundhaltung, von der aus (der Handelnde) tüchtig wird und die ihm eigentümliche Leistung in vollkommener Weise zustande bringt«.

Und doch hat alles seinen Platz – die stoische Idee der Ordnung

Um diesen Schritt tun zu können, müssen wir lernen, uns ein wenig besser in dem zurechtzufinden, was dieses geheimnisvolle innere Gefühl ausmachen soll. Wie gelingt es, eine Unterscheidung zwischen innen und außen zu treffen: Wo fange ich an, wo beginnt die Welt da draußen? Was gehört zu meiner Welt und was habe ich mir von anderen aufschwatzen lassen?

Eine andere Möglichkeit, um für solche Fragen Unterstützung in der Philosophie zu finden, bieten die Stoiker – eine Denkschule, die sich aus der griechischen Antike bis ins römische Zeitalter zu Denkern wie Seneca und dem römischen Kaiser Marc Aurel erhalten hat. Die Stoiker zeichnen sich im Kern dadurch aus, dass sie an einen festen Sinnzusammenhang der Welt glauben, an eine Ordnung, in der wir alle unseren Platz haben – einen Platz, den wir uns aber erobern und gestalten müssen. Die Lebensaufgabe des Einzelnen ist es, diesen Platz zu finden und auszufüllen – das eigene Los anzunehmen –, und zwar nicht auf dem Gipfel des ewigen Glücks, sondern in der ganz normalen, hin und wieder nervtötenden Eintönigkeit des Alltags. Die menschliche Vernunft wird hier zu einem Teil der Weltvernunft, und so bedeutet das naturgemäße Leben in der stoischen Philosophie zugleich ein vernünftiges Leben. Ein Leben, das zufrieden, ruhig und glücklich machen kann – mitten im Chaos.

Der praktische Philosoph Wilhelm Schmid sagt in einem kurzen Beitrag zum Thema »innere Balance«, erst seine Familie habe ihn zum Stoiker werden lassen. Denn ebendiese Ruhe, die davon ausgeht, dass es trotz aller Stürme und Unordnung so etwas wie einen festen Sockel gibt, auf dem ich stehen kann, ist es, die in einem lebendigen Alltag mit drei Kindern die Zuversicht ermöglicht, dass sowohl die Dinge wie auch das Wohnzimmer irgendwann wieder in Ordnung kommen werden (wenn auch nicht von ganz allein).

Das Glück, das sich durch eine stoische Einstellung erlangen lässt, entspricht also nicht unserer Vorstellung eines leidenschaftlich, begeisterten Rauschzustands, Bildern von romantischen Stränden oder dem Glück eines feierlichen Candle-light-Dinners im roten Abendkleid. Aber vielleicht liegt gerade darin eine wichtige Frage: Das Glück der Stoiker ist stilles und konstantes Glück, ein Zustand, der besser mit dem Begriff der Zufriedenheit, dem friedvollen Einverstandensein, das Hesse gemeint hat, beschrieben werden kann und das die besonderen Momente ebenso zu schätzen weiß, wie es das Alltägliche zu nehmen versteht.

In dieser stillen Freude daran, dass unsere Welt gerade in einem Wechsel dieser Momente »in Ordnung ist«, liegt eine Kraft und Souveränität, die uns ein ganz anderes Leben ermöglicht und uns weder dem rastlosen Torkeln von Kick zu Kick und dem ewigen Suchen nach schnellen Glücksmomenten, noch der Angst vor Klimawandel und Atomkatastrophe ausliefert.

Echter Standortvorteil: Die Suche nach dem eigenen Standpunkt

Damit haben wir uns aber nicht irgendwo in der vermeintlich langweiligen Mitte mit dem arrangiert, was nicht zu ändern ist, sondern uns so etwas wie eine Position »erarbeitet«, die es uns überhaupt erst ermöglicht, Neues zu wagen, andere Perspektiven auszuprobieren und den eigenen Bedürfnissen nachzugehen, ohne sich ihnen auszuliefern. Ordnung ist in diesem Sinn also nicht das Scheitern an einem »abenteuerlichen« Leben, sondern seine eigentliche Voraussetzung. Dazu gehören der Mut und die innere Bereitschaft, Seelenruhe und Weisheit als Lebensziele zu formulieren und die Frage: »Und – wo wollen Sie in fünf Jahren sein?« nicht zwingend mit dem Wunsch nach einer Position im oberen Management zu beantworten. Aber selbst wenn dies Ihr erklärtes Ziel sein und bleiben sollte – auch aus den oberen Etagen der Konzerne, den gesellschaftlichen Schlüsselpositionen bleibt der stoische Blick auf die Welt derselbe. Der Platz, den ich einnehme, ist ein Platz im Rahmen einer Gemeinschaft, einer Welt, die dadurch in Ordnung kommt, dass jeder von uns diesen Platz »anständig« ausfüllt. Selbst der römische Kaiser Marc Aurel betrachtet sich selbst als einen Teil der Gemeinschaft, auch oder vielleicht gerade weil er als Herrscher die verantwortungsvolle Aufgabe hat, dieser Gemeinschaft zu dienen, ihr Vorbild und Rahmen zu sein. Ein Verständnis, das heute vielfach nur noch als Marketingslogan oder Wahlkampfversprechen in die obersten Etagen der Konzerne und Parteien vordringt. Kaum ein Wirtschaftsboss versteht sich als »Diener« innerhalb einer Dienstleistungsgesellschaft, auf die er angewiesen ist, wenn er mit seinen Produkten erfolgreich sein will. Aber in Zeiten von Burnout und Depression kann wohl auch kaum ein Vertreter dieser Bevölkerungsgruppe von einem gelungenen Leben sprechen, in dem alles in Ordnung ist. Marc Aurel hat sich wenig um Kampagnen oder Marketingstrategien geschert, um seine Zielgruppen zu erreichen, seine Maxime lautete: »Tu deine Arbeit, aber nicht wie eine seelenlose Maschine oder wie einer, der bemitleidet oder bewundert werden will, sondern wolle nur das Eine: dich betätigen und halten, wie es die Rücksicht auf die menschliche Gemeinschaft verlangt.«

Diese Maxime vermag eines zu garantieren, was unerlässlich ist, wenn wir ein erfülltes Leben führen, die Dinge in Ordnung bringen wollen: Sie garantiert, dass wir mit uns selbst im Reinen sein können, dass wir keine Angst davor haben müssen, wenn unsere Gegner nach einem Fleck auf unserer Weste suchen oder unsere Doktorarbeit noch einmal gründlich unter die Lupe nehmen. Dieses Gefühl des »Einverstandenseins« mit sich selbst bereichert uns um eine Kraft, die andere Erfolge möglich macht, Erfolge, die wir nicht kennen oder planen können. Aber es gibt uns die Sicherheit, dass wir wissen und erkennen werden, wann was von uns verlangt wird – dass wir selbst unserer eigener Kompass sind, der uns Gewissheit verspricht. Denn wenn wir uns auf diesen Weg machen, unser Leben auf solch »gemäßigte« Weise in den Blick zu nehmen, werden wir immer wieder feststellen, dass uns ebendieses Leben ganz anders begegnet. Es ist, wie wir ja bereits ausführlich herausgearbeitet haben, alles andere als bereit, sich irgendeiner Form von beständiger Ordnung zu fügen, sprengt die eigenen Grenzen und geht munter über sie hinaus – aber immer in dem Vertrauen, dass die Entwicklung hinter diesen Grenzen ebenfalls eine sinnvolle Veränderung ist. Vertrauen ist etwas, das sich aus einer Gewissheit speist, die nicht bewiesen werden kann. Mit anderen Worten, es gibt keine beweisbare Gewissheit in einer solchen Ordnung, aber hätten wir die Möglichkeit, eine sinnvolle »Hinterwelt« (Nietzsche) oder Innenwelt der Dinge zu beweisen, dann bräuchten wir eben auch kein Vertrauen mehr.

Vertrauen in die eigene Ordnung

Also, wir machen uns ohne Netz und doppelten Boden auf den Weg – die einzige Sicherheit, die wir bekommen können, müssen wir uns selbst geben. Das einzige schlüssige und logische Argument, das wir in diesen schwierigen Fragen heranziehen können, um zu begründen, warum wir uns auf so eine Reise begeben sollten, ist so simpel, wie einleuchtend: Es geht uns einfach nicht gut mit dem, was wir haben – die Dinge sind ebenso wenig in Ordnung wie wir selbst.

All unsere Bemühungen, das Unverständliche, das Absurde und Vergängliche aus unserem Leben zu verbannen, es zu erhellen oder zu erklären, sind vergeblich oder nur Schatten dessen, was wir uns erhofft hatten. Das Chaotische ist und bleibt eine wesentliche und unerklärliche Komponente jedes Lebendigen, jeder lebendigen Ordnung – und es macht uns eine Höllenangst, die ärgerlicherweise anwächst, je mehr wir uns auf die scheinbar untrüglichen Ergebnisse der Wissenschaft stürzen. Denn, beginnen wir allein der Wissenschaft oder anderen »Bekundungszusammenhängen« (Heidegger) zu vertrauen, statt uns selbst, ist die Erkenntnis der wissenschaftlichen Grenzen ein gravierendes Problem. Es ist nicht das Problem der Wissenschaft, sie weiß selbst zum Teil gut genug um ihre eigenen Grenzen, aber wir erkennen diese Grenzen einfach nicht an, weil sie nicht in unser gewünschtes Weltbild passen. Also können wir uns mit der Idee in Sicherheit wiegen, dass wir »einfach noch nicht soweit sind«, dass es nur eine Frage der Zeit ist, wann und wie wir die letzten Fragen unseres Daseins wissenschaftlich beantworten können. Oder aber wir üben uns darin, dieses »Unverständliche« in unser Leben einzubeziehen, völlig unabhängig von der Tatsache, dass wir mithilfe der Wissenschaft bereits sehr viel Licht ins Dunkel unseres Lebens bringen konnten. Das Gefühl einer gelebten Ordnung ergibt sich aber nur durch das Zusammendenken von Hell und Dunkel. Damit bietet auch der mutige – der vertrauensvolle – Blick ins »Chaos« weitaus mehr Potenzial für das eigene Glück als das stetige Ausblenden all der Dinge, die wir deswegen für unwichtig oder gar nicht existent halten, weil wir sie nicht beweisen, klären oder »(ein)ordnen« können.

Gerade wenn wir uns dem zuwenden, was das Chaos für einen Bezug zu unserer täglichen Ordnung hat, sollten wir uns nach dem bisher Gehörten Folgendes deutlich vor Augen halten. Es geht bei unserer ganz persönlichen Ordnungssuche vornehmlich um eine wichtige Einsicht: Die Dynamik und Transformation, die Veränderung um uns herum ist nicht

Widersacher, sondern Ursprung, Ausgangspunkt und Teil der Ordnung, die wir suchen, die aber weit über das hinausgeht, was wir meinen, wenn wir im Frühjahr den Großputz starten. Um also zu dem grundlegenden Gefühl des »Einverstandenseins« mit all diesen Wandlungen kommen zu können, müssen wir uns auf ein scheinbares Paradox einlassen: auf die Integration des Chaos in die Ordnung als das, was jede Struktur überhaupt erst möglich macht. Ein Chaos, das manchmal sogar viel ordentlicher ist, als wir gemeinhin denken, weil wir einfach nicht richtig hinschauen oder sofort die Seziermesser parat haben, anstatt ein paar Zusammenhänge sehen zu lernen.

Es geht nicht darum, »die« eine richtige Ordnung zu finden, sondern eine Ordnung, die uns mit den Dingen und unseren Bedürfnissen im Einklang sein lässt. Sie ihrem Werden, ihrer Langsamkeit oder Schnelligkeit anzupassen: Solche Begriffe beschreiben die Veränderung der Dinge in einer zeitlichen Dimension, im historischen Wechsel der Rahmen und Strukturen, die wir vorfinden, wenn wir uns in unserem Leben einrichten. Wenn wir uns also um eine bewegliche Ordnung bemühen wollen, dann kommen wir nicht darum herum, uns mit dem zu befassen, was Zeit eigentlich für uns bedeutet – gerade, weil wir immer zu wenig von ihr zu haben scheinen und gerade das uns oft genug davon abhält, den Blick auf das Wesentliche zu richten.

Alles zu seiner Zeit: Ordnung ist dynamisch

Eine der größten Experten in Sachen Zeit – zumindest in der Literatur – ist ein kleines Mädchen von etwa zehn Jahren. Ein Mädchen, das sich vor allem auf eine wunderbare Fähigkeit versteht: auf das Zuhören. Die Rede ist von Momo, der Heldin aus Michael Endes gleichnamigen Roman. Momo kämpft einsam, aber unaufhaltbar gegen eine Welt, in der das Sparen von Zeit, das Berechnen und Strukturieren von Lebenszeit, zum Ziel an sich geworden ist. Die Menschen sparen ihre Zeit an allen Enden und Ecken, bis sie selbst kaum noch welche haben, und am Ende wissen sie nicht einmal wofür. Letztlich weiß niemand so genau, was er da eigentlich spart, denn, so Momo: »Es gibt ein großes und doch alltägliches Geheimnis. Alle Menschen haben daran teil, jeder kennt es, aber die wenigsten denken je darüber nach! Die meisten Leute nehmen es einfach so hin und wundern sich kein bisschen darüber. Dieses Geheimnis ist die Zeit.« Auch wir werden hier keine Antwort finden, aber auch über Geheimnisse lohnt es sich nachzudenken.

Wie gehen Sie mit ihrer Zeit um?

Zeit ist kostbar, knapp, »Geld«, wir sollten sie möglichst nicht verschwenden, sollten sie nutzen und uns immer wieder klarmachen, wie kurz das Leben eigentlich ist. Also fangen wir schleunigst an, uns zu überlegen, was Zeit für unser Leben bedeutet. Für manche ist sie eine Art Raster, das ihren Tag – ihr Leben – vollständig bestimmt und berechnet. Für andere ist sie eher ein Gefühl, das die Zeit im Urlaub völlig anders ablaufen lässt als am Schreibtisch im Großraumbüro. Kinder empfinden Zeit völlig anders als Erwachsene, und die Quantenphysik sagt, so etwas wie Zeit gibt es eigentlich gar nicht. Wieder gilt es, sich in verschiedensten Möglichkeiten zurechtzufinden, um ein wenig mehr Ordnung in unser »Zeitmanagement« zu bringen. Oft genug arbeiten wir ziemlich kopflos Listen von zu erledigenden Dingen ab. Wir rationalisieren Prozesse in Unternehmen oder erfinden jede Menge technischer Neuerungen, um – ähnlich wie Momos graue Herren – »Zeit zu sparen«, effizienter zu werden, Ordnung zu schaffen. Und erstaunlicherweise ist der Grund »Zeitsparnis«, gekoppelt mit einem gekonnten Auftreten, drei vier schlagkräftigen Zitaten aus »jüngsten Studien« und hochgezogenen Augenbrauen auf unbequeme »Warum-Fragen«, oft durchsetzungsfähig genug, um die seltsamsten Entscheidungen durchzusetzen. Alles, was Zeit spart, ist gut – was Zeit kostet, muss erst einmal geprüft werden.

Trotz aller Ersparnis haben wir aber seltsamerweise auch nach all diesen Entscheidungen oft mehr auf dem Zettel als vorher. Irgendetwas oder -jemand redet uns ein, dass wir die gesparte Zeit gleich wieder in etwas anderes investieren müssen. Also holen wir jede Menge Tools, Apps, Gadgets und echte Apparate in unser Leben, um die wir uns kümmern, die wir warten, bespielen, reparieren, sauber halten etc. müssen. Was wir dabei zunehmend aus dem Blick verlieren, ist unser Zeitgefühl, unser eigener Rhythmus oder die eigene »innere Uhr« – das Gespür für das, was wir wirklich in unserem Leben haben und tun wollen: Wir verlernen immer mehr, achtsam mit uns und unserer Lebenszeit umzugehen.

Was also ist das eigentlich – die Zeit?

Aber was genau ist das eigentlich, was wir da achtsam in den Blick nehmen sollen? Wenn wir in der Philosophiegeschichte zurückgehen, stoßen wir erneut auf Platon und seine Vorstellung, die Zeit beschreibe allein die Bewegung der Himmelskörper, das eigentlich Seiende sei ewig gültig und damit zeitunabhängig. Damit wird alles, was wir um uns herum wahrnehmen, was kommt und geht zu reinen Ausdrücken dieser ewigen Ideen, aber nie das Wesen selbst. Das, was wir als Zeit empfinden, ist nach Platon immer eine Welt »zweiter Ordnung« – ein Schatten, den die Gegenstände an die Höhlenwand unserer eigenen kleinen Welt werfen.

Platons Schüler Aristoteles nimmt bei der Beschreibung der Zeit die wahrnehmbare Welt in Augenschein und sieht in der

Zeit das Maß für jede Form von Bewegung, die Zeitpunkt für Zeitpunkt als Veränderung sichtbar wird: »Wir messen nicht nur die Bewegung mittels der Zeit, sondern auch mittels der Bewegung die Zeit und können dies, weil sie sich wechselseitig bestimmen.« – so die eher funktionale aristotelische Beschreibung der Zeit. Hier kommt also ein ganz wesentlicher Punkt ins Spiel, der uns zurückbringt zu den Zielen und Kriterien eines systematischen Denkens: nämlich die Messbarkeit von Bewegung und Veränderung, die Systematik, die seitdem mit dem Phänomen eines – zeitlichen – Wandels der Dinge einhergeht.

Durch diesen Wechsel der Blickrichtung wird die Zeit nun zu einer Art Aneinanderreihung von »Jetzt-Punkten«, wie Martin Heidegger es beschrieben hat: von Ereignissen, Erlebnissen, von Dingen, die in der Zeit geschehen, aber eigentlich nicht die Zeit selbst sind. Durch sie wird die Zeit scheinbar greifbar – wie ein gemeinsamer Stoff, aus dem die Ereignisse gemacht sind, wie Perlen auf einer Perlenkette, die durch ein gemeinsames Band verbunden sind, aber dennoch für sich allein existieren. Das klingt zwar verständlicher, am Ende bleibt das Geheimnis aber, wie es war.

Denn in diesen Bildern liegt zwar eine Möglichkeit, die Zeit zu beschreiben, aber sie ist begrenzt und geht nach wie vor davon aus, dass das subjektive Zeitempfinden für das, was Zeit ist und ausmacht, keine Bedeutung hat. Diese Idee einer »messbaren« Zeit als Bewegung oder Veränderung von Zuständen ist das, was die physikalische Zeit ausmacht, das, was die klassische Physik seit Isaac Newton zum Ausgangspunkt nimmt, um Versuche in der Zeit kalkulierbar und vergleichbar zumachen. Es ist die bekannte Überzeugung Newtons, dass die Zeit »gleichmäßig von Moment zu Moment« ticke, die sich zunächst durchgesetzt hat. Aber schon Wilhelm Leibniz war der Überzeugung, dass diese Idee der Zeit eine gedankliche Konstruktion sei, die nur dazu tauge, Beziehungen zwischen Ereignissen beschreibbar zu machen. Es kann immer nur um Annäherung, um Ähnlichkeiten gehen – nie um tatsächliche und objektive Gleichheit, die einfach nicht herzustellen ist, weil es nicht gelingen kann, die gleichen Ausgangsbedingungen herzustellen, um gleiche Ursachen hervorzubringen. Immer ist Zeit vergangen und hat die Bedingungen in der Zeit verändert. Spätestens seit der Relativitätstheorie können wir sicher sein, dass Leibniz recht hatte, auch wenn die Konsequenzen einer solchen wissenschaftlichen Einsicht und Erkenntnis bis heute nicht wirklich in unser Denken und Leben vorgedrungen sind. Unsere nach wie vor eher statische Vorstellung einer Zeit, die auch ohne uns von Moment zu Moment »tickt«, vernachlässigt die Beziehungen der Dinge untereinander, die sich immer und immer wieder verändern und sogar andere sind, je nachdem aus welcher Richtung wir auf sie schauen. Genau dieser Umstand wird jedem Leitfaden für das ultimative persönliche Zeitmanagement einen Strich durch die Rechnung machen. Es gibt Menschen, denen gelingt es tatsächlich, ihr Leben mit einem Terminkalender zu verwechseln, Menschen, die sich rühmen, jede ihrer Aktivitäten anhand der Vergabe von Punkten zu kategorisieren und zu hierarchisieren. Aber ist hier wirklich alles in Ordnung? Am Ende entsteht ein Raster, ein Schnittmuster für das eigene Leben, dem dann am Ende nichts anderes übrigbleibt als nur das zu tun und zu erleben, was für es vorgesehen ist. Sofern ich mich wirklich und tatsächlich auf die Qualitäten dessen einlassen will, was hier mit »Leben« gemeint ist, gilt es schleunigst Löcher, Pausen, zweckfreie Räume in dieses Muster einzubauen, um Raum für Entwicklung und andere Möglichkeiten zu schaffen. Wir haben neben unserer Begabung, rationale Strukturen mit Wahrheiten zu verwechseln, auch ein sehr gutes intuitives Gespür dafür, wie die Dinge in der Zeit verlaufen und wie wir darauf Einfluss nehmen können. Das aber hat nichts mit Stundenplänen und Punktesystemen zu tun, sondern eher damit, die Zeit als etwas Geheimnisvolles anzuerkennen. Wir können sie nicht mit unserem Verstand erklären. So schrieb auch Augustinus schon im Jahre 400 in seinen »Confessiones«: »Was also ist die Zeit? Wenn mich niemand danach fragt, dann weiß ich's, will ich's aber einem Fragenden erklären, weiß ich's nicht.«

Am Ende bleibt die Zeit ein Rätsel, damit muss sie aber nicht gleichzeitig ein Problem sein. Augustinus verändert die aristotelische Idee einer rein linearen Abfolge von Ereignissen und spricht von einer einzigen großen – allerdings eindeutig göttlichen – Gegenwart. Dabei ist die Vergangenheit die eigene Erinnerung innerhalb der Gegenwart und die Zukunft ist die eigene Erwartung innerhalb der Gegenwart. Der einzelne Mensch bekommt also in dem, was Zeit ausmacht, eine ganz neue und subjektive Rolle. Diese Unterscheidung ist wichtig, wenn wir nun dazu übergehen zu schauen, wie ein subjektiver, lebendiger – organischer – Umgang mit der eigenen Zeit unser Weltbild verändert. Und damit springen wir mutig ins 20. Jahrhundert zu den Gedanken des Franzosen Henri Bergsons, von dem wir schon kurz gehört haben.

Zeit ist das, was im Erleben dauert

Henri Bergson hat 1927 ein Buch geschrieben, in dem er seine Vorstellung eines »schöpferischen« élan vital entfaltet, der als Prinzip alles Lebendigen ein anderes Bild einer natürlichen Ordnung, aber auch ein völlig anderes Zeitverständnis nach sich zieht. Dieser schöpferische Kosmos des Werdens, als den er die Welt zu erkennen glaubt, widersetzt sich unserer mechanistischen Denkstruktur und hat wenig Interesse, irgendwelche Zwecke zu erfüllen. Es sei vergebens, so Bergson, »dem Leben einen Zweck, im menschlichen Sinn des Wortes, zuzuschreiben. Denn von einem Zweck reden heißt, sich ein vorher bestehendes Musterbild vorzustellen, das bloß noch verwirklicht zu werden braucht, heißt also im Grunde glauben, dass alles gegeben ist, heißt, dass die Zukunft sich von der Gegenwart ablesen lässt, heißt, dass das Leben in seiner Bewegung, in seiner Totalität nicht anders verfährt als unser Verstand; er, der nur eine unbewegliche und fragmentarische Ansicht des Lebens ist, und der sich, seiner Natur nach, stets außerhalb der Zeit stellen muss. Das Leben aber, es schreitet fort, und es dauert.«

Bergson folgt hier der ursprünglich griechischen Unterteilung der Zeit in »chronos«, also die messbare Zeit der Uhrwerke, und »kairos«, die erlebte, gefühlte Zeit der ganz persönlichen Erfahrung. Nach Bergson aber ist es allein das Erlebnis, in dem die Zeit spür- und fühlbar wird, hier liegt die tatsächliche Zeiteinheit, die sich von der linearen Messbarkeit in einer physikalischen Aneinanderreihung von Geschehnissen abgrenzt. Die klassische Physik werfe nur ein Netz von diskontinuierlichen Zeitpunkten über das Leben, das es in seiner Kontinuität aber nicht greifbar machen kann, so Bergson. Diese Zeitauffassung sei also letztlich nichts anderes als die Aneinanderreihung von Momentaufnahmen, die künstlich rekonstruieren, was den Strom des Lebens (den élan vital) ausmachen solle, so wie Fotos im Film oder Daumenkino aneinandergehängt werden und wie eine Bewegung erscheinen, aber eigentlich keine sind. Die Wirklichkeit der Bewegung – also all dessen, was um uns herum vor sich geht – sieht nach Bergson vollkommen anders aus, könne aber durch unseren Intellekt nicht erfasst werden, denn der Intellekt charakterisiere sich »durch eine natürliche Verständnislosigkeit für das Leben«.

Wahrnehmung und schöpferisches Warten: Wie soll das gehen?

Wir erinnern uns an den Unterschied von Erklären und Verstehen im Umgang mit der Welt – nach Bergson ist allein der Instinkt in der Lage, die Wirklichkeit unmittelbar zu erfassen. Aber diese uns zwar nach wie vor innewohnende instinktive

Form der Wahrnehmung hat kein Interesse an Fragen und Erkenntnissen. Sie lässt sich nicht in abstrakte Problemstellungen übersetzen. Das Instrument, das den Instinkt für die begriffliche Erkenntnis dienstbar machen könne, ist allein die Intuition, die Bergson als sich selbst bewusst gewordenen Instinkt versteht. Ein spannender Gedanke angesichts der aktuellen Begeisterung für »emotionale Intelligenz« und intuitives Bauchgefühl, die Bergson zwar befürworten, aber nicht so stehen lassen würde. Er lehnt jedes dualistische Gegenspiel von Kopf und Bauch ab und sucht nach einem ganzheitlichen Zusammenspiel aus allen drei Erkenntnisquellen: Instinkt, Intuition, Intellekt.

Was aber bedeutet das? Was sollen wir tun, wie können wir endlich anfangen, etwas zu verändern? Indem wir tatsächlich beginnen, die Dinge völlig anders zu betrachten. Bei aller Begeisterung, nun endlich »loszulegen«, geht es jetzt wirklich um eine Kehrtwende: darum, so etwas wie ein »schöpferisches Warten« zu lernen – ein Experiment vielmehr als eine Strategie. Bergson veranschaulicht diesen Gedanken mit dem Abwarten beim Schmelzen von Zucker in einem Wasserglas. Das Schmelzen des Zuckers steht für die Dauer, in der die Vergangenheit fortlebt und die sich der willentlichen Steuerung entzieht. In dieser Dauer hat das Handeln seine eigene Zeit der Erscheinung, wie Bergson es beschreibt. Wir könnten natürlich an den Bedingungen schrauben, das Wasser erhitzen oder den Zucker beständig umrühren. Doch es geht darum, dass das, was dort geschieht, eine eigene Qualität mitbringt, einen eigenen Prozess beschreibt, selbst und gerade dann, wenn ich nicht eingreife. Das, was dort geschieht und sich seine eigene Ordnung sucht, ist das, was sich auch in vielen anderen Prozessen wiederfindet, die sich deutlich besser ordnen, wenn ich sie nicht beständig aufzuräumen oder zu beeinflussen versuche. Und das geht nur, wenn wir die Dinge weder festhalten und beständig einzusortieren versuchen noch hektisch an ihnen vorbeirauschen, sondern uns als allererstes einmal Zeit für sie nehmen, um zu wissen, was wir da eigentlich ein-, auf- und umräumen wollen. Manchmal brauchen die Dinge eben ihre Zeit, und wir finden am allermeisten, wenn wir zwischendurch auch einmal aufhören zu suchen. Auch der Dichter Rainer Maria Rilke kannte diese Qualität, wenn er in einem seiner Gedichte über die Geduld schreibt, wir müssten lernen, zunächst die Fragen zu leben, vielleicht sogar zu lieben. Denn nur dann werden wir eines Tages in die Antworten hineinleben – manchmal ohne es zu merken.

So liegt das Hauptaugenmerk im »Tun«, also im Umgang mit der Zeit, nach Bergson darin, »die gewohnte Richtung unserer Gedankenarbeit umzukehren«. Stellen wir doch einmal scheinbar Selbstverständliches in Frage und verharren bei dieser Frage, statt direkt zur Antwort weiterzueilen: Müssen die Dinge wirklich so sein? Brauche ich das tatsächlich? Muss ich all das wirklich noch schaffen? Will ich diese Einladung annehmen? Aber ganz genauso gilt die Frage: Muss bzw. kann ich das jetzt entscheiden? Das Warten auf den richtigen Moment kann eine wichtige Hilfe sein, den Dingen mit Leichtigkeit eine Ordnung zu geben, die ich zum falschen Zeitpunkt möglicherweise gar nicht oder nur mit größter Anstrengung erreicht hätte. In jedem Fall dankt es uns jedes aufzuräumende Durcheinander, wenn ich den Dingen und Menschen, die daran beteiligt sind, ohne Hektik begegne. »Er hat sich richtig Zeit für mich genommen« – in diesem Ausspruch schwingen Anerkennung und das Gefühl einer guten Behandlung mit, ganz egal, ob es sich dabei um den Hausarzt, den Chef, oder den Call-Center-Mitarbeiter der Sparkasse handelt.

Wenn wir also lernen wollen, diese Form der (Geistes-) Gegenwärtigkeit zu leben, die nichts mit einer eher beschränkten »Hier und Jetzt«-Philosophie zu tun hat, sondern das Zusammenspiel aller Zeitsphären ernst nimmt, dann kommen wir nicht umhin, auch unserer eigenen zeitlichen Begrenztheit zu begegnen – der Tatsache, dass unsere Zeit irgendwann einmal zu Ende sein wird. Für den Kulturphilosophen Georg Simmel, der sich zu Beginn des 20. Jahrhunderts mit dem Phänomen eines neuen Lebenstempos in den wachsenden Großstädten wie Berlin beschäftigte, ist es eine Grundeigenschaft des Lebens, dass die eigene Endlichkeit immer präsent ist. Ob wir es tabuisieren, verschweigen oder verdrängen – der Tod begleitet uns, wo auch immer wir hingehen. Er ist das Ende jeder Ordnung, aber eben auch etwas, das in jedem Prozess bereits angelegt ist. Nichts ist von Dauer, jeder Blumenstrauß verwelkt, jeder Baumstamm verwittert, jede Ordnung muss immer wieder aufs Neue hergestellt werden.

Die Frage ist nur, was wir mit dieser Einsicht anstellen – ist sie so niederschmetternd, dass wir dann aus der Zeit, die wir haben, auch nichts mehr machen wollen? Ist sie so beängstigend, dass wir versuchen, alle Zeit zu kontrollieren, damit uns ja nichts passiert, was unsere Lebenszeit unnötig verkürzt oder beeinträchtigt? Oder gelingt es uns, die Kostbarkeit der uns gegebenen Zeit anzuerkennen – gerade weil wir nicht wissen können, wieviel wir noch zu erleben haben?

Ob glücklich oder unglücklich, ängstlich oder mutig, kontrolliert oder neugierig, wir sind immer nur in der Lage, einen Schritt nach dem anderen zu tun und dabei das wachsam zu betrachten, was sich aus diesen Schritten ergibt – um in diesem Prozess zu entscheiden, wie der Weg weitergehen soll. Ebendas ist gemeint, wenn der französische Philosoph Michel de Montaigne behauptet, zu philosophieren heiße sterben zu lernen. Darum holen wir den Tod nicht vor unserer Zeit ins

Haus, sondern wir nehmen einfach hin, dass er sowieso schon bei uns wohnt. Wenn wir aber lernen, mit ihm zu leben, ist er irgendwann kein Überraschungsgast, der uns »heimsucht«, sondern eine unvermeidliche Begegnung, von der wir immer schon wussten. Eine Begegnung, die nicht lähmend oder verzweifelt sein muss, gerade ein erfülltes, ein bewusstes Leben führt am Ende wahrscheinlich eher dazu, den Tod mit größtmöglicher Gelassenheit anzunehmen. Er ist so etwas wie eine leise Mahnung, eine Erinnerung, die uns die Kostbarkeit unseres Lebens, jedes einzelnen Tages vor Augen halten kann (wenn wir es zulassen).

Und eben darin liegt ein philosophisches Moment: bewusst den nächsten Schritt vor Augen zu haben, sich zu fragen: Geht es mir hier immer noch gut, will ich dieses Ziel wirklich weiterverfolgen? Nur dann mache ich den nächsten Schritt in diese Richtung, ganz im Sinne des Straßenkehrers Beppo, der keinerlei philosophische Theorien brauchte, um einen ganz eigenen Umgang mit seiner Zeit zu lernen, wie er seiner besten Freundin Momo langsam und voller Weisheit erklärte: »»Man darf nie an die ganze Straße auf einmal denken, verstehst du? Man muß nur an den nächsten Schritt denken, an den nächsten Atemzug, an den nächsten Besenstrich. Und immer wieder nur an den nächsten‹ (...) Wieder hielt er inne und überlegte, ehe er hinzufügte: ›Dann macht es Freude; das ist wichtig, dann macht man seine Sache gut. Und so soll es sein.‹ Und abermals nach einer langen Pause fuhr er fort: ›Auf einmal merkt man, dass man Schritt für Schritt die ganze Straße gemacht hat. Man hat gar nicht gemerkt wie, und man ist nicht außer Puste.‹ Er nickte vor sich hin und sagte abschließend: ›Das ist wichtig.‹«

Und während wir unsere Schritte einen nach dem anderen gehen, lernen, sie mit Freude zu tun, werden uns Dinge begegnen, die uns mehr wert sind als andere, die wir trotz aller Flüchtigkeit behalten, in unserer Erinnerung festschreiben wollen. Auch daraus lassen sich Ordnungen, Bilder und Lebensformen gestalten – Ordnungen, die wir gerade angesichts der eigenen Endlichkeit auch für andere festhalten können, wenn wir es denn wollen.

Die letzte Ordnung

Meine Großmutter ist eine der »aufgeräumtesten« Personen gewesen, die mir in meinem Leben begegnet ist. Sie ist durch die vielen Stürme ihres Lebens mithilfe eines Ausspruchs aus der Bibel gegangen, der mich – je älter ich selbst werde – immer mehr berührt: »... denn es ist ein köstlich Ding, dass das Herz fest werde, welches geschieht durch Gnade« (Hebräer 13, 9). Dieser Ausspruch hat sie aufrecht gehalten, ihr Herz nicht kalt oder verbittert, sondern stark werden lassen, in dem »festen« Glauben daran, ihren Platz gefunden zu haben – eine gläubige Stoikerin.

Immer wieder hat sie es geschafft – durch Kriegszeiten hindurch, mit sieben Kindern und einem eigenen Lebensmittelgeschäft, einem Mann in Kriegsgefangenschaft und einer vollständig ungewissen Zukunft –, einen Schritt vor den anderen zu setzen und mit Zuversicht das zu tun, was für sie notwendig war, um sich selbst einen Halt zu geben. Meine Großmutter ist vor vielen Jahren gestorben, plötzlich, aber nach einem langen erfüllten Leben – mitten in der Nacht. Meine Mutter hat sie am nächsten Morgen gefunden, in ihrem frisch gewaschenen Lieblingsnachthemd, die langen weißen Haare akurat zum Knoten gebunden. Selbst den Tod hat meine Großmutter offenbar kommen sehen, er schenkte ihr noch einen kostbaren Moment, um sich selbst herzurichten, sich auf diese Weise von der Welt zu verabschieden. Sie hat einen kleinen braunen Lederkoffer hinterlassen, in dem sich eine Liste fand, auf der sie genau vermerkt hatte, wer von ihren Kindern und Enkeln welches Möbel- oder Schmuckstück bekommen soll. Das Essgeschirr mit Goldrand, das seit dieser Zeit einen Platz in unserem Schrank hat, hat eine ganz besondere Bedeutung, einfach weil ich weiß, dass sie es mir zugedacht hat – ohne dass ich davon wusste. Meiner Großmutter ist eine Ordnung gelungen, die über sie hinausging. Sie hat einen Platz in der Welt gefunden, ihn angenommen und nach Kräften ausgefüllt – ihr Leben war von »Dauer«, nicht von ehrgeizigen Plänen und Erwartungen geprägt, die in ein rastloses Aneinanderreihen von Ereignissen mündeten. Die Zeit ist für uns das wichtigste Moment, um uns zu vergegenwärtigen, dass die Ordnung der Dinge nichts ist, was wir festhalten können. Ihr wohnt immer schon der eigene Verfall inne, und es geht immer wieder darum, unsere Ordnung entweder als solche aufrechtzuerhalten oder zu einer anderen werden zu lassen, ganz der Idee einer »kairologischen« Zeitvorstellung entsprechend.

Wenn wir dieses Wechselspiel von Kommen und Gehen, neu und alt, anders und gewohnt tatsächlich in unser Leben einbeziehen, wenn wir unser Leben weniger als eine Linie, sondern mehr als einen sich schließenden Kreis zu denken lernen, werden sich völlig andere Prinzipien offenbaren, die wir oft und gern als zusammenhangslose Zufälle oder unverständliche Zusammenhänge abtun. Es geht nicht darum, am Ende der Linie ein Ziel zu erreichen, sondern mit dem Gefühl gehen zu können, dass das Leben eine »runde Sache« gewesen ist, wie es der Autor und Spiegel-Korrespondent Tiziano Terzani in dem wunderbaren Vater-Sohn-Gespräch »Das Ende ist mein Anfang« immer wieder durchklingen lässt.

Um dieses Prinzip der »Nichtlinearität« nicht nur anzuerkennen, sondern es auch mitten im Leben immer wieder erkennen zu können, dazu eignen sich zwei weitere Begriffe, die wir wiederum aus den Naturwissenschaften kennen, aber viel zu wenig ausschöpfen, wenn es um die Suche nach den wesentlichen Fragen unserer eigenen Welt geht bzw. dem, was in dieser Welt ordnungsstiftend sein könnte. Es geht um den etwas sperrigen Begriff der Komplementarität und die Idee der Emergenz.

Ordnung ist mehr als die Summe ihrer Teile – ein ewiges Hin und Her

Wir halten also noch einmal die wichtige Einsicht fest, die wir nun schon auf so unterschiedliche Weise gehört haben: Allein ein Wechselspiel von lebendig und vergänglich, hell und dunkel, ordentlich und unordentlich, chaotisch und kosmisch kann am Ende zu so etwas wie Einklang, Wohlbefinden, Zufriedenheit und sogar Glück führen. Nur das Aushalten von Spannung und Entspannung, das Austarieren von Polaritäten in der »Mitte« stiftet am Ende ein Gefühl der Ordnung und Stimmigkeit, einer Ordnung, die keine Harmonie will, sondern in der Lage ist, auch die Spannungen leben zu lernen.

Hinter dieser Einsicht verbirgt sich der etwas trockene Begriff der »Komplementariät«, den wir kaum ernsthaft in unser Leben einbeziehen – die Idee, dass sich aus vermeintlichen Gegensätzen, die aber sowohl in dem einen wie dem anderen immer schon enthalten sind, so etwas wie ein Ganzes ergeben kann. In Asien gibt es für diese Verbindung an den Grenzen des einen zum anderen ein Bild, das Symbol des Ying-Yang, das uns mittlerweile als schmückendes Beiwerk verschiedenster asiatischer Wellnessveranstaltungen bekannt ist, mit dem wir darüber hinaus aber wenig anfangen können. Und doch verbindet sich mit diesem ästhetischen Symbol, das uns vergegenwärtigt, wie einfach das scheinbar so Unverständliche sein kann, wenn wir uns von unserer westlichen Machbarkeit und »Erklärbarkeit« trennen, eine wichtige Einsicht: Wenn das eine immer schon im anderen enthalten ist, wenn es um eine Form des Gleichgewichts zwischen zwei Elementen – der Ordnung und der Unordnung – geht, dann ist auch der daraus entstehende Anspruch ein völlig anderer als wenn wir daran festhalten, dass jede Ordnung sich primär durch die Abwesenheit von Unordnung auszeichnen soll.

Bleiben wir aber zunächst in unserer eigenen Kultur und versuchen den wissenschaftlichen Begriff der Komplementarität etwas besser zu verstehen. Der Wissenschaftstheoretiker Ernst Peter Fischer sieht in dieser Auseinandersetzung eine wichtige Möglichkeit, um die eigene Perspektive zu verändern: »Die Komplementarität ist meiner Ansicht nach wichtiger als jeder andere Begriff, den wir haben, auch wenn wir es in unserem Kulturkreis noch nicht wissen. (…) Ich denke, die wichtigste Entdeckung der vergangenen christlichen Jahrtausende besteht in der Einsicht, dass die alte Idee der polaren Gegensätze eine neue Form braucht. Mit dieser Vorgabe liegt die wichtigste Aufgabe der abendländischen Kultur darin, ihr eigenes Symbol für das Denken zu finden, das mich in der Welt und uns beide zusammenhält. Unsere Kultur muss dies bewusst tun und dabei das Beste aufbieten, das sie hat, nämlich die komplementären Formen der Erkenntnissuche, die wir Kunst und Wissenschaft nennen. Zusammen ergeben sie die Humanität, die unsere Kultur auszeichnen könnte. Aber diese Erfindung müssen wir noch machen.«

Jeder Mensch ist immer beides

Aber wie machen wir uns auf den Weg dahin, wie lässt sich Komplementarität veranschaulichen, um von einem theoretischen Begriff zu einem persönlichen Anliegen zu werden? Schauen wir diesmal nicht zurück in die griechische Philosophie, sondern wagen einen Blick in die aktuelle Welt des Kinos, und es dauert nicht lange, bis wir für die Idee der Komplementarität geeignete Bilder und Charaktere finden. Ich möchte auf zwei »Gegensatzpaare« zu sprechen kommen, die für den klassischen Kampf zwischen »gut« und »böse« stehen – also ebenfalls der Frage verpflichtet sind, was die Idee des Guten bzw. die Abwesenheit des Guten in der Welt bewirkt. In beiden Fällen geht es um die unauflösbare Verflechtung dieses eben nur scheinbaren Gegensatzes von »gut« und »böse« (ganz ähnlich der Gegenüberstellung von wahr und falsch, ordentlich und chaotisch, mechanisch und organisch), die im besten Fall ihr ebenbürtiges Komplementär widerspiegeln.

Der Gegenspieler des heroischen Comic-Helden Batman im bislang letzten Teil der Filmreihe mit dem Titel »The Dark Knight« verkörpert das absolut Böse, ein Prinzip, das nichts anderes als Bösartigkeit leben und ausdrücken kann – und dies sehr bewusst einsetzt. Das, was diese Figur – den »Joker« – zu reiner Bösartigkeit macht, ist aber nicht nur seine Gewaltbereitschaft, seine Gier und moralische Gleichgültigkeit, sondern seine unbedingte Unberechenbarkeit, in der alles zusammenfällt. Die Orientierung an einem sinnvollen Zusammenhang, der Idee des Guten, ist ihm vollständig fremd, und so gibt es keinerlei Anknüpfungspunkte, um ihm gefährlich zu werden: Wer an nichts glaubt, hat auch nichts zu verlieren. Seine Ordnung besteht aus nichts außer der absoluten Andersartigkeit zu dem, was uns allen etwas bedeutet. Der Joker, legendär gespielt von Heath Ledger, ist sich in der Maske eines grausamen Clowns dieses Vorsprungs ebenso grausam bewusst. Er ist immer und jederzeit einsetzbar (wie die Karte des Jokers im Kartenspiel), gehorcht keinerlei Regeln, keinen Werten und keiner Überzeugung: Alles ist möglich und in jedem Moment wieder veränderbar. Das absolut Böse ist in diesem Fall die absolute Gleichgültigkeit, alles ist gleich viel wert oder eben gar nichts. Damit ist diese Form der höchsten Entropie auf groteske Weise »fair«, wie der Joker messerscharf schließt. Weiter fasst er im Gespräch mit seinem Gegenspieler – dem absolut Guten in der Maske des Batman – zynisch zusammen: Beide, das absolut Gute wie das absolut Böse, sind Außenseiter in ihrer Welt, in der sich ihre Prinzipien immer auf die eine oder andere Weise miteinander vermischen. Sie sind sich auf unentrinnbare Art ähnlich – als das jeweils absolut andere ihrer selbst – und daher nur durch die Verbindung als Gegenspieler vollständig. Ebenso wie das absolute Böse oder »Gleich-gültige« ist auch das absolute Gute keine reale Größe des Lebens. Beides findet sich nur in Bezug auf das andere – in jedem Menschen, in jedem System. In ihrer reinen idealen Form sind beide Prinzipien nur Schatten, die vom Licht ihres Gegenübers geworfen werden – und damit nur gemeinsam eine Ganzheit. Ähnliches muss die Hauptfigur Neo in der Filmtrilogie Matrix einsehen, wenn das Orakel der Weisheit ihm mitteilt, sein ewiger Gegner Mr. Smith sei ebendieser Schatten, den Neos eigenes Licht werfe. Der eine ist unentrinnbar das Komplementär des anderen, und so wird er selbst nur über seinen ewigen Gegenspieler wirklich und verständlich.

Was heißt das für unseren Wunsch nach einer letzten Ordnung? Wir können uns weiter in der Vorstellung aufhalten, wir könnten es irgendwann doch einmal schaffen, uns die Unordnung ein für alle Mal vom Hals zu halten, weil wir endlich das richtige System oder die für uns passende Idee gefunden haben. Wir können es aber auch mit dieser neuen Sichtweise versuchen und eine »Beziehung« zu dem aufbauen, was sich ohnehin nicht vertreiben lässt – was als Komplementär jede Form von Ordnung begleitet und den Verfall der gerade erst entstandenen Struktur schon mitmeint.

Eine Beziehung ist mehr als die Summe ihrer Teilnehmer

Dieses Denken ist ungewohnt und entspricht nicht unserer kontrollierten Idee einer Wirklichkeit, die wir »objektiv« und unabhängig von uns erklären können – die wir immer wieder in Schwarz oder Weiß, in »Entweder-Oder« einteilen. Und in der wir uns entscheiden können, Dinge von uns fernzuhalten, oder glauben, einmal Erlebtes habe nichts mehr mit uns zu tun. Es geht also vielmehr darum, die Dinge in einen Zusammenhang zu bringen, der Wandel und Veränderung aushalten kann, mir aber dennoch einen Halt bietet in dem, was ich tue, was ich mir wünsche und was ich für sinnvoll halte. Dann lässt sich eine weitere Tür aufstoßen, die etwas beschreibt, das wir alle kennen: die seltsame Erkenntnis, dass in so manchen Beziehungen und Zusammenhängen etwas entsteht, das weit über das hinausgeht, was jedem der einzelnen Teile innewohnt. Wieder steht ein etwas ungewohnter Begriff auf dem Plan, aber keine Angst, er hat etwas mit Ihnen und Ihrem Leben zu tun. Es geht um die Emergenz, die diesen Prozess beschreibt, in dem plötzlich etwas »zum Vorschein« kommt, das wir gar nicht auf die Agenda gesetzt hatten. Was bedeutet dieses Mehr, das wir kennen, wenn wir uns aus einzelnen Steinen ein Haus bauen, aus dem irgendwann ein »Zuhause« wird – eine Bedeutung, die nichts mehr mit einem Haufen Steine zu tun hat, oder das Phänomen, das aus dem Miteinander einzelner Zutaten ein köstliches Gericht werden lässt? Was bedeutet die Tatsache, dass aus Buchstaben Worte werden, Silben, die schon Aristoteles fasziniert in ihrem »Mehr« an Bedeutung untersucht hat? Auch im Zusammenspiel von Menschen ergeben sich emergente Prozesse, wenn plötzlich Gemeinschaft entsteht: ein Chor, ein Verein, eine Demonstration. Die Hamburger Band »Kante« singt in ihrem Lied »Mehr als die Summe der einzelnen Teile« von diesem magischen Moment, wenn die Musik plötzlich über sich hinauszuwachsen scheint und so viel mehr wird, als das Zusammenspiel einzelner Instrumente. »Wir verstehen sie so wenig, wie wir uns untereinander«, aber eben darauf kommt es auch nicht an, sondern nur darauf, dass sich aus diesen Beziehungen etwas Neues, anderes, Größeres ergeben kann – ein Einklang, der durch das Einzelne hindurch sichtbar wird und Gewissheit stiftet, wie bei Hermann Hesse oder Antoine de Saint-Exupéry.

Wir aber sind in unserer Kultur davon geprägt, in Substanzen, in Einzelteilen zu denken, und erst mühsam und nur, wenn es ganz deutlich und »überwältigend« wird, erfahren wir ein solches gemeinschaftliches Mehr. Dieses Phänomen der Emergenz gibt es auch im Kleinen, in Beziehungen, die ich zu den Gegenständen und Menschen in meiner Umgebung eingehe, zu Alltagsgegenständen, die sich verändern und immer wieder aufs Neue zu mir in Verbindung treten. In jedem Fall aber gibt dieses »Mehr« den einzelnen Teilen einen Rahmen, eine Richtung – es stiftet Ordnung, eine Ordnung, die wir allein nicht herstellen oder entdecken können, weil es sie ohne das Zusammenspiel der einzelnen Elemente noch gar nicht gibt. Sie basiert auf den Beziehungen, dem Dazwischen.

Auch die Papierstapel auf meinem Schreibtisch sind ein gutes Beispiel für solche Prozesse. Häufig sind sie kein gutes Beispiel für ein harmonisches Miteinander, eher für ein wohlgelittenes Nebeneinander von Ideen, Möglichkeiten, Notwendigkeiten. Aber es kommt vor, dass sich innerhalb dieses Nebeneinanders etwas ergibt – eine Gemeinsamkeit von Themen oder Denkansätzen, die plötzlich Fragen des Gesundheitsmanagements mit den dialogischen Gesprächen des Physikers David Bohm mit dem indischen Denker Krishnamurti verbinden. Diese Momente sind großartig und eröffnen völlig neue Wege und Ansätze. Allerdings wird hier ebenso deutlich: Der Zusammenhang zwischen diesen Ideen war immer schon da. Er ist nur in meiner Wahrnehmung plötzlich »real« geworden, weil ich bis zu dem Zeitpunkt nicht in der Lage war, oder mir nicht die Zeit genommen hatte, ihn auszumachen.

Gratwanderung: Im Dialog mit der Unverständlichkeit

Es bleibt also immer und immer wieder bei der zentralen Idee, sich selbst für das zu öffnen, was wir meinen nicht zu verstehen und sich auf dieses Experiment einzulassen. Was kann schon passieren? Wir müssen unsere alten Strukturen nicht einreißen, sondern nur hin und wieder dafür sorgen, dass sie überprüft werden. Vielleicht halten sie stand und alles ist wunderbar, vielleicht aber auch nicht, und dann ist es Zeit, ein wenig Unverständlichkeit in unser Leben zu holen, die uns auf die Sprünge hilft, um unsere Ordnung neu auszurichten. Es geht auch bei der »Unverständlichkeit« um nichts anderes als die Umbewertung des Chaos, dieses letzten Geheimnisses, das jeder Ordnung innewohnt, um sie zu einer Ordnung zu machen – also um all das, was dem Verstand nicht zugänglich ist. Das nehmen wir, ohne es zu formulieren, in Gefühlsdingen – der Liebe, der Religion, der Erziehung unserer Kinder – vielfach ohne jede Kritik hin. Hier bleiben wir bei der Überzeugung, über Geschmack könne man ohnehin nicht streiten, jeder solle nach seiner »Fasson« glücklich werden oder wir schütteln mit einem »wo die Liebe hinfällt« etwas schmunzelnd den Kopf, und schon darf Unterschiedliches ungefragt nebeneinander stehen bleiben. Ich erinnere mich z.B. an die vertrackte Frage, die mir als Kind angesichts ungezählter Fragen zur Gestaltung des Mittagessens nicht aus dem Kopf ging: Würden meine Eltern wohl auch keinen Rosenkohl mögen, wenn er ihnen so schmeckte wie mir? Oder lag der Unterschied beim Genuss dieses seltsamen Gemüses eher darin, dass wir einfach dasselbe schmeckten, aber unterschiedliche Dinge mochten? Auch wenn ich Rosenkohl mittlerweile recht gern esse (was weitere Fragen aufwirft), ist diese Problematik weiterhin offen. Die Gesichter meiner eigenen Kinder erinnern mich immer mal wieder an diese äußerst schwierige Frage, aber im Großen und Ganzen bin ich auch ohne eine Antwort ganz gut durchs Leben gekommen. Manches bleibt halt auf ewig ein Geheimnis.

Sobald es aber »um wirklich wichtige« Dinge, um Fakten, Zahlen und Strategien geht, haben wir mit Geheimnissen und Vielfältigkeit wenig am Hut. Hier bleibt es dabei: All das, was wir nicht mit Verstand, Tabellen oder PowerPoint-Charts greifbar machen können, ist etwas ganz und gar Unmögliches, etwas zu Beseitigendes oder etwas, das schlicht keine Bedeutung hat – unverständlich – unbewiesen – reiner Unsinn.

Aber auch in wirtschaftlichen Fragen, im Verlauf von Aktienkursen oder der Diagnose von Krankheiten spielen auf die eine oder andere Weise jede Menge »gefühlte« Tatsachen eine Rolle, schwanken die Stimmungen, ist die Tagesform entscheidend oder eine zugrunde liegende Kränkung. Zahlen sind hier sicher wichtiger als in der Kindererziehung (auch wenn die Beurteilung unserer Kinder in die Kategorien 1 bis 6 von Klasse 1 an etwas anderes andeuten), aber sie sind ebenso unvollständig und unverständlich, wenn es um so etwas wie endgültige Antworten oder Prognosen geht. Aber letztlich steht doch eine ganz andere Frage in Raum – was ist so schlimm daran?

Diese Frage stellte auch Friedrich Schlegel in seinem Text »Über die Unverständlichkeit«, den er im Jahr 1800 als einen der letzten Beiträge in der literarischen Zeitschrift »Athenäum« veröffentlichte. Dort schreibt der Frührohmantiker: »Aber ist denn die Unverständlichkeit etwas so durchaus Verwerfliches und Schlechtes? – Mich dünkt das Heil der Familien und der Nationen beruhet auf ihr; wenn mich nicht alles trügt, Staaten und Systeme, die künstlichsten Werke der Menschen, oft so künstlich, dass man die Weisheit des Schöpfers nicht genug darin bewundern kann. Eine unglaublich kleine Portion ist zureichend, wenn sie nur unverbrüchlich treu und rein bewahrt wird, und kein frevelnder Verstand es wagen darf, sich der heiligen Kränze zu nähern. Ja das Köstlichste was der

Mensch hat, die innere Zufriedenheit selbst hängt, wie jeder leicht wissen kann, irgendwo zuletzt an einem solchen Punkte, der im Dunkeln gelassen werden muss, dafür aber auch das Ganze trägt und hält, und diese Kraft in demselben Augenblicke verlieren würde, wo man ihn im Verstand auflösen wollte. Wahrlich, es würde euch bange werden, wenn die ganze Welt, wie ihr es fordert, einmal im Ernst durchaus verständlich würde. Und ist sie selbst diese unendliche Welt nicht durch den Verstand aus der Unverständlichkeit oder dem Chaos gebildet?«

Am Ende bleiben wir in einem Hin und Her von Chaos und Ordnung, einem Taumeln, vielleicht aber auch einem Kreislauf, einem Zirkel, aus dem wir mit Martin Heidegger nicht aussteigen müssen, sondern erst einmal versuchen sollten, so richtig in ihn hineinzukommen. Es ist also alles andere als sinnlos, in das Durcheinander des eigenen Lebens Ordnung bringen zu wollen. Aber es ist wichtig zu fragen, welche Erwartung ich mit diesem Aufräumen verbinde. Wenn ich erwarte, dass sich aus dem eigenen Gerümpel am Ende ein übersichtlich-einheitlich geordnetes Ganzes ergibt, dass an den Ecken nichts mehr übersteht und wir keinerlei Fragezeichen haben, dann werden wir am Ende nicht an der Ordnung, sondern unserer Vorstellung, unserer Erwartung an ebendiese Ordnung verzweifeln – und Epiktet bekäme wieder einmal Recht.

Um aber genau diese Vorstellungen einmal genauer unter die Lupe zu nehmen, behalten wir all die Möglichkeiten, wie Ordnung »gedacht« werden kann, im Kopf und wenden uns nun intensiver der Frage zu, wie sich unser Denken, unsere Haltung vor dem Hintergrund einer »inneren« Ordnung verändern, entwickeln oder gestalten lässt – zu einem harmonischen, herrlich unverständlichen Ganzen, das wie ein bunter Haufen ineinandergreifender Einzelteile, auf ganz besondere Weise sein eigenes Bild ergibt.

Kapitel 2

Geordnete Verhältnisse:
Vom Suchen und Finden innerer Ordnung

> Ich sehne mich so nach dem rauschenden Blut; der Stein ist so still
> Ich träume vom Leben: das Leben ist gut.
> Hat keiner den Mut, durch den ich erwachen will?
>
> R.M. RILKE

Schon Mitte des 18. Jahrhunderts war der französische Denker Luc des Clapier Vauvenargues der Überzeugung, dass man allein durch Mut Ordnung in sein Leben bringen könne. Wenn wir also versuchen, unser Leben genauso wie unser Denken wirklich und wahrhaftig einmal auf den Kopf zu stellen, um zu erkennen, was wir darin aufräumen wollen und sollen, dann haben wir bewegte Zeiten vor uns. Denn – es ändert sich eben nicht nur hier und da etwas, sondern alles ändert sich, ständig und dauernd. Die Dinge sind relativ, und zwar jedes x-beliebige Ding. Sie verändern sich mit der Zeit und der Perspektive, die wir auf sie haben, sie stehen nicht fest, sondern sind von demjenigen abhängig, der sie beobachtet, untersucht, erklärt, einordnet. Die Welt, die ich da draußen sehe, ist abhängig von mir und umgekehrt. Wie sollen wir da jemals Ordnung hineinbringen?

Meine Kinder haben mich kürzlich gefragt, in welcher Himmelsrichtung eigentlich unser Haus liegt. Auf die Rückfrage »von wo aus gesehen« wollten sie wissen, in welcher Himmelsrichtung es eben so ganz grundsätzlich läge. Wir konnten uns nach längerem Hin und Her darauf einigen, dass es in Norddeutschland und damit von vielen Punkten der Welt aus im Norden liegt. Das reichte als Antwort, machte aber deutlich, dass es hier eben keine »grundsätzliche« Position gibt, die unabhängig vom Standpunkt des Betrachters beschrieben werden kann. Weiten wir dieses Bild aus und legen zugrunde, dass die Welt, die uns umgibt, viel weniger eine feste Ordnung, eine feste Substanz ist, sondern so etwas wie ein Zusammenhang, in dem wir uns einen Platz erobern, dann gilt diese »Relativität« für jeden Zusammenhang, mit dem wir es in unserem Leben zu tun haben. Dadurch, dass ich mich einer Sache nähere, indem ich sie betrachte und ihr Aufmerksamkeit schenke, verändert sie sich. Wir stehen eben nicht, wie es uns unser Denkapparat so gern glauben machen will, als feststehendes »Ich« einer Welt gegenüber, sondern mitten in dieser Welt, und beides verändert sich miteinander. Um einen Zugang zu diesem Hin und Her zu bekommen, müssen wir eines als Erstes tun: einen Zugang zu uns selbst finden. Weniger, indem wir auflisten, was wir alles können, gelernt haben, wo wir gewesen sind und wo wir noch hinwollen, sondern eher indem wir herausfinden, wie wir uns in dieser Welt bewegen, was sich wie anfühlt und warum. Aber das ist gar nicht so einfach – und vor allem ist es ziemlich ungewohnt. Versuchen wir es trotzdem und fangen wieder mal mit einer Frage an: Was bedeutet uns Ordnung?

Die Bedeutung von Ordnung:
Glänzende Fassade oder inneres Spiegelbild?

Dass Ordnung viel mit Musterbildung, Übersichtlichkeit und Sicherheit zu tun hat, haben wir bereits gehört. Aber es kommt doch ein wesentlicher Punkt dazu, wenn es um unsere ganz persönliche Ordnung geht: Wir geben ihr eine bestimmte Bedeutung, wollen »repräsentieren« und die Welt da draußen mehr oder weniger subtil darauf aufmerksam machen, worum es in unserem Leben geht. Repräsentation bedeutet ursprünglich »Vergegenwärtigung«, wir holen etwas in die Gegenwart bzw. in die Welt der Vorstellungen, das nicht unmittelbar gegeben oder verständlich ist. Dabei ist eine sehr alte philosophische Frage, inwieweit das Repräsentierte tatsächlich auch der Repräsentation entspricht – es also so etwas wie ein Abbild darstellt. In der griechischen Antike wurde dieses Verhältnis noch weithin angenommen, mittlerweile aber sind wir mehr oder weniger überzeugt, dass die Zeichen und Symbole, die wir nutzen, um etwas »darzustellen«, nichts mit der Wirklichkeit, also dem Gegenstand selbst zu tun haben müssen. Warum verbinden wir mit einem silbernen Stern auf einer Motorhaube ein bestimmtes Lebensgefühl? Warum glauben wir, ohne einen Facebookeintrag nicht mehr zu wissen, in welche Richtung sich die Welt dreht? Warum ist es wichtig, bestimmte Labels gut sichtbar und andere möglichst gar nicht zur Schau zu stellen? Wir geben all diesen Dingen, Zeichen und Schildern eine bestimmte Bedeutung, daran erkennen wir Menschen, die »zu uns« gehören, die die gleiche Sprache sprechen, den gleichen Lebensstil pflegen, also der »richtigen« Ordnung angehören. Nichts davon hat irgendetwas mit einer auch nur gefühlten »Wahrheit« zu tun. Es ist eine Art Konsens, eine Einigung, was in einer Gesellschaft für was steht, was als Statussymbol zugelassen ist und was nicht. Und haben wir uns einmal auf diese äußere Ordnung eingelassen, dann wollen wir eben einen guten Eindruck machen – »ansehnlich« sein, werden oder bleiben. Wir versuchen, die Muster einer bestimmten Mode, eines Trends, einer angesagten Haltung zu erkennen und nachzuahmen, um unser Innenleben, unsere Einstellung nach außen hin auszudrücken: Die Welt als Wille zur Nachstellung, um es in Anlehnung an Schopenhauer zu formulieren. Oder aber wir lehnen genau das ab und folgen damit einem anderen Trend, dem der Originalität und permanenten Erneuerung, die sich von jedem erkannten Trend schnellstmöglich loszusagen versucht, um nicht nur einzig, sondern wirklich einzigartig zu sein und ebendas zur Schau zur stellen. Ein Freund von mir hat lange in diesem Zusammenhang darüber nachgedacht, ob er mit der Unzufriedenheit über sein neues I-Book nicht letztlich dieselbe Idee eines Andersseins verfolgte wie die vermeintlich so kreative Elite der Apple-User in ihren besten Zeiten. Eine Antwort konnte er darauf leider nicht finden.

Sie sehen, diese Fragen der äußeren Ordnung und Repräsentation sind alles andere als einfach. Wäre dieser Wunsch danach, etwas Besonderes, »der Wind« und nicht das »Fähnchen« zu sein, wäre uns das nicht so wichtig, würden die Hochglanzbilder und Kampagnen der wohlgeordneten und glücklichen Werbebildchen uns gar nicht erreichen oder gar ins Grübeln bringen. Wenn es aber nur darum geht, »ungewöhnlich« zu sein, verliert sich jede Beziehung zu Werten und Inhalten in der Frage nach dem, wie ich mich von etwas anderem absetzen kann. Eine solche Ordnung ist reine Hülle, reine Form und damit leer und seelenlos. Also wonach suchen wir am Ende: nach einer geordneten Unordnung, einer angesagten Einzigartigkeit – und wie kann das aussehen?

Wohlgeordnete Unordnung: Selflabeling und das Ich als Marke

Wenn wir uns auf diesen Spagat einlassen, wird es richtig kompliziert, denn – den Eindruck, den wir machen wollen, das Image, das wir uns verpassen, müssen wir mit einer Ordnung erreichen, die hauptsächlich eines sein soll: gesellschaftlich anerkannt. Wir wollen »dazugehören«, und wenn wir dafür dem Zeitgeist entsprechend auch wir selbst sein müssen, dann eben auch das. Daraus entwickelt sich aber keine wahrhaftige »Selbstverwirklichung«, sondern eine Art Außendarstellung oder Marketingkonzept unserer Lebenseinstellung, die hochgradig anstrengend und zeitintensiv daherkommt: eben nur die richtigen Zeitschriften herumliegen lassen, die

CD-Sammlung ein bisschen lose gestapelt erscheinen, den Designerpulli über dem Stuhl hängen lassen. Alles andere aber wird schnell weggeräumt, es macht angreifbar, zeigt zu viel. Zu viel wovon? Unserem wirklichen Selbst, unseren Macken und Schwachstellen oder zu viel von dem, was wir an uns nicht leiden können, weil es nicht den gängigen Vorstellungen einer erfolgreichen Selbstkampagne entspricht?

Eines ist sicher – Unordnung macht verletzbar, sie ist ein Riss in der glänzenden Fassade und offenbart den Blick auf Dinge, die sich offensichtlich nicht in den Griff bekommen lassen, die einfach nicht geschafft oder erledigt sind. Sie zeigt, dass wir nicht immer alles unter Kontrolle haben – kein immer nur erfolgreiches, spannendes und gelungenes Leben führen. Sie ist das Chaos, das nicht auf einen kreativ-lässigen Lebensstil hinweisen soll, sondern das Chaos, das zum Leben dazugehört, wenn wir uns aus unserer Welt des »Life-Designs« verabschieden.

Meine echte und unfrisierte Unordnung ist so ziemlich das Persönlichste, was ich anderen Menschen zumute – ein Zeichen dafür, dass es wirklich keinen Grund mehr gibt, sich »verkaufen« oder »darstellen« zu müssen. Es ist sehr wertvoll, Menschen in seinem Leben zu haben, denen man sich so zeigen kann und mag. Trotzdem bleibt es wichtig, sich auch vor den Blicken anderer schützen zu können. An manchen Stellen ist es sogar notwendig, eine Fassade hochzuziehen, nicht jeden müssen wir in alle Winkel und Ecken unserer Persönlichkeit hineinschauen lassen. Im besten Fall ist es dann eben mehr als eine Fassade. Es ist eine wahrnehmbare Grenze, eine Kontur oder ein »Profil«, das von innen wie von außen erkennbar ist, das aber eben nicht aus medialen Vorschlägen hervorgeht, sondern die bewusste Entscheidung zur Grundlage hat, wer bzw. was in meinem Leben eine Rolle spielen, eine Bedeutung haben soll.

Einen Schritt vor oder zwei zurück:
Worum geht es wirklich?

Der französische Existenzphilosoph Albert Camus hat einmal gesagt: »Äußere Ordnung ist oft nur der verzweifelte Versuch, mit einer großen inneren Unordnung fertigzuwerden«. Auch wenn wir daraus nicht schließen wollen, dass ein unaufgeräumtes Wohnzimmer ein untrügliches Zeichen für innere Gelassenheit sein muss, so macht Camus damit einen Zusammenhang deutlich, der vielen von uns bekannt vorkommen mag, dem wir aber selten genug wirklich einmal nachgehen. Denn neben der Bedeutung, die wir unserer angestrebten oder tatsächlichen Ordnung gegeben haben – wenn wir einmal von unseren Idealvorstellungen bzw. der idealen Selbstdarstellung absehen: Wie erleben wir ganz persönlich ein Gefühl von Ordnung? Wofür brauchen wir dieses Gefühl oder warum können wir es nicht leiden?

Manche Menschen empfinden eine aufgeräumte Umgebung als Grundlage für jede ihrer Handlungen. Aus dem Studium erinnere ich mich vornehmlich an Kommilitoninnen, die erst die ganze Wohnung geputzt haben mussten, bevor sie einen geraden Satz zu Papier bringen konnten. Andere empfinden diesen »Glanz« als beängstigend und mussten erst ein bisschen an der Oberfläche kratzen, bevor sie sich wirklich wohlfühlten. Muss also tatsächlich alles aufgeräumt sein, damit wir zur Ruhe kommen? Müssen wir die »richtige« Fassade herstellen, um uns im richtigen Licht präsentieren zu können, oder geht es uns eher darum, niemandem eine unaufgeräumte Wohnung oder Verfassung zumuten zu wollen? Orientieren wir uns an der Vorstellung, dass wir etwas nur dann richtig machen, wenn wir uns an einer von außen *bestimmten* Vorstellung entlanghangeln können, wenn wir also alles daransetzen, das Büro so auf Vordermann zu bringen, wie es der Chef am liebsten hat? Oder vertrauen wir darauf, dass auch der Chef zufriedener ist, wenn wir den Dingen die Ordnung geben, mit der wir am besten arbeiten können? Was also gibt letztlich den Ausschlag dafür, dass wir das Gefühl haben, nun sei endlich alles in Ordnung?

Viele Fragen und auch in Bezug auf das Gefühl von Unordnung lassen sich noch einige formulieren: Wie gehen wir mit diesem Gefühl um? Sofern eine Entscheidung ansteht, die uns nicht behagt, wir ein Risiko eingehen müssen oder unsere geliebten Gewohnheiten nicht mehr funktionieren, halten wir uns in dieser Unsicherheit gern an das, was wir noch beeinflussen können: Wir schrubben die Fliesen, misten den Kleiderschrank aus und wienern die Treppe, in der Hoffnung, ein wenig Gewalt über den Lauf der Dinge zu bekommen und damit zumindest ein gewisses Maß an äußerer Ordnung wiederherstellen zu können. Damit bekommt Albert Camus Recht, aber grundsätzlich ist auch nichts Verwerfliches daran, einer inneren Unordnung erst einmal mit der Wiederherstellung einer äußeren Ordnung zu begegnen: Es schafft Bewegung, Veränderung und darin ein Gefühl von »Machbarkeit« in einem Moment, in dem wir genau diese Sicherheit am meisten brauchen. Manchmal kommen uns gerade bei der vermeintlichen Wiederherstellung der äußeren Ordnung die besten Gedanken, um auch die inneren Baustellen anzugehen. Aber genau darauf kommt es an: nicht bei den geputzten Küchenoberschränken zu bleiben oder symmetrisch angeordnete Gewürzdosen mit Sicherheit zu verwechseln. Denn es gibt genügend Umstände, die sich nicht »wegräumen« oder »abputzen« lassen, gravierende Veränderungen wie eine Krankheit, eine Trennung – etwas, das den Lauf der Dinge grundlegend durcheinanderbringt und uns hilflos vor den Ruinen eines Lebens stehen lässt, das einfach nicht mehr zu reparieren ist. Um sich aber dennoch auf den Weg zu machen, brauchen wir in einer Welt, die sich weder festhalten noch zu Garantien hinreißen lässt, das Vertrauen in eine Ordnung, die weit über den eigenen Besenschrank, einen aufgeräumten Schreibtisch oder den piepsenden Organizer hinausgeht.

Licht an und hinsehen

Die Suche nach der eigenen Ordnung und dem rechten Maß an »schöpferischer Zerstörung«, die dafür notwendig ist, beginnt mit einer scheinbar ganz einfachen Entscheidung: Zunächst ist für genügend Licht zu sorgen, um dann einen Schritt zu tun, um den eigenen Standpunkt zu verlassen, einen Schritt zurück, vielleicht auch zwei nach vorn zu treten, ein wenig Zeit und Ruhe mitzubringen und den eigenen Blick durchs Haus zu wandern lassen und sich auf das zu »besinnen«, was wir da sehen. Wenn wir tatsächlich innehalten können, uns einfach einmal selbst unterbrechen, dann gelangen wir oft zu ganz neuen Perspektiven, und vieles erscheint im Wortsinne in einem ganz anderen Licht. Martin Heidegger spricht hier von einem »andenkenden Denken«, das uns überhaupt erst ermöglicht, die Dingen wirklich als das zu sehen, was sie sind. »Wann und wie kommen Dinge als Dinge? Sie kommen nicht durch die Machenschaft des Menschen. Sie kommen aber auch nicht ohne die Wachsamkeit der Sterblichen. Der erste Schritt zu solcher Wachsamkeit ist der Schritt zurück aus dem nur vorstellenden, d. h. erklärenden Denken in das andenkende Denken.«

Dieses andenkende Denken versucht sich den Dingen anzunähern, sie zu verstehen, wie sie sind, ohne das, was wir da sehen, sofort zu bewerten oder wegzuräumen, sondern es als Ausdruck unseres Lebens auf uns wirken zu lassen. Deshalb müssen wir nun nicht dem Stapel von Gummistiefeln im Flur mit philosophischem Innehalten begegnen, sondern dürfen ihn gern schnellstmöglich in die dafür vorgesehenen Schuhschränke verbannen, aber die Frage, warum sich diese Stapel möglicherweise an verschiedenen Stellen in meinem Leben wieder und wieder auftürmen, sollte doch Anlass genug sein, um einmal innezuhalten.

Bilder, Muster und Geländer – manchmal muss man aus dem Rahmen fallen, um sie zu erkennen

Gerade für das Erkennen von inneren Mustern, Denkgeländern oder verkrusteten Strukturen braucht es Zeit, Ruhe und manchmal etwas Abstand. Wir denken an den Blick aus dem Flugzeug, wenn wir auf eine Stadt oder die fast geometrisch angeordneten Getreidefelder sehen, die wir sonst nur aus unmittelbarer Nähe erleben. Auch der räumliche – und oft gedankliche – Abstand einer Reise bringt uns auf neue Ideen, lässt uns die Dinge anders sehen, die uns tagtäglich wie selbstverständlich umgeben. Aber das geschieht manchmal erst mit etwas Verzögerung, wenn wir die Dinge »sacken« lassen können, sie wie der Zucker in Bergsons Wasserglas auf dem Grund angekommen sind

Manchmal aber braucht es allerdings auch ein Vergrößerungsglas, einen Schritt auf die Dinge zu, damit wir sie endlich einmal richtig ansehen und erkennen können. Sofern wir einen Gegenstand – und das können banale Alltagsgegenstände sein – einmal aus der Nähe betrachten, einen Stein nur fünf Minuten lang ansehen oder vielleicht auch ein Wort im Geiste mehrmals hintereinander sagen, verliert sich als Erstes das Gefühl von Selbstverständlichkeit, das Gefühl, wir wüssten genau, worum es geht, was wir sehen oder was dieses Ding »ist«. Nehmen wir uns Zeit für die Dinge, die uns auf den ersten Blick zentral und wichtig erscheinen, dann kann es geschehen, dass wir danach völlig andere Dinge tun, ordnen oder wegräumen wollen. Damit lohnt sich diese Bestandsaufnahme, um nicht übereilt wegzuräumen, was vielleicht ein wichtiger Teil der eigenen Ordnung bleiben sollte.

Wenn wir also versuchen, innerhalb unserer ganz normalen alltäglichen Welt ein wenig Abstand zu gewinnen, müssen wir lernen, die Dinge anders anzuschauen, sie als das zu erkennen, »was sie sind« – was sie für uns sind.

Der Philosoph Edmund Husserl hat zu Beginn des letzten Jahrhunderts in seinen »Logischen Untersuchungen« die Maxime der Phänomenologie mit den simplen Worten beschrieben: »Zu den Sachen selbst.« Dahinter stand der Wunsch, der philosophische Appell, sich den Dingen, der Welt und uns selbst darin einmal ganz »unverstellt« zu nähern, ohne Erwartungen, ohne Ziele und – ohne Bewertungen (soweit das eben möglich ist). Husserl nannte diese Methode das »voraussetzungslose« Wahrnehmen, und genau darum geht es, wenn wir unseren Standpunkt verändern wollen. Das ist in der Tat alles andere als einfach – aber es ist einen Versuch wert. Es geht darum, die Dinge nicht unbedingt verändern, manchmal nicht einmal anfassen zu müssen, sondern sie »sehen« zu lernen. Das ist etwas anderes, als sie erklären oder begründen zu können. Es ist eine Einsicht in die Dinge, die auch unsere sinnliche Wahrnehmung fordert. Wenn Antoine de Saint-Exupéry den gezähmten Fuchs zu seinem neuen Freund, dem kleinen Prinzen, sagen lässt: »Man sieht nur mit dem Herzen gut, das Wesentliche ist für die Augen unsichtbar« – dann ist es bei aller Inflation, die diese Einsicht durch Poster und Postkarten hinter sich hat, eben genau dieses Sehen, was uns so manche Dinge in einem ganz anderen Licht erscheinen lässt.

Ähnlich wie die Hauptfigur Jake Sully aus dem erfolgreichen Film »Avatar«, die mühsam lernt, die Welt neu zu »sehen«. Nach einem Unfall mit einer schweren Behinderung an den Rollstuhl gefesselt, gelten für ihn die Kriterien seines ursprünglich gelebten Lebens nicht mehr. Seine Vorstellungen sind erschüttert worden, und so kommt er auch in der neuen Welt des Planeten Pandora mit dem Blick eines »Grenzgängers« an, der – anders ist als die anderen – keine klaren und festen Vorstellungen mitbringt und der Welt der Wissenschaft allein die eigene Lebenskraft und den unbedingten Willen, dieses Leben zurückzuerobern, entgegensetzen kann. Sully gelingt es, durch diese unvoreingenommene Hingabe zum Leben, die keinerlei wissenschaftliche Erkenntnis oder Vorbildung nötig hat, sogar die spirituelle Führerin der Ureinwohner des Planeten Pandora zu überzeugen, die den Glauben an die sinnliche Fähigkeit der Menschen, das Leben in seinem Wesen wahrzunehmen, bereits verloren hatte. Sie fasst die geistige Haltung der meisten Menschen in Bezug auf Andersartigkeit oder Vielfalt sehr treffend zusammen: »Es ist sehr schwer, ein Gefäß zu füllen, das bereits voll ist.«

Wenn wir also immer schon mit einer festen Vorstellung in unseren Köpfen herumlaufen, was wie zu sein hat, was ordentlich ist und was nicht, dann werden wir gar nicht erst in der Lage sein, andere und neue Impulse wahrzunehmen, andere Ordnungen als solche zu erkennen und vielleicht lieb zu gewinnen. Wir brauchen einen Rahmen, der so etwas wie die Ausgangsposition für neue Entdeckungen oder andere Sichtweisen bietet, die wiederum die alte Position verändern oder auch bestätigen können. Dieses Wechselspiel von »gewohnt« und »neu« – dieses Hin und Her – ist es, was eine eigene Ordnung hervorbringt, die nicht darauf angewiesen ist, die Dinge in einen Rahmen zu pressen, den diese dann in munterer Regelmäßigkeit platzen lassen.

Das Ziel einer elastischen Unbestimmtheit

Der Schriftsteller Robert Musil nannte das, was wir für eine solche Haltung brauchen, eine »elastische Unbestimmtheit«: »Jede Ordnung ist irgendwie absurd und wachsfigurenhaft, wenn man sie zu ernst nimmt, jedes Ding ist ein erstarrter Einzelfall seiner Möglichkeiten. Aber das sind nicht Zweifel, sondern es ist eine bewegte, elastische Unbestimmtheit, die sich zu allem fähig fühlt.«

Eine solche elastische Unbestimmtheit drückt wieder einmal aus, dass wir bei aller Unverständlichkeit, bei aller Verwirrung darauf angewiesen sind, Ordnungen herzustellen, um sie immer wieder aufs Neue zu verändern, sie zu zerstören, um weiterzukommen, um uns zu entwickeln. Unsere Aufgabe liegt darin, einen Rahmen zu schaffen, der in sich flexibel sein muss, um nicht zu zerspringen, wenn das Leben darin Platz nehmen will. Die Pole dieser Elastizität müssen wir selbst bestimmen – hinschauen, zuhören, lernen und verstehen wollen. Ein Kollege, mit dem ich vor einigen Jahren ein gemeinsames Seminar zum Thema »Entscheidungsfindung« erarbeitet habe, hat für sich die Maxime formuliert, regelmäßig neue und fremde Themen oder Fragen in sein Leben zu holen, um die »Lampe des Lebens« ein wenig höher zu hängen. Das gelingt durch simple Methoden wie öffentlich-rechtliche Fernsehdokumentationen über die älteste Funk- und Fernsehstation Schwedens, die zu meinem abendlichen Erstaunen zum Unesco-Welterbe erklärt wurde, manchmal auch durch Gespräche mit der Nachbarin, die eigentlich gerade gar nicht in den Zeitplan passen, aber trotzdem eine schöne Abwechslung sein können, oder durch das gezielte Besuchen von Veranstaltungen, Konzerten, Lesungen oder Töpferkursen – kurz durch all jene Dinge, die »ich immer schon mal besser verstehen« wollte. Trotz aller Zeitnot, über die wir beständig klagen, sind es oft gerade solche Momente, in denen sich diese Not relativiert, in denen wir sie in ein Verhältnis zu etwas anderem setzen können und der Blick über den eigenen Tellerrand pure Entspannung bereithält.

Je höher also diese eigene Lampe hängt, desto breiter wird der Lichtkegel und die Zusammenhänge der einzelnen Dinge lassen sich besser erkennen. Hin und wieder mag es notwendig sein, mit einer starken Taschenlampe gezielt den einen oder anderen Punkt zu erhellen. Aber es bleibt doch ebendieser Blick auf die Zusammenhänge, der es einfacher macht zu erkennen, welche Ordnung es ist, in der ich lebe bzw. leben möchte. In welche Richtung auch immer wir den Schritt machen müssen oder wollen, einen Schritt zurück, um das Ganze sehen zu lernen, oder einen Schritt auf die Sache zu, um endlich einmal ganz aus der Nähe zu schauen, ohne sich ablenken zu lassen – diese Entscheidung müssen wir für uns selbst und den Moment treffen. Wichtig ist, dass wir immer wieder bereit sind, unseren »Standpunkt« zu verlassen, und sei es nur, um am Ende wieder genau dort zum Stehen zu kommen.

Das Hochinteressante an diesem Weg ist, dass wir dabei viel weniger »tun« müssen, als es vielleicht auf den ersten Blick scheint. Sofern wir bereit sind, uns auf diese Perspektive, diesen anderen Blick einzulassen, scheint sich auch gleichzeitig etwas mit den Dingen um uns herum zu verändern. Wir erinnern uns an die Ausführungen zur Ausrichtung einer kosmischen Ordnung oder dem Kern der Idee des Guten, aus dem sich Ordnung ergeben kann. Auch hier sind wir nicht auf Handlungen angewiesen, sondern darauf, eine Beziehung zu den Dingen einzugehen. Allerdings müssen wir unsere Wahrnehmung so schulen, dass wir diese Zusammenhänge sehen lernen. Und das gelingt nicht allein dadurch, dass wir tätig werden und selbst das Licht »anschalten«. Auch die Dinge können sich aus sich heraus lichten – es wird »licht«, wenn wir bereit sind, genauer hinzuschauen. Beide Seiten bedingen sich. Je mehr ich schaue, desto mehr kann ich sehen. Auch diese »Einsichten« finden sich in der Philosophie: Martin Heidegger hat von der Lichtung des Seins gesprochen, Karl Jaspers geht von der Existenzerhellung aus. Es braucht lichte und erhellende Momente, damit wir sehen können, was unsere eigene – elastische – Ordnung bestimmt, was sie stimmig werden lässt – und das fängt meist bei den ganz kleinen Dingen an.

Kommen wir also zu unserem Rundgang durch das eigene Haus zurück. Wenn wir uns in unserer unmittelbaren Umgebung einmal ganz »voraussetzungslos« umschauen, um auf die Suche nach Mustern und Ordnungen zu gehen, dann wird unser Blick wahrscheinlich bei so interessanten Dingen wie der Garderobe im Flur hängen bleiben. Und schon geht es los: Wir wehren uns gegen den wertenden Gedanken, dass der Wintermantel und die dicke Jacke schon längst im Keller hätte verschwinden sollen. Oder aber wir geraten an die oberste Küchenschublade, die wir nur aufmachen, wenn kein Besuch da ist, weil sich hier vom Gummiband bis zur Postkarte aus Omas Ostseeurlaub alles Mögliche versammelt hat, woran unser Herz noch zu sehr hängt, um es wegzuwerfen. Denn genau das ist es: Wir sammeln Dinge an, nicht weil wir sie wirklich brauchen, sondern weil wir es nicht schaffen, uns von ihnen zu trennen. Also suchen wir nach seltsamen Gründen, warum »man das bestimmt noch mal gebrauchen kann«. Ganz genauso, wie Kurt Tucholsky es schon 1930 sehr bilderreich beschrieben hat: »Auf dem Boden, im Keller und in heimtückisch verklemmten Schubladen ruht der irdische Tand. Als da ist: Fünf Handschuhe (Stück, nicht Paar, und immer eine ungerade Zahl); acht Bleistiftstummel; ein Tintenwischer, unbenutzt (Geschenk von Fritzchen – ›Wirf das nicht weg, man kann das noch gebrauchen!‹); ein Porzellanschäfer ohne Kopf; ein Kopf ohne Porzellanschäfer; ein Bohrer; ein Haufen Flicken; 40 Prozent alte Kaffeemaschine; eine durchlöcherte Blechbadewanne; siebzehn Holzknebel, für zum Paketetragen; Emailletöpfe mit ohne Emaille; ein Füllfederhalter; noch ein Füllfederhalter; eine wacklige Petroleumlampe; Flicken. Manchmal sucht die Hausfrau etwas – dann stößt sie auf einen Haufen Unglück. Sie verliert sich darin, taucht unter, kommt erst spät zu Mittag wieder hervorgekrochen, staubbedeckt, mit rotem Kopf und abwesenden Augen, wie von einer Reise in fremde Länder ... ›Denk mal, was ich da gefunden habe! Paulchens ersten Schuh!‹

Wie kommt das –? Warum ist das so –? Warum heben die Leute das alles auf –? Sie heben es gar nicht auf. Sie können nur nicht übers Herz bringen, es wegzuwerfen.«

Aber was ist es, was es uns so schwer macht, sich zu trennen? Warum wollen wir so vieles einfach nicht wegwerfen und reden uns ein, dass wir es ganz sicher noch einmal »brauchen«? Dass es eben nur ein kleiner Knacks ist oder furchtbar notwendig, darauf zu warten, dass zweite Handschuhe und Socken irgendwann einmal wieder auftauchen? Das, was wir da horten, ist »gestaute« Energie und eben keine Ansammlung von Möglichkeiten mehr (wir denken an meine väterliche Werkstatt), was sich sehr schön in dem englischen Wort für »Krempel« widerspiegelt. Krempel bedeutet »clotter«, die mittelenglische Bezeichnung für »gerinnen«. Zunächst also ist diese Gerinnung ein Zeichen dafür, dass etwas ins Stocken geraten ist, und dann wird der »clotter« selbst irgendwann zum Problem und verstellt den Blick auf die eigentlichen Fragen. Es fehlt die geistige Gegenwärtigkeit, die Geistesgegenwärtigkeit, die den Dingen ihren Möglichkeitscharakter erhält, sie sind zu »nichts mehr gut«, weil wir ihnen jegliche Aufmerksamkeit entzogen haben.

Wenn wir unseren Blick von unseren Schubladen über die Bücherregale, auf den Nachttisch und in unsere Handtaschen wandern lassen, können wir sehen, was wir unter Ordnung verstehen, was ins Stocken geraten ist, was wir schon längst hätten wegwerfen können, aber nicht wollen – oder einfach zu faul sind (was okay ist, solange wir mit ebendieser Ordnung leben können und wollen). Sofern wir das Licht eingeschaltet haben, können wir sehen, was welchen Platz bekommen hat. Wir sehen, wie wir uns in unserem Leben eingerichtet, welche Schichten wir zusammengetragen haben und was möglicherweise wieder einmal etwas Aufmerksamkeit verdient, wenn wir alte Kaugummis aus unserer

Handtasche ziehen oder feststellen, dass die Kekskrümel unter dem Beifahrersitz noch aus dem letzten Sommerurlaub stammen.

Mut zur Veränderung oder Bewahrung des Bewährten?

Warum also sind die Dinge so angeordnet, wie sie es sind? Ich stelle immer wieder fest, dass die Idee, die ich von meinem Wohnzimmer oder – ganz wichtig – meinem Arbeitszimmer habe, zwar einer umsetzbaren Vorstellung entspricht, binnen kürzester Zeit aber ihren eigenen Kopf zu bekommen scheint. Irgendetwas in mir ist offenbar anders unterwegs oder weigert sich beständig, meinen ästhetischen Vorstellungen zu gehorchen. Also arbeite ich mehr oder weniger geduldig daran, diese beiden Seiten miteinander ins Gespräch zu bringen, ohne der einen oder anderen komplett die Führung zu überlassen. Das gilt auch für Ordnungen, die über meinen ganz persönlichen Bereich hinausgehen. Mein Mann und ich haben uns beispielsweise vor etwas mehr als zehn Jahren vorgenommen, dass unser Wohnzimmer auch nach Ankunft unseres Sohnes nicht zum Spielzimmer mutiert. Wir haben uns wacker Freunde um 20.00 Uhr zum gemeinsamen Kochen eingeladen. Ein Kind ist doch schließlich kein Grund dafür, dass sich das gesamte Leben verändern muss, oder? Es muss doch hinzubekommen sein, dass wir unser altes Leben behalten, und: Wer soll sich hier denn bitte schön, wem unterordnen? Es lebe der Mut zu Veränderung.

Jede Veränderung zieht Konsequenzen nach sich, jede neue Idee verändert meinen Schreibtisch, unser Sohn hat sowohl unser Leben als auch unser Wohnzimmer umgekrempelt. Ein Jobwechsel oder eine Trennung – all das ist der Beginn von Veränderungen, die wir weder planen noch vorhersagen können, aber deshalb muss ja nicht alles schlechter werden. Wichtig ist, dass das innere und vielleicht auch tatsächliche

Gespräch zu diesen Veränderungen stattfindet, dass wir nicht aufhören, Vorstellungen zu haben, Orientierungen zu entwickeln, die sich aber beständig dem anpassen, was dann tatsächlich in unserem Leben passiert: »Zu den Sachen selbst …«

Was ist eine Vorstellung, ein Wunsch, ein Ideal und was finde ich tatsächlich vor? Ein weiteres Beispiel in den eigenen vier Wänden für die häufig anzutreffende Kluft zwischen diesen drei Welten sind ungelesene Bücherstapel neben dem Bett, oder ausgerissene Zeitungsartikel, die wir unbedingt noch einmal in Ruhe lesen wollen, die uns letztlich aber nur milde lächelnd klarmachen, dass es uns eigentlich egal ist, wer wann im Feuilleton so gut besprochen wurde. Am liebsten sitzen wir abends eben doch strickend oder knabbernd vor unserer Lieblingsserie. Es gilt also auch hier, sich an dem zu orientieren, was tatsächlich ist. Ein Regal für das Spielzeug im Wohnzimmer ist machbar und weitaus weniger kräftezehrend als der Versuch, Vorstellung und Realität zur Deckung zu bringen. Genauso hilft eine ansehnliche Ablage für all die Bücher neben dem Bett. Sie verschafft ihnen einen Platz und mindert den Anstrich des »Immer-noch-nicht-Geschafften«. Das bedeutet nicht, dass wir es uns bis an unser Lebensende in jeder nur erdenklichen Komfortzone bequem machen sollten. Aber wie Saint-Exupéry in seinem Text »Bekenntnis einer Freundschaft« so schön, sagt: »Wenn ich einen Hinkenden zu mir einlade, dann bitte ich ihn, sich zu setzen und nicht zu tanzen.« Ein Gespür für das, was möglich ist, was uns guttut, ist das, was uns hin und wieder auch genau das Wohlbefinden sichert, damit wir uns immer wieder aufmachen können, um uns Veränderungen zu stellen.

Tucholsky hat seine Beobachtungen mit der These beendet, dass die Basis einer jeden gesunden Ordnung einer großer Papierkorb sein müsse. Entrümpeln wir also auch den großen Berg an Vorstellungen und Idealbildern, die uns dauernd in die Quere kommen, und da gibt es beständig etwas zu entsorgen. Und zwar im wahrsten Sinne dieses schönen Wortes, denn wie viele unserer Sorgen gelten eben all diesen idealen Bildchen, die mit uns nicht das Geringste zu tun haben?

Wieder einmal sind sie es, die uns das Gefühl des Scheiterns geben. Vorstellungen, die sich aus alten Prägungen, Erziehungsmustern, scheinbar perfekten Nachbarshaushalten und – nicht zu vergessen – aus den Medien speisen. Wenn wir die Zeitung aufschlagen oder den Fernseher einschalten und anfangen, unseren kleinen chaotischen Kosmos mit den Waschmittelfamilien in der Werbung zu vergleichen, dann kommen eben doch Zweifel, ob unser Drumherum so ganz das Richtige ist. Grinsende Mütter, die den gesamten Tag mithilfe eines Schokoriegels aus dem Kühlregal abschütteln, ihre blütenweißen Ärmel hochkrempeln und zur leckeren Tütensuppe greifen, um ihren putzigen und adretten Kindern ein wirklich liebevolles Mittagessen auf den Tisch zu zaubern. Trotz aller eigener Erfahrung und wider jede Vernunftbegabung kommen wir ins Grübeln und fangen an, uns zu vergleichen. Und nun entstehen plötzlich Bilder, Bedürfnisse, Vorstellungen, die gar nicht unsere sind bzw. es bis eben noch nicht waren, sondern aus der Welt »der anderen« zu uns hinüberschwappen. Es meldet sich irgendein seltsames schlechtes Gewissen: »Wie – dein Kuchen für das letzte Buffet beim Kindergartensommerfest war gar nicht selbst gebacken? Na, ja, ich arbeite ja auch nicht.« Oh, je, ein echter Schlag in die perfekt organisierte Welt jeder »Working Mum«.

Wir fangen an, sein zu wollen wie eben diese »anderen«, die es schließlich auch schaffen, alles ordentlich unter einen Hut zu bringen – oder etwa nicht? –, und beginnen, uns Schritt für Schritt von uns selbst zu entfernen. Aber oft wird erst dann und dadurch das eigene Chaos zum Problem. Es geht also beständig darum, den Bezug zu uns selbst und unseren ganz eigenen Fähigkeiten und Vorlieben zu pflegen und aufrechtzuerhalten. Spannend wird es doch erst, wenn wir uns nicht im ewigen Vergleich verlieren, sondern das, was uns da draußen begegnet, auch wirklich in ein Verhältnis zu uns setzen können. Auch wenn wir immer in Bewegung bleiben, uns elastische Rahmen und Ordnungen suchen, müssen sie uns dennoch einen Halt bieten und das bewahren, was uns wesentlich ist – zu dieser Zeit, in diesem Kontext. Dynamik ist nicht gleichbedeutend mit Willkür, und Freiheit meint alles andere als unverbindliche Gleichgültigkeit, die die eigene Haltung mit geistigen Moden verwechselt. Also stellen wir uns inmitten unseres lichtdurchfluteten Gerümpels die alles entscheidende Frage: Worum geht es eigentlich in meinem Leben?

Ausbruch aus alten Denkmustern – oder: Mögen Sie Zäune?

Anders gefragt: Warum suchen wir immer und immer weiter nach irgendwelchen Idealen, die uns wie Mohrrüben vor der Nase baumeln und uns beständig zum Weiterlaufen antreiben, damit wir ja nicht anhalten müssen? Dies noch und das noch und dann um die nächste Kurve, wenn der nächste Deal abgeschlossen, das Kind im Kindergarten oder das Haus abbezahlt ist – dann wird alles anders. Aber das wird es leider fast nie. Das liegt zum Teil einfach daran, dass wir so »gestrickt« sind und uns unser Gehirn bei aller Begabung nicht immer eine Hilfe ist, wenn es um Veränderungen oder darum geht, sich endlich einmal zu Notwendigem aufzuraffen. Das wissen wir aus den Erkenntnissen der Hirnforschung in den letzten Jahrzehnten und ganz sicher auch aus ganz persönlichen Erfahrungen: Eigentlich wollte ich doch unbedingt die Steuererklärung erledigt haben, bevor wir in den Urlaub fahren, die Wand will schon seit Monaten gestrichen werden und das Restaurant, das wir kurz nach der Eröffnung ausprobieren wollten, gibt es mittlerweile seit zwei Jahren. Auch wenn wir zu echten Höhenflügen in der Lage sind, so scheinen wir alles in allem mit einem trägen Organismus ausgestattet zu sein, der sich eben auch gern auf Sparflamme befeuern lässt. Meist kommen wir auch so ganz gut über die Runden – auch wenn das selten etwas mit Wohlbefinden, sondern vielmehr mit einem Mangel an Ideen, Alternativen und Neugier zu tun hat. Warum sollten wir uns anstrengen und wofür?

Diese Form der inneren Beschränkung führt nur leider dazu, dass wir überhaupt nicht mehr ahnen, was möglich wäre. Unsere eigene Trägheit bestimmt die Grenzen unserer Welt – und irgendwann können wir uns nichts anderes mehr vorstellen. Im Gegenteil, wir stecken sogar noch Energie in den Ausbau und die Zementierung dieser Grenzen und geistigen Zäune. Max Frisch bringt in seinem »Fragebogen« diesen Umstand auf die unschuldig anmutende Frage: Mögen Sie Zäune? Herta Müller schreibt in ihrer »Atemschaukel« von lebendigen Zäunen aus Weiden, die weniger eine Abgrenzung als einen eigenen Organismus darstellten. Selten genug sind wir in der Lage, unsere eigenen Muster und Zäune als eine ähnlich lebendige und wandelbare Struktur zu erkennen. Wir beschränken uns meist auf wenige, dafür aber gut ausgebaute Datenautobahnen (Gerald Hüther) mit stabilen Leitplanken, Schildern und Fahrbahnmarkierungen, die dann eben nicht mehr viel Raum für Spurwechsel oder Richtungsänderungen zulassen, es sei denn, sie stehen auf dem Fahrplan. Dass solche geistigen Landkarten seltsame Blüten treiben können, leuchtet ein. Es entstehen zwingend interessante Erklärungsmuster, wenn wir versuchen, die Komplexität der Welt oder auch nur ungewohnte Zusammenhänge in diese wenigen Baukästen zu sperren, die wir uns selbst erlauben. Ich hatte vor einiger Zeit eine kurze, aber interessante Begegnung mit einem Telefontechniker, die sehr schön beschreibt, wie ein solcher Prozess aussehen kann. Besagter Techniker stand an einem gewöhnlichen Mittwochvormittag etwas verwirrt vor meiner Haustür und las hoch konzentriert die zwei Zeilen, die auf meinem Firmenschild neben der Klingel stehen. Es war nicht wirklich komplex, was da zu lesen stand: »Dr. Ina Schmidt« und »denkraeume«, dennoch schien ihn irgendetwas zu irritieren. Als ich die Tür öffnete, hob er den Kopf, sah mich an, blickte wieder auf das Schild und hielt kurz inne, um mich dann mit der Frage zu begrüßen: »Heißt Ihr Mann ›Ina‹?«

Wunderbar, da hat sich ein gedankliches Muster offenbar alle Mühe gegeben, um Ordnung zu schaffen und keinen anderen Gedanken durch den inneren Zaun schlüpfen zu lassen. Ich fühlte mich an die kleinen kräftigen Löwenzahnpflanzen erinnert, die es sogar schaffen, durch Fahrradwege hindurchzuwachsen.

Ohne die Intelligenz dieses Mannes infrage zu stellen, scheint es in seiner Welt wahrscheinlicher zu sein, dass Männer Frauennamen tragen als Frauen, die etwas zerzaust und ohne Make-up mittags um 12 Uhr die Haustür öffnen, Doktortitel. Was auch immer es war, was hier am Werk war, es gehorchte nicht den Gesetzen der Logik. Es waren keine schlagkräftigen Argumente, aber irgendetwas passte offenbar nicht ins Bild, also wurde alles unternommen, um es passend zu machen.

Gedanken und Gefühle stehen immer in Verbindung

Schon Ende der 90er-Jahre beschrieb der Philosoph und Hirnforscher Antonio Damasio in seinem Buch »Descartes' Irrtum«, dass jede Form von Erkenntnis mit Emotionen, Erfahrungen und einer ganz subjektiven Prägung des Einzelnen zu tun hat und daher nie allein auf die rein kognitiven und rationalen Fähigkeiten begrenzt werden kann. Erst wenn wir in der Lage sind, diesen Dualismus zu überwinden und eine Verbindung zwischen den verschiedenen Erkenntnissystemen herzustellen, werden wir auch in der Lage sein, das Potenzial unseres Denkens neu und »anders« ausschöpfen zu lernen – und ein Wissen und eine Gewissheit zu erreichen, die weit über das Sammeln von Informationen oder das reine Abwägen von Zahlen und Fakten hinausgeht. Wenn wir uns selbst dabei beobachten, wann sich welches Gefühl meldet, was für uns nicht ins Bild passt, auch wenn alle Fakten dafür sprechen, dann werden wir eine Menge über das herausfinden, was uns wirklich und tatsächlich umtreibt. Wenn wir unser Leben oder nur ein paar Umstände darin in Ordnung bringen wollen, dann geht es immer darum, am Ende ein »gutes Gefühl« zu haben, ein Gefühl, das uns keine Erklärung oder Theorie der Dinge liefern kann. Solange ich selbst und meine eigene Geschichte in diesen Zusammenhängen nicht vorkommen, wird jede Ordnung hohl und leer bleiben.

Demgegenüber steht auch in unserem alltäglichen Leben die Idee einer »lebendigen Ordnung«, die sich nicht um das Ideal irgendeiner Vollkommenheit oder Perfektion dreht, sondern um Wahrhaftigkeit und Aufrichtigkeit im Umgang mit uns selbst. Erst wenn wir uns von unseren Idealvorstellungen befreien können (was in der Tat harte, manchmal schmerzhafte Arbeit ist, sich aber wie ein Befreiungsschlag anfühlen kann), erst dann können wir unser Leben wirklich in Ordnung bringen. Es wird dadurch vielleicht nicht besser oder leichter, aber wir bringen uns zumindest nicht mehr an den Rand der Erschöpfung, um endlich Ideal und Realität in Einklang zu bringen.

Ich hab es doch nur gut gemeint: Meine oder deine Geschichte?

Schauen wir genauer hin: Ein sehr fruchtbares Feld für die wirre Mischung von Gefühlen, gut gemeinten Ratschlägen, eigenen Wertvorstellungen und alten Prägungen ist Erziehung und die dahinter stehende Idealvorstelllung, was aus unseren Kindern einmal werden soll. Schließlich sind sie doch auch unsere Zukunft (wenn wir davon absehen, dass Kindern zunächst einmal ihre ganz eigene Gegenwart zusteht). Was sehe ich in meinen Kindern? Was sind sie für Menschen und wie gut kenne ich sie eigentlich? Was genau verspreche ich mir von all den Investitionen in diese besonderen Menschen, all der Zeit, der Liebe und – ganz besonders – der Förderung und Forderung in allen Farben des Regenbogens, die wir unseren Kindern heute zugutekommen lassen? Was ist die eigentliche Motivation für die zwingende Gymnasialempfehlung nach der vierten Klasse? Sie sollen es doch irgendwann einmal gut haben, alles erreichen können, gut ausgestattet in die Welt da draußen starten können. Einen anständigen Schulabschluss, einen guten Job, die Möglichkeit, eine Familie zu ernähren und ein anständiges Mitglied dieser Gesellschaft zu werden – all das türmen wir vor einem neunjährigen Kind auf. Wow!

Aber wir Eltern wollen doch nur, dass unsere Kinder glücklich sind, oder etwa nicht? Vielleicht lassen wir sie dann einfach glücklich sein – jetzt, heute und nicht erst, wenn sie eine Familie ernähren und ein Haus abbezahlen müssen. Vielleicht dürfen sie eine Schulkarriere durchlaufen, die zum jetzigen Zeitpunkt angemessen ist, die Schritt für Schritt den Blick auf das richtet, was an Möglichkeiten ausgeschöpft werden kann und weniger auf mögliche Entwicklungsschübe hofft, die vielfach zu nichts anderem da sind, als unsere elterlichen Vorstellungen eines gelungenen Lebens zu beruhigen. Das ist alles andere als leicht auszuhalten, aber ganz ehrlich – woher wollen wir wissen, was der Arbeitsmarkt in zehn Jahren von unseren Kindern an Wissen und Kompetenzen verlangt? Gerade in diesen Zeiten, in denen sich die Reformen gegenseitig aushebeln, eine Studie die nächste jagt und die Prognosen zum demografischen Wandel alles möglich erscheinen lassen, braucht es doch vor allen Dingen eines: stabile Persönlichkeiten, die in der Lage sind, mit dem umzugehen, was sie erwartet, wenn es soweit ist. Es macht wenig Sinn, unsere Vorstellungen und Werte auf etwas zu übertragen, was noch gar nicht abzusehen ist. Unsere Kinder leben schon jetzt in einer Welt, die sich von meiner Kindheit wesentlich unterscheidet: Also, was weiß ich wirklich?

Und: Worum geht es wirklich? Welches Ideal steht hier im Raum und verstellt den Blick auf »die Sachen selbst«? Das, was ich gerade im Gespräch mit Eltern immer wieder unter der Oberfläche entdecke, ist eine große Sorge und mangelndes Vertrauen in den Lauf der Dinge und die Entwicklung ihrer Kinder. In den meisten Fällen meinen sie es von Herzen gut und wollen aus lauter Liebe an allen erdenklichen Stellen die Kontrolle übernehmen, den Weg ebnen und einen Lebenslauf gestalten, der nicht ihrer ist, der ihnen nicht einmal zugänglich ist. Manchmal hilft es schon, sich allein diese Tatsache vor Augen zu halten und sich hin und wieder ein wenig mehr dem eigenen Lebenslauf zuzuwenden. Halten wir also einen Moment mal die Luft an, lassen unsere Kinder in Ruhe und denken einfach nur nach. »Das Denken handelt, indem es denkt«, sagt Martin Heidegger und Karl Jaspers betont, dass die »reine Luft des Philosophierens« nur zu einer Kraft werden kann, durch die »Wirklichkeit der Existenz, die in ihr atmend lebt«. Wenn wir also wieder anfangen wollen zu atmen, dann sollten wir andere nicht mit unseren Vorstellungen zum Ersticken bringen, sondern herausfinden, wie allen genug Luft zum Atmen bleibt. Wie wir das richtige Maß finden, um genügend Zeit und Raum zu haben, damit wir nicht nur japsend ans Ziel kommen, sondern die einzelnen Schritte in Ruhe und – wir denken an Beppo – »ohne aus der Puste« zu kommen, erleben können. Erst dann wissen wir, was wir tun, erst dann gelangen wir vom Darüberreden und Davonreden zu einem gefühlten »Dabeisein« – einem gemeinschaftlichen Miteinander von Kindern, Eltern, Freunden, Lehrern, Kollegen, Nachbarn und wer sonst noch alles mit von der Partie sein soll. Denn nur in diesem lebendigen Miteinander kann so etwas wie eine soziale, eine innere und äußere Ordnung entstehen, die sich leben lässt.

Alles *okay* und nichts in Ordnung:
Das Problem des ewigen Zuviel

Aber wie sollen wir herausfinden, welches Muster zu meinem Rahmen gehört und welches nicht? Wer wirklich eine Rolle in meinem Leben spielt und wer oder was mir eigentlich nicht guttut? Haben wir dafür überhaupt passende Kriterien? Sofern bei uns etwas nicht in Ordnung ist, versuchen wir meist durch ein »noch mehr, noch weiter, schneller höher« das zu reparieren oder zu perfektionieren, was nicht zu gelingen scheint – »optimieren« nicht im Sinne von »Optimismus«, sondern im Sinne von »Effizienz«, wie lässt sich aus demselben noch mehr herausholen? Wie kann ich das Beste aus 24 Stunden, aus einer Woche, zwei Jahren oder meinem Leben machen? Das, was wir uns auf unsere Listen schreiben, ist exakt das Gegenteil dessen, wozu uns Henri Bergson aufgerufen hat. Vor lauter Geschäftigkeit und Hektik sehen wir gar nichts mehr, und die einzige Zeit, die gilt, ist das chronologische Ticken der Uhrwerke.

Dahinter steckt aufs Neue der Gedanke der Machbarkeit. Wenn ich mich nur genug anstrenge, gut genug organisiere oder das richtige Buch gelesen habe, dann kann ich das alles schaffen, dann wird es schon klappen, am besten wie am Schnürchen – tut es aber nicht. Das Leben im Hamsterrad wird nicht leichter oder besser, wenn ich das Tempo anziehe – ganz im Gegenteil. Im Deutschen Museum in München steht ein solches Rad, in dem sich diese Erfahrung vortrefflich machen lässt. Je schneller wir laufen, desto mehr geraten wir ins Stolpern. Die Kunst ist, das für uns angemessene Tempo zu finden und zu halten. Interessanterweise haben die meisten Kinder noch ein ganz gutes Gefühl, bei welchem Tempo sie anhalten müssen, um noch einigermaßen würdevoll aus dem Ding aussteigen zu können. Bei fast allen Erwachsenen sieht das anders aus.

Trotz aller Bewusstheit für die Tatsache, dass eben nicht alles in Ordnung ist, dass wir mit unserem Leben unzufrieden sind, haben wir oft genug den Bezug zu unserem eigenen Tempo, unserem inneren Gleichgewicht verloren. Der Soziologe Hartmut Rosa bearbeitet dieses Phänomen sehr ausführlich in seiner Habilitationsschrift und beschreibt es mit dem Gefühl, ständig »auf rutschenden Abhängen« zu balancieren. Um auf dem »Laufenden« zu bleiben, müssen wir schneller und schneller laufen – glauben wir zumindest. Wir wissen einfach nicht mehr so genau, was wir brauchen, was uns guttut, und wir strampeln uns mühsam in einem Laufrad ab und lassen uns von medialen Werbebildchen zu noch größerer Leistung und Konsum antreiben. Irgendwo da draußen muss doch das verdammte Glück versteckt sein.

Konstruktive Verstörung – aller Anfang ist schwer

Aber können wir diesen Bezug wiederherstellen, können wir lernen, uns selbst wieder etwas besser zuzuhören? Wir müssen als Erstes in Kauf nehmen, ein wenig ins Stolpern zu geraten. Außerdem sieht es nicht immer sehr erfolgreich und attraktiv aus, wenn man aus einem Hamsterrad purzelt, aber meistens schauen gar nicht so viele Menschen zu. Wie gelingt dieser Schritt in die selbst gewählte Entschleunigung, die Entdeckung der Langsamkeit oder die Beschränkung unseres »Konsum ergo sum«?

In jedem Fall gilt es wieder einmal, einen Schritt zur Seite zu machen. Einen kleinen Störfall zu kreieren, der uns auf ungefährliche Weise ein wenig ins Schleudern oder auf neue Gedanken bringt. Eine befreundete Familie verbringt ihren Sommerurlaub regelmäßig in einem kleinen Dorf auf Kreta, wo es neben einer Ansammlung zusammengewürfelter Ferienhäuser wenig touristische Attraktionen, aber einen schönen Strand, jede Menge Ruhe und einen kleinen griechischen

»Tante-Emma-Laden« (die griechischen Tanten werden mir an dieser Stelle hoffentlich verzeihen) gibt. Zu Beginn jeden Urlaubs scheint dieser Laden gerade die nötigsten Bedürfnisse abzudecken, am Ende der wenigen Wochen ist es meist umgekehrt: Die Bedürfnisse, die über das Angebot des Ladens hinausgehen, haben sich auf wundersame Weise verabschiedet und das Angebot der Hamburger Supermärkte löst nach den Sommerferien ein leises Gefühl von Überforderung aus. Ein erster Ansatz, etwas zu verändern? Bei einer anderen guten Freundin stellte sich ein ähnliches Unbehagen ein, nachdem sie mit ihrem Mann und den gemeinsamen drei Kindern für einige Monate per Wohnmobil durch Europa gereist war – nach der Heimkehr war erst einmal alles zu viel. Wozu all der Platz, die Klamotten, die Termine und Aufgaben, die zu Hause brav während der mehrmonatigen Reise gewartet hatten? Was von all dem war und wurde wieder wirklich nötig, um ein »gutes«, zufriedenes Leben zu leben? Es ist heilsam, all das hin und wieder auf den Prüfstand zu stellen, einen anderen Blickwinkel einzunehmen, Abstand zu gewinnen – auch wenn am Ende doch alles beim Alten bleibt. Aber es ist dann eben doch nicht das Alte, sondern etwas Wiedergewähltes.

Überfluss statt Mangel – Ordnung als Wertedebatte

Anders als die Generation unserer Eltern und Großeltern, die Zeiten der Not und des Mangels erlebt und ihre Werte und Maßstäbe in einer Zeit des Wiederaufbaus geprägt haben, in der es vorrangig darum ging, einfach nur zu überleben, um erst dann »groß und stark« zu werden, kennt unsere Generation vielfach eher das Gefühl eines bedrückenden »Zuviel«. Zu viel der Möglichkeiten, zu viel der Förderung und Forderung, zu viel an Informationen und Angeboten. Und dennoch haben wir vieles von dem mitgenommen, was uns unsere Eltern und Großeltern im Umgang mit »Werten« vermittelt haben. Sich etwas aufzubauen, aus dem, was da ist, das Beste zu machen, nichts wegwerfen und sorgsam mit all dem umgehen, was man vielleicht noch gebrauchen kann – all das kommt uns bekannt vor, wenn wir Plastiktüten falten oder Gummibänder wiederverwenden und irgendwelchen Krempel horten, der unser ganzes Leben zu verstopfen scheint. Oder aber wir erleben die gedankenlose Abkehr von ebendiesen Werten als extreme Negation einer Wegwerfgesellschaft, die sich vor lauter Überfluss an billigen Plastikprodukten kaum noch zu retten weiß.

In beiden Fällen aber fehlt die tatsächliche Frage nach dem, was uns die Dinge »wert« sind, was uns überhaupt etwas »wert« ist, was wir uns selbst »wert« sind und wie wir mit diesen Werten umgehen wollen. Die Not, die uns umgibt, ist keine materiell-existenzielle, sondern hat eine andere Qualität. Der Mangel, den wir erleben, speist sich aus einem Mangel an inneren, geistigen, moralischen Werten, an wahrhaftigem Selbstwertgefühl, das es nicht nötig hat, egoistisch zu sein – kurz: an Eckpfeilern, an denen wir uns ausrichten können. Der Schriftsteller Alessandro Baricco hat eine wunderbare Geschichte geschrieben, die Geschichte von »Novecento«, dem Ozeanpianisten, der als kleines Kind auf einem großen Ozeandampfer zurückgelassen und vergessen wurde, von einem Heizer liebevoll aufgezogen wurde, um an Bord seine Liebe und Begabung zum Klavierspiel zu entdecken. Als er älter wurde, spielte er Abend für Abend im Ballsaal des Schiffes und sah die Welt als Spiegelbild all der unterschiedlichen Fahrgäste immer wieder neu an sich vorüberziehen, auf dem Meer zwischen Europa und New York. Novecento versucht ein einziges Mal, von Bord zu gehen, um an Land Fuß zu fassen, seine kleine überschaubare Welt und Ordnung zu verlassen, aber es gelingt ihm nicht: Auf dem Steg zwischen Schiff und Hafenkai dreht er kurzerhand um und flüchtet sich in die Sicherheit des Dampfers zurück. Nach Tagen des Schweigens beschreibt er das, was in ihm vorging: »Nicht das, was ich sah, hielt mich zurück, sondern das, was ich nicht sah. (...) Es gab alles. Aber es gab kein Ende. Ich konnte nicht sehen, wo das alles aufhörte. Das Ende der Welt. Stell Dir vor: ein Klavier. Die Tasten fangen an. Die Tasten hören auf. Du weißt, dass es achtundachtzig sind, da kann Dir keiner was vormachen. Sie sind nicht unendlich. Du bist unendlich, und in diesen Tasten ist die Musik unendlich, die Du machen kannst. Sie sind achtundachtzig. Du bist unendlich. Das gefällt mir. Damit kann man leben. (...) Aber wenn ich auf diesen Steg gehe, und vor mir erstreckt sich eine Klaviatur von Millionen Tasten, Millionen und Abermillionen (...), die überhaupt kein Ende nehmen, und wenn diese Klaviatur unendlich ist, (...) gibt es auf dieser Klaviatur keine Musik, die Du spielen kannst. Du hast Dich auf den falschen Hocker gesetzt: das ist das Klavier, auf dem Gott spielt. Du lieber Himmel, hast Du diese Straßen gesehen? Schon allein die Straßen, Tausende gab es davon, wie schafft ihr es da draußen bloß, euch eine auszusuchen, euch eine Frau auszusuchen. Ein Haus, ein Stück Land, das eures sein soll, eine Landschaft, die man ansieht, eine Art zu sterben, diese ganze Welt am Leibe, von der man nicht mal weiß, wo sie aufhört. (...) Habt ihr denn nie Angst, dass ihr in tausend Stücke springt, schon wenn ihr nur daran denkt, an diese Riesigkeit, wenn ihr nur daran denkt? Und in ihr zu leben ...«

Und vor genau dieser Frage stehen wir oft genug – häufig, ohne es wirklich zu wissen, ohne sie wirklich zu stellen. Wir versuchen uns selbst in den Mittelpunkt all dieser »Riesigkeit« zu stellen, aber ohne uns wirklich auf uns zu besinnen. Dadurch kommen wir unserer Art zu leben keinen Schritt näher und drehen uns am Ende oft genug um uns selbst. Individualität steht jedem als höchstes Gut vor Augen, aber gerade dadurch ist diese Haltung zu einem Massenphänomen geworden – und letztlich zu einem permanenten Bezug zum Außen. Jeder möchte alles Mögliche sein – nur nicht »gewöhnlich«, aber ebendas ist der eigentliche Ausdruck der größten »Gewöhnlichkeit«. Denn vor lauter Sorge um unsere Individualität verlieren wir den Bezug zu dem, was eine wirkliche Persönlichkeit ausmacht: ein Sicheinlassen auf das Leben, das Treffen von Entscheidungen, für eine »Frau, ein Stück Land, eine Art zu Sterben« – die Autorität tatsächlicher Erfahrungen und gelebten Wissens. Und dies geht nur, wenn wir auf dem Steg nicht immer wieder kehrtmachen, sondern Beziehungen eingehen, zu Dingen, Ideen, Menschen und unseren eigenen Überzeugungen.

Schon Wilhelm von Humboldt war überzeugt, dass wir eigentlich gar nicht anders können, als uns selbst in und mit den Dingen einen Ausdruck zu verleihen, Institutionen, Maßstäbe und Produkte zu schaffen, dass wir aber – und das ist das Entscheidende – niemals diese Welt des Geschaffenen mit uns selbst verwechseln dürfen. Das Sicheinlassen auf die Welt bedeutet eben immer wieder aufs Neue, sich ins Verhältnis zu setzen, ohne in eine Abhängigkeit zu geraten. Dass dies manchmal eine Gratwanderung ist, wusste Humboldt ebenfalls, da er weiter feststellte, dass der Mensch in dem unauflösbaren Konflikt stehe, »durch den Anspruch seines inneren Wesens, den Inhalt des Begriffs der Menschheit in Person zu schaffen«, und durch seine Natur, »von sich aus zu den Gegenständen außer ihm überzugehen«. Wir finden uns immer in dem wieder, was wir geschaffen haben, und müssen selbst dafür sorgen, dass wir uns darin nicht verlieren. Ganz ähnlich sieht es der Soziologe und Kulturphilosoph Georg Simmel, der von einer »Tragödie« der menschlichen Kultur spricht – eben weil sie sich immer wieder von einer verfestigten Idee zur nächsten weiterentwickelt und den einzelnen Menschen in all diesen kulturellen Institutionen wie in einem Gehäuse umschließt. Die Philosophin Hannah Arendt hat den Menschen daher u. a. auch den »homo faber« genannt: den herstellenden Menschen. Wir stellen Dinge her, bauen Häuser, kreieren gesetzliche Ordnungen und wirtschaftliche Systeme. Nur durch dieses Wechselspiel zwischen Innen und Außen kann auch der einzelne Mensch sich selbst begegnen, sich seiner selbst vergewissern. Die Außenwelt ist das Material und Instrumentarium, das der Mensch zu seiner Entfaltung gebraucht, mit dem er der Aufgabe begegnet, sich die Welt bewohnbar zu machen. Aber – und das ist nicht umsonst so oft ein wichtiges Thema zwischen den Generationen – es gilt, sich nicht in der Welt der anderen einzurichten, sondern sich eine eigene Behausung zu suchen, die nicht immer nur etwas damit zu tun hat, Haus und Hof in Ordnung zu halten.

Sich in seinem Leben einrichten

Um das Gefühl zu haben, ein »Zuhause« in einer bewohnbaren Welt gefunden zu haben, braucht es eben mehr als ein Haus, zwei Autos und eine schicke Einbauküche. Das ist uns intellektuell allen klar, aber irgendwie scheinen wir an dieser Stelle den Ausweg nicht zu finden, die Alternative nicht denken zu können. Um die Welt der Produkte nicht als neues Paradies misszuverstehen, brauchen wir etwas, das die Lücke füllt, die aus dem Verlust des Glaubens und jeglicher spiritueller Vorgaben entstanden ist.

Unsere innere Richtung können wir uns heute bis zu einem gewissen Grad selbst geben – und das ist ein kostbares Geschenk, um das uns sicher viele Generationen vor uns beneidet hätten. Aber wir müssen es eben auch tun, und wir müssen es oft genug mühsam lernen. Denn das Glück, in das wir in dieser oft nur scheinbar so sorglosen Zeit hineingeboren worden sein sollen, ist nur dann ein Glück, wenn wir lernen, es zu sehen, wenn wir nicht nur einer Flut von Möglichkeiten ausgeliefert werden und uns kein Mensch beibringt, wie wir damit umgehen sollen. Aber wer sollte das tun? Unsere Eltern und Großeltern haben wenig Erfahrung mit dem »Zuviel«, wir werden da schon selbst ran müssen. Und solange wir uns an das halten, was Humboldt anmahnt – uns nicht in der Welt der äußeren Dinge selbst verloren zu gehen –, sind wir dazu auch in der Lage.

Der Mensch hat die wunderbare Gabe mit auf den Weg bekommen, sich selbst Grenzen zu setzen. Nach Max Scheler ist er der einzige geborene »Nein-sager« und das nicht als ewiger Blockierer, sondern im besten Sinne der eigenen Lebensgestaltung. Wir sind in der Lage, Grenzen zu ziehen, loszulassen, Veränderungen anzustoßen, aber dazu müssen wir wissen, worum es uns eigentlich geht. Wieder sind wir bei der ersten philosophischen Grundregel: »Zu den Sachen selbst« – lerne dich selbst zu dir ins Verhältnis zu setzen. Wo stehe ich und warum?

Welche meiner Prioritäten ziehen welche Konsequenzen nach sich und – habe ich darüber wirklich einmal nachgedacht? Eckdaten und Kriterien schaffen Klarheit und sind von nichts anderem als mir selbst abhängig. Aber sie sind nicht in Stein gemeißelt. Die Konsequenzen eines Single-Daseins liegen u. a. darin, dass ich im Alter nicht einmal darauf hoffen kann, dass eine liebende Ehefrau meine Pflege übernimmt oder die Kinder da sind, um mich zu besuchen. Welche Prioritäten habe ich, was bin ich bereit, dafür zu investieren, oder worauf kann ich auch in anderen Lebensphasen verzichten? Wir können all diese Fragen nicht mit fein säuberlichen Lebensplänen beantworten, aber ein anderes Maß an Bewusstheit für die Lebensphase, in der ich mich befinde, ist bereits ein wichtiger Schritt, um überhaupt einen Fuß vor den anderen setzen zu können.

Und dies gilt ebenso für Bereiche, in denen ich nicht allein Herr der Entscheidungen und Konsequenzen bin, in denen das Maß an Komplexität und »Überprüfbarkeit« Ausmaße annimmt, die nicht mehr in meinen Händen liegen. Die Folge kann sein, dass ich meine Entscheidungen nun unter Ausschlusskriterien fälle. Die Dinge oder Produkte, bei denen ich mir nicht sicher sein kann, ob ich sie wirklich in meinem Leben haben will, lasse ich im Regal stehen. Wenn es mir wichtig ist zu wissen, wo mein Frühstücksei gelegt worden ist, dann sollte ich es im Bioladen und nicht im Discounter kaufen. Das zieht Konsequenzen nach sich – finanzielle und möglicherweise auch zeitliche. Das hat an manchen Stellen mit Verzicht oder finanziellen Investitionen zu tun, aber vielfach ist das gute Gefühl – die Sicherheit, die sich daraus ergibt – ebendiese Konsequenzen wert. Weniger ist eben nicht mehr, aber manchmal trotzdem einfach besser.

Dieses »Weniger« erlaubt uns das Gefühl von Sicherheit und Überprüfbarkeit, selbst inmitten einer Gesellschaft, die offenbar alles in Kauf zu nehmen scheint, um massenhaft Dinge zu produzieren, die möglichst schnell wieder verbraucht werden und neuen Dingen Platz machen sollen, die dann mit den tollsten Eigenschaften, bunten Knöpfen und Slogans angepriesen werden. Aber es regt sich Unmut. Mehr und mehr scheinen wir zu hinterfragen, ob das jahrzehntelange Schneller, Höher, Weiter tatsächlich der Weg ist, den wir einschlagen müssen, um zu so etwas wie einem »guten Leben« zu finden – einem Leben, in dem noch genug Platz ist, damit die Dinge darin überhaupt in Ordnung kommen können. Die Kommunikationswissenschaftlerin Miriam Meckel spricht nach einer persönlichen Burnout-Erfahrung in diesem Zusammenhang von einem Denk- bzw. einem Kategorienfehler: Es ist schlicht nicht möglich, qualitative Veränderungen durch quantitative Kategorien zu erreichen. Wir denken an das Hamsterrad!

Der götzenartige Glaube an Wachstum als Glücks- und Heilsversprechen beruht auf einer seltsamen Vermischung verschiedener Dimensionen und bringt uns sowohl persönlich, gesellschaftlich und ökologisch an die Grenzen des Machbaren als auch an den Rand der Möglichkeit, sich »schöpferisch« von einer Ordnung in die nächste zu entwickeln.

Dennoch geht unser Lebenswandel beständig in diese Richtung und gewöhnt sich an das »immer mehr« und »immer schneller«. Das bedeutet lange nicht immer, dass der Einzelne zu persönlichen Höchstleistungen aufläuft. Ganz im Gegenteil entstehen auch viele Unzufriedenheiten durch permanente Unterforderung (bore out), die aber dennoch darin besteht, einer Vielzahl unbefriedigender und vielfach völlig sinnentleerter Tätigkeiten nachzugehen. In jedem Fall aber muten wir uns ein Leben zu, in dem beständig alles, was wir tun, von etwas anderem unterbrochen wird und wir sehr viel Kraft und Zeit investieren, um all die kleinen roten Fäden zusammenzuhalten. Der Hirnforscher Ernst Pöppel hat in einem Interview einmal sehr anschaulich beschrieben, dass Multitasking als scheinbar perfekte Antwort auf all die gleichzeitigen Anforderungen ein absoluter Irrweg ist. Wir bzw. unser Gehirn können den Dingen und Anforderungen nur nacheinander begegnen – schneller oder langsamer, aber in jedem Fall nacheinander. Sofern wir also versuchen, zu vieles gleichzeitig zu erledigen, führt Multitasking entweder zur totalen Erschöpfung oder zu partieller Verblödung, so Pöppel.

Beides ist uns in unseren vollgestopften Leben sicher schon begegnet – und wenn es nur der morgendliche Blick auf die Gesichtscreme ist, die in goldenen Lettern verspricht, sieben Zeichen der Hautalterung gleichzeitig in den Griff zu bekommen. Aber auch in etwas komplexeren Zusammenhängen sind wir umgeben von einem Eiltempo, das das Nacheinander der Ereignisse kaum noch erkennen lässt: Politiker, die morgens dem polnischen Präsidenten die Hand schütteln, zum Mittag Sicherheitsfragen internationaler Terrorbekämpfung diskutieren und abends die Skiweltmeisterschaft eröffnen: Sind sie überhaupt noch anwesend in dem, was sie tun? Und wenn, können sie glaubwürdig vertreten, was sie da sagen: immer auf dem Sprung, auf der Hut, auf der Bühne – unter Druck, was soll da in Ordnung kommen?

Aber wir bleiben bei unserer Vorstellung, dass es ein Zeichen von Erfolg und Kompetenz ist, wenn wir sehr viel auf sehr wenig Raum unterbringen. »Wie schaffen Sie das nur?« bei diesem Satz schwillt fast jeder berufstätigen Mutter oder anderen Multitasking-Experten die Brust vor Stolz. Und doch kommt gerade durch diese ewige Sucht nach Effizienz (und der damit erhofften Aufmerksamkeit) etwas zu kurz. Selbst wenn die Dinge nach außen kontrolliert und strukturiert – also ganz ordentlich – ihren Gang zu gehen scheinen, so bleibt kein Raum für die Möglichkeit, etwas in Ordnung »kommen zu lassen«. Wir haben uns möglicherweise gut organisiert, unsere Welt funktioniert, es ist nichts wirklich an ihr auszusetzen, eben alles »okay«, aber in Ordnung ist sie deshalb noch lange nicht.

Ständig haben wir das Gefühl, »außer uns zu sein«, das »Gleichgewicht« verloren zu haben und suchen nach Krücken, damit es dann doch irgendwie weitergehen kann – wie der Mann, der sich nach einer Kriegsverletzung nur noch mithilfe eines Ziegelsteins in der Aktentasche gerade auf den Beinen halten konnte. Diese Geschichte hat unser Religionslehrer in der achten Klasse einmal als Anekdote im Unterricht erzählt. Ich muss immer mal wieder daran denken, was es wohl für ein Gefühl ist, seinen aufrechten Gang einem Ziegelstein zu verdanken und genau zu wissen, dass man ohne seine Aktentasche aufgeschmissen ist – jede Haltung verliert. So seltsam uns dieser Zustand vorkommen mag: Wie oft umgeben wir uns mit Dingen, die uns die eigene Außendarstellung abnehmen sollen? Wer wären wir, wofür stünden wir, so ganz ohne Job, Haus und Familie oder ohne Surfbrett, iPhone oder Guccitasche? Was bleibt wirklich übrig? Was also sind unsere »Ziegelsteine«, Hilfsmittel, Statussymbole und äußeren Reize, die uns auf den Beinen halten – oft, ohne dass wir es merken?

Innere Unordnung: Fremde in der eigenen Welt

Manchmal tauchen wir aus all diesen Dingen auf, die wir um uns herumgebaut haben, und fragen uns plötzlich, was das alles noch mit uns selbst zu tun hat. Glaube ich immer noch an dieselben Dinge wie vor 15 Jahren? Habe ich noch die gleichen Wünsche und Träume von einem »guten« Leben, und wenn ja, was ist davon Wirklichkeit geworden? In welche Richtung bin ich tatsächlich gegangen – und warum? Wenn ich diese Fragen nicht nur nicht beantworten kann (was ja, wie wir mittlerweile wissen, überhaupt kein Problem darstellen muss), sondern nicht stellen mag, dann hat sich wahrscheinlich schon ein ungutes Gefühl dafür eingeschlichen, dass in meinem Leben eben nicht alles in »bester Ordnung« ist. Spürbar wird das als zunehmende Distanz den Dingen, Menschen oder Aufgaben gegenüber, von denen wir eben nicht mehr so recht wissen, was sie im eigenen Leben eigentlich zu suchen haben, wie wir sie ansprechen, anpacken, angehen sollten. Wieder gilt es zunächst hinzusehen. Auch der bisher immer wieder beschriebene »Schritt zurück« erzeugt eine besondere Form von Distanz, von Fremdheit, vielleicht Befremden. Aber es ist ein bewusster Schritt in eine Fremdheit, die einen die Dinge von einer anderen Seite betrachten oder auch einmal als »Ganzes« anschauen lässt. Es ist keine »Entfremdung«, die im Gegensatz zu dieser bewussten Veränderung der Blickrichtung eher als schleichender Prozess abläuft, den wir erst in seinem Ergebnis wirklich wahrnehmen – als Traurigkeit, Einsamkeit oder dem Gefühl, dass wir tatsächlich den Bezug zu den Dingen um uns herum verloren haben.

Das, was diesen leisen und schleichenden Prozessen vielfach ein Ende setzt, ist das Gefühl, dass es so nicht mehr geht. Die bestehenden Rahmen platzen oder werden »gesprengt« – wir machen eine schmerzliche Erfahrung – eine Erfahrung, die das Verbleiben im eigenen System nicht mehr möglich macht. Also suchen wir im besten Fall aktiv nach Veränderung oder aber müssen zu neuen Ufern aufbrechen, weil die alten schlicht nicht mehr da sind. In beiden Fällen ist es ein aufgezwungenes Innehalten, manchmal ein gewaltsamer und schmerzhafter Prozess – wie der »Sprung«, den der dänische Philosoph Sören Kierkegaard als den eigentlichen Schritt in die eigene Existenz beschreibt. Eine befreundete philosophische Praktikerin – Heidemarie Bennent-Vahle – beschreibt diesen Moment in einem ihrer Aufsätze sehr schön: »Ein solches Fremdwerden der Welt ereignet sich nicht unbedingt vorsätzlich, auch nicht bei Philosophen, denen das Denken zur Profession geworden ist. Zumeist ist der Augenblick des Stillstandes ein vom Lebensprozess auferlegter. Und ohne hier Beweise erbringen zu wollen, möchte ich behaupten, dass jede Denkerbiografie in einer schmerzlichen Erfahrung am Grunde ihrer Existenz wurzelt. Jedes Abrücken von den Dingen, jeder Vertrauensverlust, der die gängigen Lösungsmuster der Zeit verwirft, steht im Zeichen einer tiefgreifenden Erfahrung des Scheiterns, der Enttäuschung, der Entzauberung. Eines der frühen Schlüsselerlebnisse dieser Art ist nicht selten die Einbuße der Liebe. Wenn dem Liebeskranken heute auch ein unerschöpfliches Spektrum kompensatorischer Linderungen und konsumtiver Lösungen verfügbar ist, so ist Cioran doch immer noch zuzustimmen, wenn er schreibt: ›Eine Liebe, die aufhört, ist eine so reiche philosophische Erfahrung, dass sie aus einem Frisör einen Konkurrenten des Sokrates macht.‹«

Jeder von uns kennt diese Erfahrung. Erst die Erfahrung einer Krise, das Stolpern über eine Karrierestufe oder das Ende einer Beziehung bringen uns wirklich dazu, die Decke der Gewohnheit wegzuziehen, hinzuschauen, nachzudenken und am Ende – wirklich philosophischen Gedanken nachzugehen. Auch hier werden uns die Dinge fremd oder rücken in die Ferne – Liebgewordenes, das wir nicht mehr zurückzuholen imstande sind, aber vielleicht auch das, was geblieben ist, das, vor dem wir nun etwas ratlos sitzen oder stehen bleiben und hilflos der Frage nachhängen: »Das kann doch alles nicht wahr sein – wo bin ich gelandet? Was tue ich hier eigentlich?« Karl Jaspers nennt diese Situationen »Grenzsituationen« und beschreibt sie als unvermeidbar, als das, was den Menschen in seiner Entwicklung am meisten nach vorn, zu sich selbst bringt, bringen kann. Solche Grenzsituationen machen deutlich, was das Leben an Unvermeidlichem mit sich bringt – die Angst vor Verlust und das Gefühl von Schuld, weil wir uns immer für etwas entscheiden müssen, das gleichzeitig etwas anderes unmöglich macht.

Mit welchem Gefühl des Fremdseins habe ich es zu tun?

Es ist sehr wichtig zu unterscheiden, ob die Entfremdung, mit der ich es zu tun habe, eine existenzielle Grenzsituation ist – entstanden durch den Verlust eines Menschen oder die Zerstörung des eigenen Weltbildes, ob sie dem ähnelt, was das Aufrütteln und Erschüttern von Gewohntem beschreibt, das uns die Dinge einfach in einem anderen – einem fremden – Licht sehen lässt, oder ob wir mit Entfremdung einen eher schleichenden Prozess meinen, der langsam und leise mitten in unser Reich aus Gewohnheiten gekrochen ist und von dort aus für Unordnung sorgt, weil all die kleinen Entfremdungen und Kompromisse dafür sorgen, dass wir am Ende den Bezug zu uns selbst verloren haben.

Um diese Unterscheidung besser treffen zu können, wollen wir auch hier dem Begriff der »Entfremdung« ein wenig ausführlicher auf den Grund gehen. »Entfremdung« meinte ursprünglich die Veräußerung und das Loslassen von Dingen, Gütern, aber auch von Überzeugungen der diesseitigen Welt, um sich auf die Welt danach, das Jenseits in Erwartung des Göttlichen vorzubereiten. In diesem Sinne war der Begriff durchaus positiv bewertet, weil die Entfremdung den Menschen wieder zu sich selbst und seiner »Bestimmung« zurückführen sollte. Es ging darum, das Fremde loszulassen, um das Eigene wahr- und ernst zu nehmen. Diese Bestimmung war allerdings durch einen klaren Platz in einer zwar endlichen, aber doch von Gott geschaffenen, Welt abgesichert. Die eigentliche und einzige Gefahr bestand also darin, dass sich der Mensch von Gott entfremden könnte. Das geschah vornehmlich durch körperliche und sinnliche Leidenschaften, die den Blick auf das Wesentliche verstellten und den Menschen zum Spielball seiner Begierden machten. In der Bibel, im Brief des Paulus an die Epheser (4. 17–18) heißt es, dass die, die das Christentum gelernt haben, nicht mehr in der »Eitelkeit ihres Sinnes« wandeln, wie es den »anderen Heiden« eigen sei, »deren Verstand verfinstert ist, und die entfremdet sind von dem Leben, das aus Gott ist, durch die Unwissenheit, so in ihnen ist, durch die Blindheit ihres Herzens«.

Im 17. Jahrhundert wendet sich der Begriff und beschreibt eher eine Dilemmasituation, die es ganz individuell zu bewältigen gilt. Nach dem französischen Denker Blaise Pascal steht der Mensch immer zwischen den unendlichen Extremen des Alles und des Nichts (also wieder zwischen Chaos und Kosmos), die ihm auf ewig Geheimnis bleiben werden. Der Mensch, so Pascal, »ist ebenso unfähig, das Nichts zu sehen, aus dem er stammt, wie die Unendlichkeit zu erkennen, die ihn verschlingen wird«. Allerdings bleibt er dabei, dass sich diese Unendlichkeit weiterhin in einer göttlichen Vorstellung vereinigen lasse. Da man nicht zu einem dieser Extreme kommen könne, solle man in der Mitte verharren und über diese Abgründe nachdenken. Keine wirklich befriedigende Aussicht auf einen gelungeneren Alltag, aber auch hier ein wichtiger Gedanken-anstoß, der die Rolle des Individuums erstmalig so stark macht. Auch der französische Philosoph Jean-Jacques Rousseau gebraucht den Begriff »Entfremdung« in Zusammenhang mit einer menschlichen »Zwischenstellung«, meint damit allerdings ein beständiges inneres Pendeln zwischen dem Naturzustand des Menschen und den Anforderungen der sogenannten zivilisierten Gesellschaft (also dem kultivierten Menschen, der sich seiner ursprünglichen Fähigkeiten vielfach nicht mehr wirklich bewusst ist). Die gesellschaftliche Ordnung, die sich der Mensch in Form von Traditionen, Strukturen und Gesetzen selbst geschaffen hat, verbaute ihm nach Rousseau den Zugang zu sich selbst, der äußeren Natur und dem Wesen seiner Mitmenschen, und der Rückweg bleibt abgeschnitten: Wir sind mit und in diesen Strukturen verwurzelt und verhaftet. Der Ruf »Zurück zur Natur« ist darum an dieser Stelle ein netter Versuch, sich auf unseren Ursprung zu besinnen, aber auch dort werden wir keine Lösungen finden. Der Gedanke des »Gesellschaftsvertrags«, den Rousseau in seinem Hauptwerk entwickelt, bezieht sich demnach nicht darauf, zurück zur »guten alten Zeit« zu finden, sondern fragt nach der Beschaffenheit einer menschlichen Gemeinschaft bzw. der Ausbildung des Einzelnen, um im Rahmen menschlicher Ordnungen, die bestmögliche leben zu lernen.

Damit glaubt Rousseau an eine Form der Erziehung des Menschen – die er in seinem Werk »Emile« auch ausführlich darlegt –, die es dem Einzelnen ermöglicht, in einer »fremden« Zivilisation (und das kann auch die eigene sein), bei sich selbst zu bleiben. Die Interaktion mit der Gesellschaft wird zu einer ganz persönlichen Herausforderung, um eben nicht der »radikalen Entfremdung« zum Opfer zu fallen, die Max Horkheimer und Theodor Adorno in der »Dialektik der Aufklärung« in der radikalen Vergesellschaftung sehen.

Diese Radikalität, diese Absurdität einer Welt, in der wir nur noch zivilisierte Zusammenhänge vorfinden, in die wir uns eingliedern müssen und uns damit automatisch »selbst« entfremden (eben das ist ja der Kern der marxschen Kritik an einer entfremdeten Arbeitswelt, der Arbeitsteilung, in der das menschliche Tun auf ein mechanistisches Funktionieren reduziert wird), findet sich auch in der Weltanschauung der späteren Existenzphilosophie wieder. Die französischen Dichter und Philosophen Jean-Paul Sartre und Albert Camus beschreiben das Gefühl der Entfremdung als Ergebnis einer unauflösbaren Absurdität des menschlichen Lebens. Wieder geht es um einen Zwiespalt, um das Gefühl, sich beständig Ziele zu setzen und ebenso beständig an diesen Zielen zu scheitern – oder wenn wir sie denn erreichen, nicht das gewünschte Gefühl damit zu verbinden, doch nicht zur Ruhe zu kommen. Karrierestufe genommen? Firma gegründet? Haus gebaut? Wunderbar, kurz verschnaufen und dann auf zur nächsten Herausforderung. Am Ende der Leiter steht doch schließlich das Gefühl des großen Erfolgs, die Ruhe des »Alles-Erreicht-habens«, der Topf mit Gold am Ende des Regenbogens. Dass dies leider nicht so ist und wir das auch noch wissen, ist die eigentliche Absurdität, von der Sartre und Camus sprechen. Allerdings lässt sich hier u. a. auch mit Rousseau einwenden, dass es ebendieser individuelle, aber auch gesamtgesellschaftliche *Wunsch* nach dem »Topf voll Gold« ist, der das eigentliche Problem und den Grund für das Gefühl des Scheiterns darstellt. Wie also würde die Welt aussehen, wenn wir uns von diesem Wunsch verabschieden könnten?

Aktive Verfremdung statt passiver Entfremdung

Sofern es uns gelingt, dieses Bild zumindest hin und wieder einmal aufzugeben, das Erreichen von bestimmten (und gern auch äußerlichen und materiellen) Zielen nicht zum alleinigen Maßstab für unser Handeln zu machen, eröffnet sich auch ein anderer Spielraum für den Umgang mit Entfremdung bzw. der Möglichkeit konstruktiver Verfremdung. Die Philosophin Rahel Jaeggi hat Fremdheit als eine Voraussetzung für »Aneignung« beschrieben. Wir müssen uns hin und wieder fremd werden, um uns selbst betrachten, uns neu orientieren zu können – nur dann können wir uns uns selbst auch wahrhaftig »aneignen«. Sie hat in diesem Zusammenhang die Entfremdung als eine »Beziehung der Beziehungslosigkeit« beschrieben, ein Zustand, der allerdings nicht den völligen Verlust von Beziehungen meint, sondern das ständige Gefühl eines Mangels in den bestehenden Beziehungen. Erst wenn wir uns ernsthaft mit dieser Mangelhaftigkeit beschäftigen, ihr auf den Grund gehen und uns die Welt auf diese Weise wieder neu und anders aneignen, entsteht die ernsthafte Möglichkeit zu einem würdevollen Umgang mit der eigenen Welt, der eigenen verwirklichten Wirklichkeit – immer im Wechselspiel mit den verschiedenen Formen und kulturellen Gesichtern von Fremdheit und Entfremdung.

Dennoch bleibt die Frage, ob es durch bewusst gestaltete Ordnungen auch innerhalb eines solchen – dynamischen – Weltbildes möglich sein kann, dieses ganz persönliche Gefühl von »Fremdheit« zu überwinden – wieder einen Bezug zu dem herzustellen, was ich tue, denke, fühle, was ich will und was ich nicht will. Wie erreichen wir den Spagat, die Absurdität des Chaos einerseits zu akzeptieren und andererseits innerhalb selbst geschaffener Strukturen, die uns ermöglichen, bei uns selbst zu bleiben, Sicherheit zu empfinden? Und woher wissen wir eigentlich, an welchen Stellen wir uns selbst in die Tasche lügen, uns Geschichten und Erinnerungen schönreden, ohne dass wir es wirklich wagen, tatsächlich auf die »Sachen selbst« zu schauen – selbst wenn wir glauben, genau das zu tun?

Körperliche Unordnung:
Die Grenze von Gesundheit und Krankheit

Interessanterweise haben wir bei all diesen Anstrengungen einen guten Indikator zu Hand, der uns zeigt, auf welchem Weg wir sind, wie es uns wirklich geht, ob wir noch bei uns sind oder schon außer uns: unseren Leib, mit dem die phänomenologische Philosophie unter Berücksichtigung des Geistes bzw. der Seele unseren körperlichen Zugang zur Selbstreflexion beschreibt, aber auch schlicht unseren Körper als rein organisches Zusammenspiel, wie ihn die Medizin versteht. Wenn wir all die Dinge, die uns umgeben, in erdrückender Unordnung und Fremdheit ertragen, dann wird es irgendwann Signale geben, die wir deutlich schwerer ignorieren können als eine ewig unzufriedene Seele, die sowieso nichts anderes gewohnt ist. Denn der Körper äußert sich meist lauter und schmerzhafter, als es der Seele je möglich ist. Und dabei sind die Symptome, die wir um uns herum erleben, eigentlich schon mehr als deutlich, lauter als jede Alarmglocke. Etwa 40 Prozent der Deutschen leiden unter Schlafstörungen, 800 000 schlucken regelmäßig Tabletten, die Kosten für die Behandlungen von Depressionen sind in den letzten sechs Jahren um mehr als 1,3 Millionen Euro gestiegen. Ganz zu schweigen von all den Meldungen zu Burnout-Syndromen bei Managern, Migräne und Rückenschmerzen bei Grundschulkindern, Allergien im Säuglingsalter und so weiter und so weiter. All diese Symptome haben Ursachen, die Fragen aufwerfen, und möglicherweise gibt es andere Antworten als Tablettenpackungen und Cortisonsalben – Antworten, die andere Fragen beantworten, die uns nachdenklich machen und den Körper als etwas anerkennen, das aus mehr besteht als einer gut funktionierenden Ansammlung von Organen. Auch hier will offenbar etwas ganz grundsätzlich in Ordnung gebracht und nicht nur bis zum nächsten Einsatz verklebt und vernagelt werden.

Wenn wir auf der Suche nach einer inneren Ordnung sind, bekommt das, was wir unter Gesundheit – unter Wohlbefinden und sogar unter Wohlstand – verstehen, eine elementare und vielleicht ganz neue Bedeutung. Hier geht es eben nicht darum, sich durch neue Frühlingssaftkuren die Weihnachtspfunde von den Hüften zu hungern oder dem eigenen Teint etwas Gutes zu tun, indem ich Granatapfelserum auf den ersten Fältchen verteile. Hier geht es ganz im Sinne der griechischen »Diäetik« (griech. von Diateia – Lebensweise) um die Frage nach dem, was mir – und erst einmal mir ganz allein – wirklich guttut (die Wellnesswochenenden und Shoppinganfälle einmal nicht mitgerechnet).

Entsprechend holen wir uns auch hier philosophische Unterstützung, ist es doch noch bis vor wenigen Jahrhunderten einhellige Meinung gewesen, dass die Philosophie nichts weniger als die »Schwester der Medizin« sei. Der Philosoph und Arzt Karl Jaspers war der Überzeugung, dass jeder gute Arzt auch ein guter Philosoph und in der Lage sein müsse, den Patienten als Ganzes wahrzunehmen und Verbindungen herzustellen, die über das rein biologische Funktionieren hinausgehen. Wenn wir uns aber heute umschauen, ist die Abschaffung des »philosophicums«, das bis Mitte des 19. Jahrhunderts Teil des Medizinstudiums gewesen ist, nur ein weiteres Indiz für den Siegeszug der Naturwissenschaft, die in der Medizin hauptsächlich das anatomische Gestell des Menschen in den Blick nehmen wollte und damit das »philosophicum« durch das »physicum« ersetzt hat (ein Hoffnungsschimmer sind allerdings die zarten Versuche einer Wiederannäherung von Medizin und Philosophie an der Universität Tübingen).

Diese ursprüngliche Ganzheitlichkeit, die in der Antike und noch bis ins 19. Jahrhundert hinein Kern eines medizinischen Verständnisses gewesen ist, hat nichts mit esoterischem Gefasel zu tun, sondern berührt all das, was wir im Zusammenhang mit einem »anderen Denken« gehört haben, einem Denken, das auf hochwissenschaftlichen Zusammenhängen der Quantenphysik aufbaut – einem Denken, dass das Beziehungshafte eines organischen Zusammenspiels zumindest zu denken versucht. In einem Organismus hat alles mit allem zu tun – und damit kann es nicht gelingen, Krankheiten wie Roststellen aus dem Körper zu entfernen in der Hoffnung, dass das Problem damit erledigt ist. Es gilt, Gesundheit als einen Prozess, als das mehr oder weniger reibungslose Zusammenspiel der Organe, aber auch der geistigen und seelischen Bedürfnisse, Anforderungen oder Sehnsüchte anzuerkennen. Einen Prozess, der eben nicht wie ein Zustand hergestellt werden kann, sondern begleitet und gestaltet werden will. Damit wird Gesundheit wahrscheinlich zu einer der elementarsten Formen von Ordnung, die wir unserem chaotischen Leben überhaupt »abringen« können.

Die griechische Idee der Diätetik steht darin also nicht für eine reine Ernährungslehre, sondern eher für ein umfassendes Salutogenese-Konzept, das verschiedenste Formen der Nahrung und Ernährung für den Menschen als wichtig ansieht, um ihn gesund zu halten. Die Salutogenese meint an dieser Stelle eine medizinische Perspektive, die im Gegensatz zur gängigen Pathogenese nicht das reine Beseitigen von Krankheiten bzw. ihren Symptomen im Blick hat, sondern auf ganzheitliche Weise um Gesundheit bemüht ist. Der Grundgedanke eines solchen »erhaltenden« Denkens geht auf die hippokratische Tradition zurück, die neben einer guten Ernährung auch körperliche Betätigung, ein im weitesten Sinne geregeltes Leben und ein Bewusstsein der eigenen »Maßstäbe« auf den Plan hob. Diese Weisheiten sind uns nicht neu, jeder zweite Ratgeber würde sich dem anschließen, aber interessant ist dennoch, wie wenig wir dieser offenbar sehr alten Weisheit in unserem Leben tatsächlich nachgehen. Auch hier geht es um die Balance zwischen komplementären Gegensätzen, die in einen individuellen Zusammenhang gebracht werden müssen, wie Ruhe, Schlaf und Entspannung auf der einen Seite ebenso wie geistige Anregung, Arbeit und gesellschaftliches Miteinander andererseits. Auch der bewusste Umgang mit Licht und Luft ist bereits seit der Antike ein wesentlicher Bestandteil der körperlichen Gesundheit, und dass »frische« Luft und Sommersonne uns bei aller scheinbaren Banalität wahrhaftig guttun, das wissen selbst völlig selbst entfremdete, kettenrauchende Großstadtverfechter.

Aber trotz aller Einsicht, trotz der Berge von Informationen, die wir mittlerweile über gesunde Lebensführung, Work-Life-Balance und Entspannungstechniken angesammelt haben, bleibt uns der Weg in ein tatsächlich gelungenes Leben offenbar vielfach versperrt. Was nicht selten daran liegt, dass wir diese »Techniken« tatsächlich auch als solche anwenden, immer mit dem Gedanken an eine Funktion, einen Zweck, den sie erfüllen sollen, und die »Bestheit« der eigenen Seele ist sicher eher selten darunter zu finden. Entsprechend erleben wir heute eine Art luftleeren Raum, wenn es darum geht, mit der Vielzahl psychosomatischer Krankheiten umzugehen, die mittlerweile auch die Medien beschäftigen. Das überforderte Ich, Depression als Volkskrankheit, Burnout und Boreout – all das sind Überschriften, die seit einigen Jahren die Titelseiten bevölkern, und damit Phänomene, die mitten in unserem Alltag angekommen sind. Sie machen mehr als deutlich, wie sehr unsere innere und äußere Ordnung durcheinandergeraten sind – und wie wenig wir im Rahmen unserer alten mechanistischen Denkmodelle zu bieten haben, um dem zu begegnen. Um uns von der Ernsthaftigkeit zu überzeugen, fehlen schlicht die klaren Diagnosen und die monokausalen Zusammenhänge, auf die wir uns stützen können und die es bräuchte, um schnelle medizinische Erfolge feiern zu können. Darum wird in viel zu vielen Fällen weiterhin geklebt, verschmiert und geschwiegen. Aber was machen wir, wenn sich dadurch einfach nichts ändert, geschweige denn verbessert?

Gesundheit ist mehr als die Abwesenheit von Leid

Die Auseinandersetzung mit diesen Fragen und der eigenen Hilflosigkeit in Anbetracht eines ganz persönlichen Leidens beschreibt die amerikanische Schriftstellerin Siri Hustvedt in ihrem Buch »Die zitternde Frau«. Dieses Buch ist eine sehr persönliche und kluge Auseinandersetzung mit ihrer eigenen körperlichen wie geistigen »Gesundheit«, die sich in ihren Symptomen zwar beschreiben, aber doch so wenig in Rastern unterbringen lässt: »Ich fand es immer komisch, wenn ich von einem Arzt gebeten wurde, meine Schmerzen nach einer Skala von 1 bis 10 einzustufen«, so Hustvedt, Und weiter: »Hier nehmen Zahlen den Platz der Wörter ein. Meinen Schmerz einzustufen im Verhältnis zu was? Zum schlimmsten Schmerz, den ich je hatte? Erinnere ich mich an den schlimmsten Schmerz? Ich kann ihn nicht als Schmerz zurückholen, nur als deutliche Erinnerung oder in empathischer Beziehung zu meinem vergangenen Selbst (...). Wann war es eine 6, eine 7? Ist deine 4 meine 5? (...) Gibt es die 10 tatsächlich, oder ist das eine Art Idealvorstellung vom Unerträglichen? (...) Die Idee, Schmerzgrade könnten in Zahlen aufgezeichnet werden, ist grotesk, in der Praxis aber Routine. Der Versuch, Unklarheit zu vermeiden, macht sie nur noch schlimmer.« Siri Hustvedt beschreibt die gängige Vorstellung, Krankheiten seien durch Diagnosen in den Griff zu bekommen. Sie seien einander zumindest in ihrem Verlauf ähnlich, völlig unabhängig von der Geschichte dessen, der diese

Krankheit hat. Und wehe dem, der mit seiner Krankheit nicht in diesen Rastern unterzubringen ist. Die Schriftstellerin selbst leidet an einem solchen Krankheitsbild, einem unberechenbaren Nervenleiden, dem mit gängigen Diagnosen nicht beizukommen ist – ein Krankheitsbild, das es eigentlich nicht gibt und doch ist es da. Das Zittern, das die Schriftstellerin seit dem Tod ihres Vaters vor wenigen Jahren in unregelmäßigen Abständen heimsucht, tritt vornehmlich auf, wenn sie vor größerem Publikum spricht. Es lässt sich nicht prognostizieren und bleibt ein Zustand, der sich nur im Gegensatz zur sonstigen Ordnung und Berechenbarkeit ihres Körpers beschreiben lässt und damit jedem Versuch einer geregelten Darstellung widersteht. Alles gerät in Unordnung, ist unkontrollierbar und – beängstigend. Und so fragt sich Siri Hustvedt am Ende ihrer Ausführungen: »Bin ich wieder da, wo ich angefangen habe?«, um wenig später festzustellen »Auf einer konkreteren ›Ebene‹ gibt es nichts Dingfestes, das nach dem einfachen Gesetz von Ursache und Wirkung erhellen könnte, was mit mir nicht stimmt, keine lineare Bewegung von einer Sache zur anderen, sondern zahlreiche Faktoren, die auf den verschlungenen Pfaden der zitternden Frau eine Rolle spielen oder nicht.« Und so schließt sie ihr Buch mit der Feststellung: »Ich zitterte an jenem Tag und an anderen Tagen zitterte ich wieder. Ich bin die zitternde Frau.«

Es gilt, einen Zustand zu akzeptieren, den wir nicht kontrollieren können. Wir wissen es oder auch nicht, es könnte so oder so sein – dieser Zustand scheint kaum auszuhalten zu sein in einer Welt, die es gewohnt ist, Dinge erklären zu können, wenn auch um den Preis ihrer Reduktion auf ebendas, was der eigene Verstand für erklärbar erklärt. Aber das schert uns erstaunlich wenig: Was wir nicht beweisen können, ist eben nicht für uns gemacht, gedacht – oder ist es nur ein Hirngespinst rückwärtsgewandter Mystiker? Der hochemotionale Kampf, der beispielsweise immer noch gegen die Homöopathie geführt wird, ist bezeichnend dafür, wie wenig wir bereit sind, uns für etwas zu öffnen, das wir nicht verstehen – selbst wenn es uns guttut. Erst wenn es uns selbst betrifft, wir mit unsere alten Mustern wirklich und tatsächlich nicht mehr weiterkommen, lassen wir uns vielleicht darauf ein, dass es da etwas zwischen Himmel und Erde geben könnte, das hilft, bezahlbar und sogar verhältnismäßig einfach, aber eben eines nicht ist: wissenschaftlich beweisbar.

Dieses andere ist meist irgendwie »verrückt«, es verrückt die Grenzen unserer Welt und eröffnet dabei doch neue Möglichkeiten. Was aber bedeuten diese Möglichkeiten für die Bewertung meines Leidens, meiner Symptome? Was ist dieses Leiden, diese Abweichung von einem irgendwie festgelegten Normalzustand, wenn es keinen Namen dafür gibt. Ist es dann überhaupt eine Krankheit? Und was bedeutet Gesundheit, wenn sie sich mit so einem Zustand herumschlagen muss, den niemand als Krankheit anerkennen will?

Was ist schon normal?

Genau damit sind wir am Kern eines wichtigen Problems angelangt, das wir schon einmal berührt haben, als es um die Gleichsetzung von Ähnlichkeiten ging – einfach weil es dann leichter ist, die Dinge zu kategorisieren, sie zu bewerten und das »Normale« vom »Abnormen«, das Gesunde vom Kranken zu unterscheiden. Diese Kategorien sind schlicht Hilfsmittel, um die unkontrollierbare Vielfalt zu reduzieren, die sich aus den Wechselwirkungen von Körper, Geist und Welt ergeben. Lösen wir uns aber von ebendiesen Kategorien, sind beide gleichwertige Prozesse innerhalb eines einzigartigen Zusammenspiels von organischen Verknüpfungen, die sich an der Oberfläche ähnlich äußern. So ist die Diagnostik natürlich eine große Orientierungshilfe, aber sie ist eben nur ein erster Schritt in die richtige Richtung und alles andere als eine letzte Antwort. Kopfschmerzen sind zwar immer Kopfschmerzen, aber es gibt die unterschiedlichsten Gründe, die zu ihnen führen und entsprechend auch die unterschiedlichsten Wege, um sie wieder loszuwerden. Es ist unmöglich, diese nur scheinbar selben Symptome von Patienten mit den immerselben Diagnosen zu beantworten – »Ah, ja, solche Kopfschmerzen kenn' ich – da musst du zwei von diesen Tabletten nehmen, hilft immer«. Und so geht es weiter. Indem wir dies aber wieder und wieder und wieder tun bzw. auch von unseren Ärzten erwarten, reduzieren wir unseren Körper auf einen mechanischen Apparat, in dem alle Abläufe herrlich einfach nach Ursache und Wirkung einzusortieren sein sollen. In vielen Fällen scheint es ja sogar zu funktionieren, weil wir uns darauf geeinigt haben, mit meist biochemischen Substanzen die Symptome vieler Krankheiten zu reparieren. Um das, was darunter oder dahinter liegt, das Warum, die »Wurzel« geht es deutlich seltener, und so akzeptieren wir stillschweigend Zustände, die uns weiterhin »kränken«, zum Protagonisten einer Krankheitgeschichte werden lassen oder unser Wohlbefinden selbst in weniger dramatischen Fällen von der Wirkung kleiner bunter Pillen abhängig machen. Die Grenzen von Gesundheit und Krankheit verschwimmen. Also noch einmal: Was soll denn das sein – ein normales Leben?

Ist es normal, dass ein Mensch jeden Morgen um sieben in ein teures Auto steigt, wie ein Wahnsinniger von Termin zu Termin hetzt, jede Menge Menschen am Telefon in kurzen Gesprächen abfertigt und kaum Zeit für ein anständiges Mittagessen hat? Ist dieser Mensch wirklich gesund, wenn wir uns daran erinnern, dass Gesundheit auch etwas mit Wohlbefinden und nicht nur mit Funktionieren zu tun hat? Und wenn wir weiter darüber nachdenken, dass gesunde Menschen sich hin und wieder auch selbst etwas »Gutes« tun müssen, um es zu bleiben?

Aber diese »Gute« bedeutet nicht, dass wir unseren Körper oder gar unser Leben zu einer glänzenden Hochleistungsmaschine umgestalten oder vor lauter Prävention und Kalorienzählen jegliche Lust am Leben verlieren, sondern es bedeutet, dass wir uns mit der einen oder anderen Beule, Ecke und Kante werden abfinden müssen, wenn wir denn tatsächlich so etwas wie eine uns entsprechende Ordnung finden wollen. Es geht um Bewusstheit, um das Wissen um mich selbst und den wachen Blick auf die vor sich gehenden Veränderungen – mit all den Schwachstellen, die wir dabei in den Blick nehmen müssen. Bei den meisten »Menschen kommt das Gefüge ihres bisherigen Lebens eben nicht als strahlende und tragende Konstruktion wundersam passend ineinandergreifender Verstrebungen aus witterungsbeständigen Materialien daher«, musste auch Miriam Meckel im Verlauf ihrer Burnouterkrankung feststellen, sondern dieses Gefüge hebt sich von einer solchen Konstruktion auf wunderbar lebendige Weise durch die eine oder andere Rost- und Sollbruchstelle ab.

Dabei geht es nicht um das Auskurieren einer Erkältung oder die medizinische Versorgung eines einfachen Beinbruchs. Auch eine Grippe ist und bleibt eine Grippe, und verständlicherweise möchte ich, dass sie auch wieder verschwindet. Die Diagnose einer lebensbedrohlichen Krankheit lässt sich ebenfalls nicht mit dem Wunsch nach persönlicher Weiterentwicklung ertragen – und die Ängste und Nöte, die mit eindeutig diagnostizierten Krankheiten verbunden sind, sollen hier ganz sicher nicht vereinfacht oder als Frage der Perspektive abgetan werden. Und dennoch ist der Umgang auch mit diesen Krankheitsbildern entscheidend für den Verlauf, für die Bewertung dessen, was sie sind. Dabei geht es nicht darum, seine Schmerzen »positiv« wegzudenken, die Wehen einfach mal wegzuatmen. Das wird nicht funktionieren, aber ich kann mich sehr unterschiedlich zu diesen Schmerzen verhalten – und genau darum geht es.

Wie beschäftige ich mich mit einer Beeinträchtigung, die den Terminplan für die nächste Woche, das nächste Jahr oder möglicherweise mein gesamtes bisheriges Leben infrage stellt?

Was habe ich ihr entgegenzusetzen? Liefere ich mich der Autorität eines Arztes aus, der immer nur begrenzt in der Lage sein kann, mit theoretischen Ergebnissen der Forschung auf eine hochgradig individuelle und persönliche Situation zu reagieren? Bringe ich mich und meine Geschichte mit ein und bin ich vielleicht sogar in der Lage, den Ängsten einen eigenen Raum zu eröffnen, um mich ihnen zu widmen? Und wenn es sich nur um die klassische Herbsterkältung handelt: Schlucke ich beim ersten Kratzen im Hals ein anständiges Breitbandantibiotikum, das nach außen zwar die »Ordnung« wiederherstellt, allerdings um den Preis eines inneren Kahlschlags, der alles plattmacht, was irgendwie auf den Begriff »Bakterie« zutrifft? Am Ende stehen wir wieder vor der Frage, was ist eigentlich »normal«? Woran haben wir uns möglicherweise einfach nur gewöhnt und wie gesund ist das eigentlich, was wir da tun? Was also »macht« Sinn, wenn wir uns unserer Gesundheit zuwenden wollen, um sie bestmöglich vor dem zu schützen, was wir mit Krankheit meinen?

Sinn hält gesund

Wenn es darum geht, den Sinn unseres Lebens ins Boot zu holen, sollten wir die weitaus schwierigere Frage, was Sinn eigentlich ausmacht, ebenfalls stellen. Sinn ist immer dann gegeben, ergibt sich, wenn ich auf stimmige Zusammenhänge in meinem Leben zurückgreifen kann. Stimmigkeit meint hier nicht Schlüssigkeit oder gar Nützlichkeit, sondern etwas, das einen Zusammenhang stiftet, weil wir es gern tun oder gern haben. Weil wir das, was wir tun, gern tun, das, was wir vermögen, also auch wirklich mögen, wie Martin Heidegger es formuliert. Bezogen auf uns selbst heißt das: ob wir einen »liebevollen« Umgang mit uns selbst, mit all diesen Beulen, Ecken und Kanten pflegen können, es Menschen gibt, die uns dabei helfen, Orte, die uns einen Rahmen geben, und Inhalte, die uns daran erinnern, wie sich Freude und Begeisterung anfühlt. Was gibt uns Halt im Leben? Was stiftet einen Zusammenhang und damit Sinn, was hält uns gesund? Gibt es einen Platz, an dem wir uns sicher fühlen, einen Menschen, der uns eine Suppe oder einen Tee kocht? Oder herrscht sowohl in der schicken Altbauwohnung als auch im chromfarbenen Kühlschrank mit Bio-Fresh-Zone gähnende Leere, wenn wir von einem wichtigen Kundentermin nach Hause kommen? Und was können wir dieser Leere entgegensetzen? Was »nährt« unseren Körper genauso wie unseren Geist und was gibt uns Sicherheit? Wir sollten uns um diese Fragen kümmern, denn schon allein die Beschäftigung mit den möglichen Antworten sorgt für Veränderung.

Der israelische Medizinsoziologe Aaron Antonowsky stellte nach verschiedensten Studien mit Traumapatienten fest, dass es offenbar sehr unterschiedliche Ressourcen im Menschen gibt, um mit Schicksalsschlägen, Verlusten, Enttäuschungen, Einsamkeit etc. umzugehen. Diese Kraft, die so unterschiedlich verteilt zu sein scheint, nennt Antonowsky den »Sense of coherence«, den Kohärenzsinn, der darüber Auskunft gibt, inwieweit ich mein Leben als Teil eines sinnvollen Ganzen empfinde. Der Begriff der Resilienz bezeichnet eine ähnliche Kraft, die uns das Vertrauen gibt, Widerständen und Widersprüchen zum Trotz einen sinnhaften Zusammenhang in der Welt zu entdecken – schlicht auf diesen Zusammenhang zu vertrauen. Dieser feste Glaube an einen Sinn und die eigene Ausrichtung daran hat viel mit der individuellen Prägung und Erziehung in den ersten Lebensjahren zu tun. Letztlich ist sein Ursprung aber unklar, und wir können auch im Erwachsenenalter sehr wohl noch auf die Suche nach sinnstiftenden Zusammenhängen gehen. Denn gerade die Neurogenese macht deutlich, dass durch Beschäftigungen, die uns begeistern, die wir mit Hingabe und vielleicht sogar Leidenschaft verfolgen, jede Menge Potenzial in unserem Gehirn entsteht, um sich aus der Abhängigkeit unserer frühesten Synapsenverbindungen zu lösen.

Stellen wir also die Frage nach dem Sinn, versuchen wir auch auf unsere »alten« Tage das zu tun, was Henri Bergson vorschlägt, und drehen die gewohnte Richtung unserer Gedanken schlicht um: Welche Rolle spielt die Antwort auf die Sinnfrage für unsere Gesundheit? Eine sehr elementare, denn was wäre, wenn Krankheiten ursächlich viel weniger von außen, von überall lauernden Viren und Bakterien ausgelöst würden, sondern diese nur »angreifen« können, weil wir eine ganze andere Form von »Kränkung« erfahren haben? Wir sind zwar mittlerweile bereit, auch seelische Ursachen für körperliche Symptome zuzulassen, aber es ist dennoch ein wesentlicher Unterschied, ob wir glauben, dass jede Krankheit auch eine seelische Ursache hat, oder wir davon ausgehen, dass jede seelische Erkrankung einen körperlichen Ausdruck findet (so wie es beispielsweise die traditionelle Chinesische Medizin lehrt).

Die Formulierung scheint fast dasselbe zu meinen, aber die Bewertung von Symptomen wird eine andere, je nachdem welchen Zusammenhang ich herstelle. Sofern wir eine Krankheit als den Ausdruck eines seelischen Leidens ansehen, geht es nicht mehr nur darum, diese Symptome so schnell wie möglich loszuwerden, sondern darum zu verstehen, warum wir sie überhaupt entwickelt haben. Wofür stehen unsere Kopfschmerzen? Warum haben wir ständig verstopfte Nasennebenhöhlen? Wieso fangen meine Erkältungen immer mit denselben Halsschmerzen an? Und – welches der Symptome macht mich schlussendlich wirklich krank? Was ist es, was eine Krankheit zur Krankheit macht und den Gesunden sich bester Gesundheit erfreuen lässt?

Viele Menschen führen an, dass sie sich gesund fühlen, wenn sie bestimmte Dinge tun können. Sie fühlen sich gesund, solange sie im Garten arbeiten, eine Reise machen oder spazieren gehen können. Sigmund Freud sagte, Gesundheit bedeute, dass man in der Lage sei, einen Menschen zu lieben. Kaum jemand käme auf die Idee, diesen »gefühlten Zustand«

an die Sicherheit zu knüpfen, dass sein Herz im richtigen Takt schlägt, der Eisenwert des Bluts stimmt oder die Knorpelsubstanz der Gelenke in Ordnung ist.

Wo hört Gesundheit auf und wo fängt Krankheit an?

Friedrich Nietzsche hat einmal behauptet, schon die sprachliche Unterscheidung in »Krankheit« und »Gesundheit« tauge nicht viel, denn so etwas wie »die« Gesundheit gäbe es schlicht nicht. Wir alle seien mehr oder weniger krank – je nachdem, wie wir unseren Zustand empfinden. Das können wir leicht an unserem eigenen Umfeld überprüfen. Irgendeine Sorge, einen Zweifel oder eine Angst tragen wir alle mit uns herum, das muss noch nicht weiter beunruhigend sein. Es hängt sehr viel davon ab, welche Bedeutung wir dieser »Beeinträchtigung« geben, natürlich immer abhängig von der Schwere der eigenen Sorgen, Schmerzen oder Leiden.

Aber selbst Nietzsche, dessen Lebensweg von vielen Krankheiten und Ängsten begleitet war, nennt seinen Weg gerade durch die Erfahrung des Leidens den zu einer »großen Gesundheit«, die sich des eigenen Lebens auf eine völlig neue Weise bewusst wird. Dabei geht er sogar so weit, Krankheit als eine Stimulans des Lebens zu beschreiben. So gesehen bedarf das Leben der Krankheit bzw. seiner eigenen dunklen und rätselhaften Seiten. Nietzsche hält der Krankheit zugute, dass in ihr das Leben selbst zum Problem wird, ein Problem, das nicht nur den Körper, sondern auch den Intellekt vor völlig neue Aufgaben stellt (die allerdings nicht immer zu lösen sind, wenn wir berücksichtigen, dass Nietzsche letztlich in geistiger Krankheit und Verwirrung gestorben ist). Aber es gibt auch unter den Philosophen andere Beispiele, wie Karl Jaspers, der unter einer schweren Lungenkrankheit litt und sein Leben nur unter strengen Auflagen und mehreren Stunden Ruhe täglich führen konnte. Die Beschäftigung mit der

Philosophie, die ihm als kostbares Geschenk einen überaus sinnvollen Zugang zum eigenen Leben eröffnet hat, ist genau das intellektuelle Gegengewicht gewesen, das seiner Gesundheit weitaus zuträglicher war, als es jede klassische Medizin allein vermocht hätte.

Vom Sinn und Zweck der Ordnung: Die Kraft der inneren Zusammenhänge

Fragen wir also an diesem Punkt nach unseren eigenen Sinnzusammenhängen, die ein solches Gegengewicht ausmachen könnten. Was bedeutet Sinn, wenn wir unser Leben in Ordnung bringen wollen, es aber nicht darum geht, mit Krankheit und Gesundheit zu kämpfen, sondern einfach nur darum, sich über einiges klarer zu werden? Wir haben gehört, dass Sinn das ist, was Zusammenhänge stiftet, die Kraft, die die Dinge zusammenhält, ohne dass man ihnen gewaltsame Rahmen und Grenzen setzen muss. Warum ist dieser Zusammenhalt gegenwärtig so wichtig, so sehr im Gespräch, warum scheinen wir so sehr auf der Suche nach ihm zu sein?

Aus dem Zusammenhang gerissen:
Orientierungsverlust oder große Freiheit?

Im Verlauf der Moderne erleben wir um uns herum die Demontierung von Sinnzusammenhängen auf allen Ebenen: Religion, Tradition, Familie, all das wird zu einer individuellen Lebensentscheidung und bietet keinen universalen Rahmen mehr, in den wir uns einordnen können. Das ist einerseits ein Riesengeschenk an unsere persönliche Freiheit, überfordert uns aber häufig genug – geistig wie körperlich. Dieser Geworfenheit in die Freiheit (J. P. Sartre) müssen wir eine »Entworfenheit«, also unseren eigenen »Entwurf« entgegensetzen, der neue Zusammenhänge herstellt, in denen wir uns sicher fühlen. Aber auch die Dinge selbst liefern ihren Teil dazu – »denn jedem Anfang wohnt ein Zauber inne«, das wusste schon Hermann Hesse. Wenn wir den Dingen genau zuschauen, erleben wir oftmals eine Hilfestellung auf der Suche nach dem Sinn, die in den Dingen selbst liegt. »Die Dinge werden sich finden« – sie »ergeben« sich, sie »erfolgen«, all das steckt schon in unserer Sprache. Wenn wir wach genug sind, ihnen dabei zuzusehen und uns diese Weisheit zunutze zu machen, dann ist die Frage nach einem sinnvollen Leben eben nicht immer nur die individuelle Sisyphus-Aufgabe, wie Albert Camus es beschrieben hat.

Sinn stabilisiert ein System von innen heraus, und all das, was diesem Sinnzusammenhang nicht entspricht, ist eben auch nicht Teil des Systems. Dabei geht es weniger um systematische Zusammenhänge, sondern um »systemische« Beziehungen, die durch gefühlte und unausgesprochene Verbindungen aufrechterhalten werden: gemeinsame Erfahrungen, eine tiefe Zuneigung oder Liebe – all das ist überaus sinnstiftend, sinnvoll.

Aber auch gemeinsame Überzeugungen können solche Beziehungen möglich machen: Wenn Sie beispielsweise überzeugter Atomkraftgegner sind und sich für diese politische Haltung nach Kräften engagieren, so wird – bei aller Akzeptanz unterschiedlicher Meinungen – kaum ein strammer Befürworter der Kernenergie zu ihrem engsten Freundeskreis gehören. Es sei denn, es gibt »Bezugspunkte«, Sinnzusammenhänge, die stark genug sind, um diese Differenz auszuhalten. Dabei geht es aber nicht um das Austauschen von Argumenten, sondern um einen Zusammenhalt, der manchmal stärker ist als das beste Argument. Um auf die Suche nach »Sinn« zu gehen, reicht das Ansammeln von Informationen und Fakten nicht aus. Auch hier gilt das, was wir bereits bei der Unterscheidung einer systematischen von einer kosmischen Ordnung gehört haben. Es geht um gewachsene Ordnungen, »Entwicklungen«, gemeinsame Erfahrungen, die nichts damit zu tun haben, dass irgendjemand »recht« hat. Vielfach verwechseln wir auch hier die Sachkenntnis der reinen Wissenschaft als Grundlage für das, was wir über die Welt zu wissen glauben, mit der Seinserkenntnis, die u. a. die Philosophie anstrebt. Das klingt zunächst etwas kryptisch, aber genau diese Unterscheidung gilt es festzuhalten, wenn es um die »Suche nach dem Sinn« geht. Karl Jaspers hat diesen Zusammenhang sehr schön zusammengeführt, wenn er sagt: »Wissenschaftliche Erkenntnis ist partikular, auf bestimmte Gegenstände, nicht auf das Sein selbst gerichtet. Wissenschaft bewirkt daher philosophisch gerade durch Wissen das entschiedenste Wissen um das Nichtwissen, nämlich um das Nichtwissen dessen, was Sein selbst ist. (…) Wissenschaftliche Erkenntnis vermag keinerlei Ziele für das Leben zu geben. Sie stellt keine gültigen Werte auf. Sie kann also solche nicht führen. Sie verweist durch ihre Klarheit und Entschiedenheit auf einen anderen Ursprung unseres Lebens. (…) Wissenschaft vermag keine Antwort zu geben auf die Frage nach dem eigenen Sinn.« Die Frage nach dem Sinn bleibt damit nach Jaspers dem philosophischen Denken vorbehalten: »Es gibt ein Denken, das nicht im Sinne der Wissenschaft zwingend und allgemeingültig ist, das daher keine Ergebnisse hat, die als solche in Formen der Wissbarkeit Bestand haben. Dieses Denken, das wir das philosophische Denken nennen, bringt mich zu mir selbst, hat Folgen durch das mit ihm vollzogene innere Handeln, macht die Ursprünge in mir wach, die auch der Wissenschaft erst ihren Sinn geben.«

Was macht eigentlich Sinn oder was ist der Sinn und Zweck des Ganzen?

Es geht bei der Sinnsuche also nicht darum, was möglich, »machbar« oder zweckmäßig ist – ganz im Sinne des griechischen »télos« – sondern um das, was »Sinn macht«, wie es mittlerweile vom Englischen »It makes sense« übernommen wurde. Schöner ist die ursprünglich deutsche Wendung, nach der Sinn nicht »gemacht« wird, sondern sich »ergeben« muss (und das ganz sicher nicht im Sinne einer Kapitulation).

Darin steckt eine völlig andere Sicht auf das, was ich als Einzelner zu »machen«, herzustellen und zu kontrollieren imstande bin, und gibt noch einmal dem Gedanken Raum, dass die Dinge sich auch aus sich selbst heraus ergeben. Das Verfolgen eines bestimmten Zwecks bedeutet aber schon im Ansatz etwas anderes. Vielfach nennen wir Sinn und Zweck in einem Atemzug, aber gerade hier sollten wir unterscheiden lernen. Sinn ist etwas, was den Dingen zugrunde liegt, die Idee, aus der sich eine Wirklichkeit entwickelt. Der Zweck ist der Grund für ein bestimmtes Verhalten, eine Absicht, die eine ganz bestimmte Wirkung erzielen – also tatsächlich etwas herstellen will und kann. Hier sind die Prozesse determiniert und geplant – etwas ist zweckmäßig, wenn es der vorher gestellten Aufgabe entspricht. Aber ein Zweck wohnt den Dingen eben nicht inne, von ihm geht nur sehr selten ein Zauber aus. Stellen wir uns die Gründung eines Unternehmens vor: Hier liegt der eigentliche Sinn in der bestmöglichen Verwirklichung der ursprünglichen Firmenidee – der Produktion eines bestimmten Artikels, von dem vielleicht ein Mensch einmal gedacht hat, es würde die Welt um was auch immer bereichern. Der Sinn eines Unternehmens liegt nicht darin, Profite zu erwirtschaften oder den eigenen Gewinn zu maximieren. Es geht nicht darum, an ein bestimmtes Ziel zu kommen und sich dort feiern zu lassen, denn die »Ausschöpfung des wahren Sinns (...) kommt nicht irgendwo zum Abschluss, sondern ist in Wahrheit ein unendlicher Prozess«, wie der Philosoph Hans-Georg Gadamer betonte. Selbst in scheinbar rein zahlenbasierten Feldern wie wirtschaftlichen Zusammenhängen sollten wir das langsam anerkennen. So ist der finanzielle Erfolg zwar ein wichtiger Zweck jedes Wirtschaftsunternehmens, aber nur um die prozesshafte Verwirklichung des ihm innewohnenden Sinns abzusichern.

Wenn wir also von »Sinn und Zweck« sprechen, dann sind dies nicht zwei Begriffe für dieselbe Sache, sondern es sind zwei Facetten der Umsetzung eines von mir gewählten Anliegens. Der Sinn ergibt sich aus den Zusammenhängen selbst, der Zweck gibt von außen die Richtung vor. Im besten Fall ergänzen sich beide Handlungsleitlinien. Manchmal sind die Grenzen nach außen sogar kaum zu erkennen. Aber es ist eine wichtige Frage, die wir uns stellen sollten – welchen Sinn bzw. welchen Zweck verfolge ich eigentlich mit meinem Handeln? Hat das, was ich tue, überhaupt einen Sinn oder nur einen Zweck? Wenn z. B. der »Zweck« die Mittel heiligt, dann haben sich die ursprünglichen Gewichtungen verschoben und der Sinn verliert die eigentliche Bedeutung, die ihm bei der Verwirklichung meiner Bedürfnisse zukommt. Es geht darum, »Sinn und Zweck« Hand in Hand gehen zu lassen, sich zu vergewissern, dass das eine dem anderen dient. Dann muss das Verfolgen eines Zwecks keineswegs einem »sinnvollen« Handeln im Wege stehen. Sinn und Zweck sind also nicht identisch, aber auch nicht ihr jeweiliges Gegenteil: Sie sind im besten Fall die Bedingungen des jeweils anderen. Das, was uns also bei aller Vielfalt eine Richtung geben kann, ist weniger das Abgleichen der eigenen Handlungen mit geltenden Gesetzen oder dem, was für »gut, richtig oder logisch« gehalten wird, sondern das Erleben von Sinnhaftigkeit.

Sofern diese Sinnhaftigkeit für uns spürbar wird und wir diesem Sinn nachgehen wollen, steht aber eine große Aufgabe bevor, die wir alle kennen: Es gibt eben meist nicht nur einen Sinn in meinem Leben. Kinder oder Karriere? Land oder Stadt? Auslandserfahrung oder Ausbildung? Welche Entscheidung verfolgt welchen Sinn? Es gilt, Prioritäten zu setzen, Kriterien und Prinzipien auszumachen, die all diese Möglichkeiten in ein Verhältnis setzen, um all unsere verschiedenen Lebensbereiche miteinander in Einklang zu bringen. So gut es eben geht – denn auch hier ist die wichtigste Einsicht, dass wir niemals perfekte oder objektiv richtige Entscheidungen werden treffen können. Das, was wir anstreben sollten, sind »kluge« Entscheidungen, die auf unseren eigenen Maßstäben und Leitlinien aufbauen. Auch diese Strukturen entstehen aus einer inneren Hierarchie, die ich selbst gestalte, für die ich aber ebenso selbst verantwortlich bin. Während äußere Strukturen, die wir von anderen übernehmen, oft nur um ihrer selbst da sind – und wir genauso oft nicht einmal recht wissen wozu – und eine immense Kraft brauchen, um aufrechterhalten zu werden, so sind innere strukturelle Zusammenhänge eine Erleichterung, um überhaupt einen Zugang zu dem zu finden, was ich eigentlich will.

In den ganz alltäglichen Strukturen und Regelungen sieht das ähnlich aus. Wenn ich meinen philosophischen Ideen, Aufträgen und Seminarkonzepten nachgehen möchte und mehr daraus werden soll als eine hübsche Idee, brauche ich Zeit und Freiräume. Das ist eine simple Wahrheit, die jedermann einleuchtet. Sie hat aber jede Menge Konsequenzen. Es gilt, Strukturen und Rahmen für diese Freiräume zu schaffen, die nicht jeden Tag neu verhandelt werden sollen. Um meinen jüngsten Sohn also morgens um 8.30 Uhr zu seiner Tagesmutter bringen zu können, muss der Start in unseren familiären Tag ziemlich gut funktionieren, was leider nicht nur Begeisterungsstürme hervorruft. Es wollen um kurz nach sechs zwei weitere Kinder geweckt und davon überzeugt werden, dass es sich für diesen Tag aufzustehen lohnt. Es werden Schulbrote geschmiert, Sporttaschen gepackt und der letzte Euro für die Schwimmbadschränke herausgekramt, Zöpfe geflochten und Fahrradhelme gesucht. Das gemeinsame Frühstück ist ebenfalls eine nicht verhandelbare Säule (wer weiß, wie lange noch), die Kaninchen brauchen frisches Futter. Wenn die morgendliche Frühstücks-Comedy im Radio zu Ende ist, machen sich die beiden Großen im Galopp auf den Weg zu ihren Fahrrädern – mittlerweile ist es bereits halb acht. Genug Zeit, um mich selbst so weit herzurichten, dass der Plan, um neun am Schreibtisch zu sitzen, am Ende aufgehen kann – meistens.

Vor wenigen Jahren noch wäre dieses Programm für mich ein Ding der Unmöglichkeit gewesen und allein die Vorstellung an einen solchen Morgen zu starr und beengend. Heute ist es ein festes Ritual, das äußerst sinnvoll ist, wenn ich den weiteren Verlauf des Vormittags nicht sich selbst überlassen will. Es ist kein Abreißen von Abläufen und Strukturen, die einfach niemand mehr infrage stellt, sondern diese Abläufe sind für »etwas gut«, und sie entsprechen dem, was für uns machbar ist. All der Trubel hat in dieser Form eben nicht nur einen Zweck (die Kinder müssten natürlich auch ohne meine Zielsetzung frühstücken und zur Schule gehen), sondern erfüllt darüber hinaus einen für mich ganz persönlich wichtigen Sinn, weil er Teil eines Zusammenhangs ist, in dem ich einer Arbeit nachgehen kann, die ich nicht missen möchte. Dass wir nun nicht immer die Wahl haben, uns die Dinge herauszusuchen, die uns wirklich begeistern, um alles andere dem unterzuordnen, ist klar. Aber es gibt doch oft deutlich mehr Möglichkeiten als wir denken. Ich empfinde es als großes Privileg, so arbeiten zu können, und dennoch eine Familie zu haben, die ich nicht nur morgens und abends für eine Stunde oder zum Gutenachtkuss zu Gesicht bekomme – auch wenn das Gesamtmodell immer wieder überprüft, befragt und phasenweise angepasst werden will und muss.

Alles eine Frage der Perspektive?

Es gibt ziemlich verschiedene Möglichkeiten, sich sein Leben zu erzählen, und wir wählen immer nur eine davon. Diese Freiheit zu haben und zu nutzen, ist nicht nur eine Frage finanzieller Privilegien, sondern geistiger Beweglichkeit und Gedankenreichtums. Dafür spricht, dass das Leben vieler Menschen mit ausreichend finanziellen Möglichkeiten alles andere als ausgefüllt und »in Ordnung« zu sein scheint und es durchaus Beispiele dafür gibt, wie sich Menschen ohne große Reichtümer in der Hinterhand ein gelungenes Leben einrichten. »Stimmt, so habe ich das noch nie gesehen!« Dieser Satz ist einer der schönsten, der im Verlauf eines philosophischen Gesprächs fallen kann – denn er bedeutet immer, dass sich eine neue Perspektive eröffnet, dass die Dinge in einem anderen Licht dastehen und vielleicht gar nicht mehr mühsam verändert werden müssen. Dass Reichtum und Werte eine andere Facette bekommen, wenn ich nicht nur die Bezahlung meines Jobs oder die Höhe meiner Rente, sondern auch das mit berücksichtige, was mir mein Leben sonst noch zu bieten hat.

Bleiben wir bei meinem persönlichen Beispiel: Ich könnte mir genauso gut die Frage stellen, wie viele meiner möglichen Erfolge und Eingebungen ich verpasst habe, weil ich gerade am Herd stand oder die Kinder zum Klavierunterricht gefahren habe, anstatt acht Stunden am Schreibtisch sitzen und fleißig zu arbeiten (was auch immer »Arbeit« eigentlich an dieser Stelle bedeutet). Und es geht noch weiter: Wie oft haben mir plötzliche Krankheiten oder andere mittlere Katastrophen einen Strich durch meine ach so schönen Pläne gemacht? Wie oft hatte ich zu wenig Zeit, zu wenig Kraft, war nach aufreibenden Nächten einfach zu müde für einen kreativen Gedanken oder, oder, oder?

Aber irgendwann habe ich schlicht beschlossen, diesen Fragen keinen Raum mehr zu gewähren, weil ich genau weiß, dass meine Familie, diese abenteuerliche und hochlebendige Lebensform, die beste Inspiration für mein Leben, und damit auch für meine Arbeit ist – mit allem, was dazugehört. Eine Arbeit, die ich nie geplant oder als Lebensziel formuliert hätte und die ohne meinen Mann und meine Kinder nicht stattgefunden hätte, weil ich wahrscheinlich in irgendeinem Büro irgendeine Form von Karriere gemacht hätte – die mich vielleicht sogar glücklich gemacht hätte, aber nun mal nicht meiner Geschichte entspricht. Sie sehen, ein Konjunktiv jagt den nächsten, und es ist völlig unerheblich, um welche Entscheidung in unserem Leben es letztlich geht. Wichtig ist, das, was tatsächlich da ist, in den Blick zu rücken und die darin liegenden Möglichkeiten abzuwägen. Sofern wir beginnen, die einzelnen Lebensentscheidungen, die wir getroffen haben, gegeneinander auszuspielen und in einem ewigen »Hätte«, »Würde«, »Wäre« zu versinken, ist weder Platz für Sinn noch für irgendeine Form von Ordnung. Wir verbleiben in einem Zustand ständig offener Hintertüren, der ewigen Option, des »Vielleicht später« und bringen uns darum, unserer Lebensgeschichte eine eigene Perspektive und vielleicht ein neues Kapitel hinzuzufügen.

Die Qual der Wahl oder die Kunst der Entscheidung

Wo aber fangen wir an, was soll bleiben, was soll Teil unserer Geschichte sein und was fliegt raus? Um uns an diesem Punkt Sicherheit zu verschaffen, reicht es eben nicht, unseren Kopf ins Rennen zu schicken, um die besten Argumente zu finden.

Dafür brauchen wir alles, was wir an »Antennen« zu bieten haben, das ganze Repertoire der sinnlichen Wahrnehmung, denn nur dann können wir wirklich wissen, was uns »gut«-tut, was Zusammenhänge stiftet und damit nicht nur sinn-lich, sondern auch sinnvoll wird. Wieder kommt uns unser Körper als wichtiges Instrument zur Hilfe, um Entscheidun-gen zu treffen. Schon Aristoteles hat fünf Sinne ausgemacht, die uns auf dem Weg zur inneren Erkenntnis weiterhelfen: das Sehen, Hören, Riechen, Schmecken und Fühlen. In der weiteren Entwicklung ist der Gleichgewichtssinn hinzuge-kommen, und in der anthroposophischen Lehre von Rudolf Steiner geht es sogar um zwölf menschliche Sinne. Letztlich ist es völlig egal, wovon wir an dieser Stelle ausgehen wollen, wichtig ist, dass wir die Bedeutung unseres sinnlichen Wahr-nehmungsapparats ernst nehmen. Wir haben sehr ausgepräg-te Fähigkeiten in der Wahrnehmung des eigenen Körpers (Propriozeption), was dazu führt, dass wir die Augen schlie-ßen und dennoch unseren Finger zielsicher an die Nase füh-ren können. Unsere Haut bietet jede Menge Rezeptoren zur sinnlichen Wahrnehmung, und wir haben sogenannte visze-rale Sinne, die die Wahrnehmung unserer innere Organe ab-sichert, wir also wissen, wann wir Hunger oder Durst haben, müde werden oder Bauchschmerzen bekommen. Das alles scheint selbstverständlich und nicht weiter erwähnenswert, aber diese sinnliche Wahrnehmung stiftet eine Gewissheit, in die uns niemand hineinreden kann (obwohl es interessant ist, dass gerade Eltern immer viel besser zu wissen scheinen, wann Kindern kalt ist, sie Hunger oder Durst haben bzw. wann es Zeit ist, um müde zu werden. Aber das ist ein zu gro-ßes Thema, um es hier ausführlich zu diskutieren.).

In jedem Fall sollten wir uns sehr genau fragen, wie und ob wir dieses kostbare Rüstzeug eigentlich nutzen, ob wir in der Lage sind, die Signale, die wir empfangen, so umzusetzen, dass wir eben nicht nur wissen, wann wir Hunger haben, sondern auch, wann eine Entscheidung gut für uns ist oder wir lieber die Finger davon lassen sollten. Es gibt verschiedenste Ansätze, Techniken und Theorien, die sich um die Frage nach der »richtigen« Entscheidung drehen. Vielfach geht es dabei darum, Listen anzufertigen, Raster und Kurvenverläufe zu studieren, die mit Sicherheit auch eine Berechtigung haben und eine gute Grundlage sind, um ein erstes Sortieren zu ermöglichen. Wenn wir uns aber selbst einmal befragen, wie wir – im Rückblick – die wichtigsten Entscheidungen in unserem Leben getroffen haben, dann sind es selten diese Listen, auf die wir Bezug genommen haben. Entscheidungen sind meist sehr intuitive Angelegenheiten, gerade wenn wir sie im Nachhinein als »gute« oder »kluge« Entscheidungen empfinden. Diese Unterscheidung einer klugen von einer richtigen Entscheidung macht deutlich, dass die Kriterien völlig anders gelagert sind. Klugheit bezieht sich auf das Abwägen des Kontextes, sie ist sich der Dynamik und Endlichkeit der Prozesse bewusst, die um sie herum ablaufen. Der Wunsch nach einer »objektiv richtigen« Entscheidung geht wieder einmal auf die Suche nach einer endgültig richtigen Schlussfolgerung, die aus den Fakten eindeutig hervorgeht. Aber auch diese Fakten sind hin und wieder nichts anderes als Informationskrempel, der uns in unserem intuitiven Gespür behindert.

Der Organisationspsychologe Prof. Peter Kruse sieht in der intuitiven, emotionalen Reaktion auf die komplexen Zusammenhänge unserer Welt die einzige Möglichkeit, sich wirklich ein »Bild« machen zu können – immer unter der Voraussetzung, dass wir dabei auf der Höhe der Zeit bleiben. Unser Bild also nicht eines ist, das vielleicht vor zwanzig Jahren stimmte, sich seitdem aber nicht mehr weiterentwickelt hat. Wenn ich eine kluge Entscheidung treffen möchte, sollte ich mich zunächst darum kümmern, die für mich zentralen Fragen zu formulieren, um mich dann auf die Suche nach den Zusammenhängen zu machen, die von diesen Fragen betroffen sind.

Häufig genug ist dieses Zusammenspiel von Sinn und Verstand durcheinandergeraten und wir haben jede Menge Krempel um uns geschart, der uns eben nicht guttut, uns anstrengt oder sogar »kränkt«. Um herauszufinden, was wohin gehört, reicht es meist nicht, sich auf die Suche nach noch mehr Informationen zu machen – wie wir alle wissen, ist es kein Problem, sich im Internet tagelang auf der Suche nach der richtigen Kaffeemaschine aufzuhalten. Es ist auch nur selten eine gute Idee, sich bei den eigenen Entscheidungen nur noch auf ein Kriterium zu konzentrieren, weil alles andere zu kompliziert erscheint: »Alles, was mich interessiert, ist, dass wir hier anständig Gewinn machen.« Eine weitere beliebte, aber eigentlich nie erfolgreiche Methode liegt darin, die eigene Entscheidung so lange aufzuschieben, bis sie sich entweder erledigt hat oder das Problem eskaliert ist und wir dann – zum Glück – ganz andere Dinge zu klären haben. Aber egal, was wir tun, wir entscheiden uns immer – selbst wenn wir glauben, uns nicht zu entscheiden. Insofern ist auch das Weglaufen oder Ausblenden keine clevere Vermeidungstaktik, sondern die unklügste Alternative, für die wir uns entscheiden können.

Gelassenheit im Denken

Wir können im Denken den Dingen auf den Grund gehen, wir können Gedanken verfolgen – all das zeigt sich bereits in unserer Sprache, allein: Wenn es um notwendige und oft genug dringende Entscheidungen geht, tun wir es nur noch selten. Und damit sind wir an manchen Stellen dem gefährlich nahe, was Heidegger vor über 50 Jahren als größte Gefahr beschrieben hat: der Diktatur eines rein rechnenden Denkens, das Funktionieren von Systemen und Apparaten, das erfolgreiche Agieren am Aktienmarkt und Erstellen von Studien als unsere einzige Antwort auf die Fragen nach einer gelungenen Weltordnung. Als hätte Heidegger das Internet und die magische Anziehungskraft all unserer technischen Möglichkeiten, die Schnelligkeit sozialer Netzwerke im Web 2.0. vorausgesehen, schreibt er: »Wir können zwar die technischen Gegenstände benutzen und doch zugleich bei aller sachgerechten Benützung uns von ihnen so freihalten, dass wir sie jederzeit loslassen. Wir können die technischen Gegenstände im Gebrauch so nehmen, wie sie genommen werden müssen. Aber wir können diese Gegenstände gleichzeitig auf sich beruhen lassen als etwas, was uns nicht im Innersten und Eigentlichen angeht. Wir können »ja« sagen zur unumgänglichen Benützung der technischen Gegenstände, und wir können zugleich »nein« sagen, insofern wir ihnen verwehren, dass sie uns ausschließlich beanspruchen und so unser Wesen verbiegen, verwirren und zuletzt veröden.« Und weiter: »Unser Verhältnis zur technischen Welt wird auf eine wundersame Weise einfach und ruhig. Wir lassen die technischen Gegenstände in unsere tägliche Welt herein und lassen sie zugleich draußen, d.h. auf sich beruhen als Dinge, die nichts Absolutes sind, sondern selbst auf Höheres angewiesen bleiben. Ich möchte diese Haltung des gleichzeitigen Ja und Nein zur technischen Welt mit einem alten Wort nennen: die Gelassenheit zu den Dingen.«

Diese Gelassenheit ist ein wichtiger Schritt, wenn es um die Haltung zu den Dingen, den Möglichkeiten und damit den Entscheidungen geht, die ich treffen will und muss. Wollen wir uns unserer Intuition und der Tugend der Klugheit wieder ein bisschen Raum geben, werden wir zunächst einmal Platz schaffen und uns ein wenig Zeit erkämpfen müssen, um dieses »Ja«- und »Nein«-Sagen gelingen zu lassen. So werden wir das eine oder andere in unserem Leben schlicht ausfallen, los- oder weglassen müssen, um anderes zur »Entfaltung« zu bringen. Prioritäten zu setzen, Entscheidungen zu treffen, hat immer etwas damit zu tun, dass ich mich trennen können muss, dass ich Grenzen ziehen und nicht nur weg-, sondern auch tatsächlich einmal aufräumen kann.

Das braucht Mut und Entschlossenheit. Oft müssen wir mit aller Macht auf die Bremse treten, und unser Umfeld ist häufig alles andere als begeistert, weil wir damit entweder soziale Auffahrunfälle oder geistige Staus im alltäglichen Leben produzieren. Wir müssen darum oft genug in den Widerstand gehen, und nicht jeder von uns empfindet die Idee, sich als Widerstandskämpfer dem Strom der täglichen Hektik entgegenzustellen, als aufregend und befreiend. Diese Aussicht schürt neue Ängste und Unsicherheit – und wie wir wissen, sind wir dafür in unserer unbezwingbaren Suche nach Sicherheit einfach nicht gemacht. Also müssen wir, um diesem Ziel ein Stück näher zu kommen, auch oft genug in einen Widerstand zu uns selbst treten, ein echtes »Wagnis« in Kauf nehmen und unserem Gehirn neue Wege aufzeigen, die es dann von kleinen synaptischen Schotterstraßen zu blühenden Feldwegen umfunktionieren kann. Das braucht Zeit und Geduld, Übung und Vertrauen – aber es geht. Auch wenn unser Hirn sich stetig bemüht, Neues auf Altbekanntes zurückzuführen, so sollten wir ihm doch immer wieder Neues anbieten, um ihm die Möglichkeit zu geben, dieses dann allmählich in den Status des Bekannten zu überführen. Nichts anderes bedeutet Entwicklung, und ohne persönliche Weiterentwicklung werden wir unserer verwickelten Welt niemals etwas entgegensetzen können, um sie von da aus wenigstens ein bisschen in »Ordnung« zu bringen.

Die Wirklichkeit des Möglichen

Die Frage nach dem Möglichen ist unter anderem Thema des wunderbaren Films »The hours«, der sich in verschidenen Episoden um die Geschichte der Mrs. Dalloway in Virginia Woolfs gleichnamigen Roman dreht. Der Film erzählt – genau wie der Roman – einen einzigen Tag im Leben der drei Hauptdarstellerinnen, gespielt von Meryl Streep, Juliane Moore und Nicole Kidman. Zum einen geht es um die Schriftstellerin Virginia Woolf selbst, um den Tag, an dem sie beginnt, ihren Roman zu schreiben, des Weiteren um eine Hausfrau in der blank geputzten Atmosphäre der 50er-Jahre, die durch die Lektüre des Romans beschließt, ihr Leben von Grund auf und gewaltsam zu verändern, und um eine Lektorin im New York der 90er, die viele Eigenschaften der Mrs. Dalloway selbst in sich vereint und von ihren Freunden sogar so gerufen wird. Die Geschichten dieser drei Frauen sind kunstvoll miteinander verwoben. Dabei zeigt sich immer wieder, welche kleinen Wendungen, welche Möglichkeiten, die ergriffen oder eben auch nicht ergriffen werden, zu vielen weiteren Möglichkeiten und Konsequenzen führen, die einem manchmal erst im Rückblick klar werden: die Komplexität der Chaostheorie mitten in den Wirren des amerikanischen Alltags. Nur der Zuschauer erkennt aus seiner Perspektive, die außerhalb des erzählten Rahmens liegt, so etwas wie einen Zusammenhang – sowohl in der Betrachtung der einzelnen Geschichten als auch in der Verbindung dieser Frauen, die außer der Beziehung zu »Mrs. Dalloway« zunächst nichts miteinander zu tun haben – nicht einmal die Zeit, in der sie leben. Erst aus dieser rückblickenden Perspektive des Betrachters und einer letzten Begegnung von Juliane Moore und Meryl Streep ergibt sich eine Ordnung, die von den Standpunkten bzw. den zentralen Lebensfragen der einzelnen Frauen aus nicht zu erkennen gewesen wäre.

Meryl Streep spielt die Lektorin in New York, die vor lauter Beschäftigung, Organisation und Planung irgendwelcher Dinge und ihrer scheinbaren Fürsorge für andere zu verschwinden droht. Sie verwechselt diese Geschäftigkeit mit ihrem Leben und geht damit sehr erfolgreich ihren eigentlichen Fragen aus dem Weg. Mit Heidegger verschanzt sie sich hinter dem sogenannten »Man«, einem Dasein in der Uneigentlichkeit des Massenhaften, um sich selbst ja nicht begegnen zu müssen. Aber indem sie ihre eigene Geschichte verdrängt, nimmt sie der Gegenwart das Fundament, auf dem sie stehen kann, rennt beständig vorwärts und erklärt die Zukunft zur einzig wahren Lebensform. In einem seltenen Moment der Ruhe, einem sehr nachdenklichen Gespräch mit ihrer Tochter, erinnert sie sich an einen Moment, einen Morgen am Strand, der ungefähr zwanzig Jahre zurückliegt. Sie beschreibt das Gefühl, an das sie sich erinnert, ein Gefühl von Freiheit im Angesicht all der Möglichkeiten, die sie damals in ihrem Leben vor sich sah, Möglichkeiten, die irgendwo auf sie warteten. In diesem Moment vermutete sie in einer dieser Möglichkeiten das Glück – das, was ihr Leben ausmachen sollte. Und stellt nun fest, dass es ganz anders ist und dass das Glück nicht in der Verwirklichung von Möglichkeiten besteht, sondern in ebendiesem Gefühl: Möglichkeiten zu haben und sie sich bewusst zu machen.

Die Gewissheit der eigenen Möglichkeiten, das Spielen mit ihnen und das Wissen, dass sie vielleicht einen Platz im eigenen Leben einnehmen können, wenn wir sie lassen, erscheint uns oft als Last und Plage, aber nur, weil wir in dem Glauben feststecken, dass es allein die Verwirklichung von Möglichkeiten ist, die uns im Leben voranbringt und glücklich macht. Manchmal reicht es, in diesen Möglichkeiten zu wandern, zu schwelgen und sich dann sehr zufrieden in die eigenen vier Wände zurückzuziehen, um sich in seiner eigenen, der einen verwirklichten Möglichkeit wohlzufühlen. Wenn es gelingt, das eine mit dem anderen zu verbinden, laufen wir auch nicht Gefahr, dass die Flut der Möglichkeiten die gerade geschaffenen Freiräume verstopft, sondern sind in der Lage, sehr bewusst auszuwählen, was in diesen neuen Räumen untergebracht werden soll. Der Maßstab ist eben so einfach wie schwierig: Wir lassen nur das in unser Leben, was uns ein gutes Gefühl gibt – kurz- oder langfristig, mit all den verbundenen dunklen Winkeln und vielleicht tiefen Tälern. Der Gedanke an den Kern, den Sinn dessen, wofür ich mich entscheide, muss ein gutes Gefühl hervorrufen. Auch wenn ich einmal drüber geschlafen habe – das ist das Ziel.

Im Rahmen meiner Möglichkeiten: Grenzen sind notwendig

Wie aber reagiert meine Chefin, wenn ich ihr endlich einmal sage, dass ich nicht mehr kann? Dass es so nicht weitergehen kann, das es »reicht«? Was geschieht, wenn wir uns die Pausen, die uns zustehen, tatsächlich einmal nehmen. Wie »faul« sind wir, wenn wir uns täglich eine halbe Stunde »Wolken-raten« verordnen?

Im hektischen Berufsalltag wie im Familienleben steht diese Frage auf der täglichen Agenda, aber wie in jedem »Team«, jeder Gemeinschaft spielen nicht alle nach denselben Spielregeln, hat jeder andere Vorstellungen von seiner »Pause« oder dem, was ihm guttut. Hier geht es nicht um einen farblosen Kompromiss, mit dem alle zufrieden sind, oder eine Einigung, die einmal getroffen, monatelang durchzuhalten wäre, weil es schlicht nicht gelingt, die Wünsche eines Zweijährigen in Kombination mit denen seiner siebenjährigen Schwester und denen einer 38-jährigen Mutter zu vereinen, um daraus ein harmonisches Ganzes zu stricken. Wenn sich dann noch Vater und Sohn mit dem gemeinsamen Wunsch nach einem Nachmittag im Stadion einschalten, wird es allemal kompliziert.

Auch hier fängt es bei den ganz kleinen Dingen und selbstverständlich vorrangig in den Köpfen der Eltern an: Mein Sohn hat völlig andere Hierarchien und Vorstellungen von dem im Kopf, was in seinem Leben hohe Priorität genießt, als ich. Die Anordnung seiner Legofiguren darf um Himmels willen niemand verändern, wie es in seinem Kleiderschrank aussieht, ist ihm herzlich egal. Der Versuch mit scheinbar logischen Argumenten »Wenn ich du wäre ...« ein Gespräch zu beginnen, wurde schon mit dem zarten Hinweis beantwortet: »Bist du aber nicht. Wenn du ich wärst, dann würdest du es machen wie ich, weil du dann ja ich wärst.« Recht hat er.

Meine Tochter hingegen möchte, ähnlich wie ich, sehr gern wissen, an welcher Stelle sie ihren Lieblingspullover und die dazu passende Jeans wiederfindet. Allerdings ist ihre Priorität an der Stelle überdeutlich auf »eine« Jeans und »einen« Pullover reduziert, was sich wiederum sehr von meiner Auffassung einer gelungenen Garderobe unterscheidet und mich in Sachen Sauberkeit schon vor so manche Herausforderung gestellt hat. Aber auch wenn es mir nicht immer gefällt, dass meine Tochter ihre Röcke und Kleider im Schrank hängen lässt – es gibt keinen ernsthaften Grund, sie nicht an vier von fünf Tagen mit ein- und derselben Kleiderkombination in die Schule zu schicken, solange sie sich so am schönsten und wohlsten fühlt. Wir haben uns auf einen bestimmten Status von Sauberkeit geeinigt, aber es gelingt mittlerweile auch, die Jeans von heute auf morgen auf der Heizung zu trocknen. Also wo ist das Problem – außer in meinem Kopf? Es gibt definitiv Dinge, die mehr Aufmerksamkeit verdienen.

Am Ende steht die beständige Frage, wer wann und wie viel von seinen Wünschen und Vorstellungen behalten kann, damit ein gemeinschaftliches Leben am Ende noch ein Miteinander ist und kein Nebeneinander daraus wird. Sprich: Es geht um das Formulieren von »Prioritäten«, das Formulieren von Bedürfnissen und das Treffen von Entscheidungen auf Basis dieser »Mitteilung« (die viel mehr ist als ein Argument oder eine Information, wenn ich mich darin tatsächlich mitteile). Wir müssen wohl oder übel miteinander reden – uns ins Verhältnis setzen und eine Beziehung zu dem herstellen, was von »Bedeutung« sein soll und was eben nicht.

Sofern die individuellen Prioritäten und Grenzen ehrlich vor uns auf dem Tisch liegen, es einen »Sinn« gibt, ein Gefühl, das uns Sicherheit in dem gibt, was wir wollen, scheint es nicht mehr so schwer, die Dinge um uns herum anzuordnen. Es ist wie bei einem Magneten, der um sich herum die Nadeln ausrichtet, ganz egal, wohin ich ihn lege. Wenn ich meinen Magneten kenne (manchmal sind es auch mehrere, dann gilt es wiederum neue Herausforderungen zu bewältigen), habe ich meist sehr viel weniger aufzuräumen, zu entscheiden und zu klären, als wenn ich die Möglichkeiten und Hintertüren um mich herum munter offen stehen lasse und irgendwann den Überblick verliere. Auf diese Weise lebe ich die Möglichkeiten, ganz im Sinne Heideggers. Ich lebe das Leben als »Praxis« und versuche nicht, mein Leben als Produkt zu kreieren, wie Hannah Arendt es schon in den 60er-Jahren angemahnt hat. Aber ich weiß genauso, dass es immer wieder darum geht, Zustände herzustellen, in denen es sich eine Zeit lang gut aushalten lässt – bis zur nächsten Veränderung. Und das meint kein Leben, das ständig auf dem Sprung ist, sondern eines, das dazu in der Lage ist – wenn nötig. Manchmal müssen wir einfach springen, und dann tut es überaus gut, sich auf die eigenen Kräfte verlassen zu können.

Die Sorge um sich selbst und der Weg
zur inneren Meisterschaft

Wir haben kurz angedeutet, dass der Umgang mit den eigenen Möglichkeiten schon damit beginnt, wie wir uns unsere eigene Geschichte erzählen, uns klarmachen, welche Perspektive wir einnehmen und wer die Hauptfigur in unserer Geschichte ist. Max Frisch spricht von einer »Gier nach Geschichten«, die uns alle auszeichnet, und das Interessante ist, dass unser Leben in der Tat sehr viel mehr einer Geschichte gleicht als der Aneinanderreihung objektiver Tatbestände. Unsere Erinnerung ist ein seltsames Phänomen, und vielfach erinnern wir uns immer nur an die letzte Erinnerung eines Erlebnisses und formieren so im Laufe der Zeit unsere Erlebnisse zu etwas, das sich zu einer hübschen (oder weniger hübschen) Geschichte zusammenfassen lässt. Nach Frisch fehlt uns für die Wirklichkeit ganz einfach die Sprache, die Ausdrucksmöglichkeit. So gestalten wir unser vergangenes Leben im Sinne eines Bildes, das unserer gegenwärtigen Situation entspricht – ein kreativer Akt. Friedrich Nietzsche würde uns dafür bejubeln.

Ein Bekannter von mir hat einen Ordner angelegt, in dem all die Dinge untergebracht sind, die er für sein eigenes Empfinden »gut« gemacht hat. Einen solchen Ordner sollten wir uns alle zulegen, gerade für die eher dunklen Momente, in denen irgendwie nicht alles zusammenzupassen scheint und leider auch niemand zur Hand ist, der uns einen heißen Tee kocht und einfach nur sagt, dass bald alles wieder besser und am Ende vielleicht sogar gut wird. Vielleicht können wir das ja auch einfach mal für uns selbst tun.

Aristoteles wusste schon vor über zweitausend Jahren, dass allein der wirklich glücklich wird, der sich »selbst genügt«, und auch Sokrates und Platon plädierten vor ihm für eine ausgeprägte Kultur der »Selbstsorge«. Kochen wir uns also einen Tee und holen den Ordner mit den »guten« Dingen heraus. Kümmern wir uns um uns – und zwar fürsorglich, ohne Prahlerei, ohne Selbsttäuschung, einfach nur so. Sie werden sehen: Es geht, und so manches Kapitel unserer Geschichte erscheint dabei in einem anderen Licht.

Die Idee der »Selbstsorge« aber geht weit darüber hinaus und ist für den Gedanken einer inneren Ordnung sehr wertvoll. Sie ist eines der zentralen Themen in den Dialogen Platons, insbesondere in den Ausführungen des jungen Alkibiades im »Symposion«, einem der berühmtesten platonischen Dialoge. Die zentrale Frage im Gespräch mit Alkibiades gilt der Überlegung, ob sich der junge Mann bereits ausreichend um sich selbst gesorgt, für sich gesorgt hat – ob er entsprechend (aus-)gebildet ist, um ein öffentliches Amt zu bekleiden, also einen Dienst an der Gemeinschaft leisten zu können. Diese Voraussetzung ist in der Antike selbsterklärend gewesen und hatte nichts mit der heute häufigen Verbindung von »Selbstliebe« und Egoismus zu tun. Es ging nicht um Status und Karriere, sondern um die Frage, welche Bereicherung ich mit meinem Sein und weniger mit meinen Fähigkeiten für die Gemeinschaft darstelle.

Die Selbstsorge meint nicht den selbstverliebten Umgang mit sich selbst, das Umkreisen der eigenen Individualität als Selbstzweck, sondern die Fähigkeit, sich selbst so gut »auszubilden«, dass ich in der Gesellschaft bestehen und meinen Teil zu ihrem Bestehen beitragen kann.

Auch in dem platonischen Dialog »Gorgias« setzt Sokrates in ebendiesem Sinne dem jungen Kallikles auseinander, dass es für jeden Menschen, für Künstler genauso wie für Handwerker, ein »Ideal« gibt, wenn es um die Ausbildung der eigenen Persönlichkeit geht. Dies betrifft gleichermaßen den Leib wie die Seele. Die Tugenden des Leibes, die für Ordnung und Anstand sorgen, erzeugen Kraft und Gesundheit. Sofern darüber hinaus in der Seele Ordnung herrscht, so Sokrates, bildet sich Gerechtigkeit und Besonnenheit heraus – die Grundlage für ein erfülltes Leben. In seiner »Apologie« wurde dieses Ideal von Platon weiter als Fähigkeit beschrieben, für die eigene »Einsicht« zu sorgen, und die »Wahrheit für unsere Seele« zu suchen, auf dass sie sich aufs »Beste befinde«.

Der französische Philosoph Michel Foucault, der sich in seinem Spätwerk ausführlich mit der antiken Tradition der Selbstsorge auseinandergesetzt hat, bezeichnet dieses besondere Verhältnis zu sich selbst als das zentrale Thema der griechisch-römischen Welt, die mit dem Begriff der »Epimeleia« die lebenspraktische Art und Weise bezeichnet, »in der die individuelle Freiheit – oder bis zu einem gewissen Punkt die bürgerliche Freiheit – sich als Ethik reflektiert hat«.

Die Sorge um sich selbst ist in dieser Tradition ein philosophisches Paradigma, das die Voraussetzung zu einer ganz persönlichen Praxis der Freiheit bietet. Diese Praxis ist im besten Sinne dafür geeignet, ein Verhältnis zu sich selbst ebenso wie ein Verhältnis zu meiner Welt und der Gemeinschaft, in der ich lebe, aufzubauen und aktiv zu gestalten.

Werden, der man ist

Die häufig vorschnelle Gleichsetzung von »Selbstsorge« oder »Selbstliebe« mit Egoismus oder Selbstsucht haben wir erst dem sehr viel späteren christlichen Missverständnis zu verdanken, dass das jenseitige Heil nur den erwartet, der sich in »Selbstverzicht« übt. Auch wenn es in der Bibel heißt, man solle seinen Nächsten lieben wie sich selbst. Auf der überaus einseitigen Auslegung dieses Gebots, das die Liebe zu sich selbst völlig vernachlässigt, beruht unser oft so ungutes Gefühl, wenn wir uns »selbst« als Maßstab nehmen – genauso wie das maßlose Gegenteil, das sich so sehr um sich selbst dreht, dass es den Bezug zum eigenen Handeln völlig verloren hat.

Folgen wir aber dem Ideal der griechischen Selbstsorge, dann geht es darum, sich in die eigenen Möglichkeiten zu vertiefen, die immer abhängig von dem sind, was mich umgibt. Ich kann mich nicht außerhalb der Gemeinschaft mit mir selbst beschäftigen, weil sie mich ebenso bestimmt wie ich sie. Und genau das hat Sokrates in der »Apologie« im Sinn gehabt, wenn er sagt, er habe nichts weiter getan, als umherzugehen, »um Jung und Alt unter euch zu überreden, ja nicht für den Leib und für das Vermögen zuvor noch überall so sehr zu sorgen als für die Seele, daß diese aufs beste gedeihe, zeigend, wie nicht aus dem Reichtum die Tugend entsteht, sondern aus der Tugend der Reichtum und alle andern menschlichen Güter insgesamt, eigentümliche und gemeinschaftliche.«

Dieser Gedanke geht also davon aus, dass sich die Seele von den Einflüssen und Verführungen der äußeren Welt so gut es denn geht freimachen, sich von ihnen fernhalten solle, um so aufs Beste zu gedeihen, um das werden zu können, was sie ihrem inneren Potenzial nach ausmacht. Das geschieht im Sinne eines sehr weit gefassten Begriffs einer »asketischen Praxis«, die nichts mit einer moralisierenden Kultur des Verzichts zu tun hat, sondern damit, sich zu »sortieren«.

Um sich aber sortieren, strukturieren zu können, müssen wir auf Begriffe zurückgreifen, die uns skeptisch werden lassen, die irgendwie an das erinnern, was wir eingangs über die vergangene, die ideologische Ordnung gehört haben: Es geht um Entschlossenheit und eine innere Form der Disziplin, die erneut an das Tugendhafte erinnert, dass ebenfalls die Kraft und die Stärke etwas zu tun meint – ähnlich der deutschen Tüchtigkeit, die uns aber ebenfalls nicht so richtig Feuer fangen lässt.

Entschlossenheit, Disziplin und Ausdauer:
verstaubte Parolen von gestern?

Dabei ist aber eines grundlegend und wichtig: Die Entschlossenheit, Stärke und disziplinierte Wachsamkeit, die hier gemeint ist, orientiert sich gerade nicht an ideologischen Fehlgriffen oder politischen Programmen, sondern geht viel weiter zurück als die meisten Formen ihres immer wiederkehrenden Missbrauchs.

Es geht darum, die eigene Kompetenz im Umgang mit dem Leben zu schulen, sich in ihr zu üben – um überhaupt die Chance zu bekommen, der zu werden, der man ist. Der Maßstab ist eben kein vorgegebener Erfolg, Berufs- oder Kontostand – wir allein sind und bleiben die Messlatte für das, was wir mit dieser Arbeit an uns selbst erreichen wollen. Aber – und das ist der Grundgedanke: Bei aller Sehnsucht nach »Selbstverwirklichung«, nach persönlicher Entfaltung und Unabhängigkeit werden wir ohne diese guten alten, nur scheinbar verstaubten Qualitäten nicht weiterkommen. Ein solcher Weg braucht Mut, Durchhaltevermögen und damit die Bereitschaft, diszipliniert an den eigenen Schritten zu arbeiten, auch wenn wir nicht immer wissen, wohin sie uns lenken. Und dennoch gibt es gerade in Bezug auf das griechische Verständnis das unverrückbare Ziel, diese Arbeit an der eigenen Seele, der eigenen Bildung der Gemeinschaft zur Verfügung zu stellen – nach Kräften und im Rahmen der mir gegebenen Möglichkeiten.

Wir denken an die harte Arbeit und Disziplin, die etwa einer Choreographie zugrunde liegt, bevor sie am Ende erfolgreich zur Aufführung gebracht werden kann. Diese Disziplin ist notwendig, um die Idee der Choreographie bestmöglich zum Ausdruck zu bringen, ihr eigenes Wesen überhaupt entfalten zu können. Wenn jeder nur hier und da ein bisschen dazu beisteuert, wie es ihm gerade in den Kram und Zeitplan passt, wird am Ende nichts Gemeinsames entstehen. Aber –

und diesen Zusammenhang können wir gar nicht oft genug wiederholen – hier geht es um das Ziel einer ganz persönlichen »Bestheit« des Eigenen, das uns guttut, um die Entfaltung dessen, was in mir steckt – einer inneren Exzellenz, die mich trägt und Sicherheit verspricht, die mich auch in der Kultur des »Nein-sagens«, das Abgrenzens und des Klarstellens fordert.

Wir müssen uns also ganz sicher nicht von dem Wunsch nach Leistung oder Erfolg verabschieden, sondern sollten nur versuchen zu klären, was wir eigentlich erreichen wollen. Selbstreflexion und innere Gelassenheit sind ganz sicher völlig andersgeartete Ziele als der Vorstandsposten oder die eigene Arztpraxis. Beides erfordert Leistung, Einsatz, Organisation und die Fähigkeit, Entscheidungen zu treffen. Aber ebendas ist nichts, was unserem Wesen zuwiderläuft: Der Wunsch nach Leistung, die Lust zu lernen bringen wir als Kinder mit. Kein Kind würde sich sonst die Mühe machen, eine Sprache zu lernen, oder sich auf seine zwei Beine zu stellen. Es macht schlicht Spaß, nicht nur sich selbst, sondern auch andere Dinge auf die Beine zu stellen, etwas zu schaffen und dafür Anerkennung zu erfahren. Aber es sollten unsere eigenen Möglichkeiten und Fähigkeiten sein, die dabei zur Entfaltung kommen und nicht allein die Vorstellungen anderer oder die Ideen einer medialen Erfolgskampagne.

Wir wollen in dem, was wir tun, begleitet, vielleicht kritisiert und ganz sicher gefördert, nicht aber gegängelt und überfordert werden – ganz egal, wie alt wir sind. Erinnern wir uns an die Zerstörung komplexer Prozesse durch Überregulierung – genau das findet beständig statt, wenn wir für unsere Kinder »nur das Beste« wollen. Statt Neugier zu fördern und das Interesse, sich selbst kennenzulernen, bringen wir unseren Kindern als Erstes bei, was sie vermeintlich lernen müssen, um in der Welt zurechtzukommen – einer harten Welt des Wettbewerbs, in der der Ernst des Lebens auf sie wartet, die undurchdringlich und schwer zu verstehen ist.

Kein Wunder, dass vielen kleinen Erfindern und kreativen Köpfen dabei die Lust am Lernen vergeht. Warum auch sollte man sich anstrengen, wenn das alles ist, was da draußen auf einen wartet? Aber ist das wirklich alles, was hinter den Vorstellungen von Disziplin, Fleiß und Leistung steckt – das Funktionieren in einem System, das dem eigenen Empfinden zuwiderläuft?

Versuchen wir es an dieser Stelle wieder einmal mit ein paar philosophischen Fragen: Was, wenn wir in der Schule nicht nur die Welt der Dinge, sondern auch uns selbst kennenlernen würden? Was, wenn Erziehung tatsächlich dazu da wäre, eine Beziehung aufzubauen? Was, wenn Bildung sich wieder daran orientieren würde, etwas zu »bilden«, versuchshalber auch mal sich selbst? Wenn ein Beruf tatsächlich wieder etwas mit »Berufung« zu tun haben dürfte und was, wenn ich es in die Hand nehmen könnte, dieser Berufung nachzugehen? Welchen Weg würde ich nehmen, wenn ich von Kindesbeinen an gelernt hätte, gut für mich zu sorgen, damit ich es auch für andere tun kann? Wie würde ich die vermeintlichen und tatsächlichen Anstrengungen, die Verantwortung empfinden, die mit einer Partnerschaft oder gar einer Familie einhergehen? Was hätte ich dem entgegenzusetzen? Und – wo kann ich in Zeiten des lebenslangen Lernens ansetzen, um möglicherweise Verpasstes nachzuholen?

Vielleicht würde diese Fähigkeit auch unser Verhältnis zu dem verändern, was dennoch und weiterhin an Disziplin, Klarheit und Fleiß notwendig wäre, um den eigenen Weg zu gehen. Es entstünden Strukturen, Regeln, Muster und Prinzipien, die nicht permanent mit dem kollidieren müssten, was die Welt »eigentlich« von mir will. Und es ist möglich, diese Fragen in unserer eigenen kleinen Welt zu überprüfen und Antworten zu suchen, die zumindest diese Welt ein klein wenig besser – ordentlicher – machen könnten.

Vom Wert und Maß der Ordnung und der Suche nach dem eigenen Gleichgewicht

In den 30er-Jahren hat Thomas Mann gemeinsam mit Konrad Falke eine Zeitschrift mit dem Titel »Maß und Wert« begründet – ein Vorhaben, das mit diesen beiden gewichtigen Begriffen den Wirren und Sorgen ihrer Zeit etwas entgegensetzen, zu einer neuen (geistigen) Ordnung aufrufen wollte. Im Vorwort zur ersten Ausgabe schreibt Thomas Mann: »Künstler wollen wir sein und Anti-Barbaren, das Mass verehren, den Wert verteidigen, das Freie und Kühne lieben und das Spiessige, den Gesinnungsschund verachten – ihn am besten und tiefsten verachten, wo er sich in pöbelhafter Verlogenheit als Revolution gebärdet.«

Auch wenn uns dieser Appell heute etwas zu pathetisch zu sein scheint, wir wissen genau, was mit »Gesinnungsschund« gemeint ist. Das Spießige ist für Thomas Mann das »Gemeine«, das Gewöhnliche, das sich nicht um die eigene Entfaltung bemüht, dem es egal ist, wem oder was es dient, und das gedankenlos der lauten Masse folgt. In dieser Masse geht jedes Maß verloren, weil die Individualität, die Vielfalt als Maßstab verloren geht. Wenn wir nur noch wie eine Herde Schafe dem folgen, was alle anderen machen oder uns für richtig verkaufen, verlieren wir jeden Bezug zu dem, was allein für uns angemessen wäre. Dabei ist genau das die einzige Möglichkeit, einer gedankenlosen Masse entgegenzutreten, bevor sie in der Lage ist, zu drohen und Angst und Schrecken zu verbreiten.

Es geht also weniger darum, das »Maß« als eine vorgegebene Richtlinie zu verstehen, sondern es im Sinne eines maßgeschneiderten Anzugs für uns selbst herauszufinden – nicht allein auf die Wirkung, den Nutzen oder das zu achten, was für mich herausspringt, sondern herauszufinden, wo und wie ich im Leben stehe.

Einen ähnlichen Appell finden wir in dem deutlich jüngeren Essay eines zeitgenössischen Philosophen wieder, der sich gegen die allgegenwärtige Produktion geistigen »bullshits« wehrt – ebenfalls ein Massenphänomen, das aber bewusst davon lebt, jeden Bezug zu Maß und Wert zu vermeiden. Harry P. Frankfurt hat in seinem Essay »bullshit« eine geistige Haltung angeprangert, der es allein um Wirkung geht, die sich an keinen Inhalten, keinen »Maßstäben« orientiert – und dadurch, dass sie von vornherein kein Interesse an der Wahrheit hat, auch nicht als Lüge oder als falsch bezeichnet werden kann. Bullshit macht sich nicht einmal die Mühe, das Gegenteil der Wahrheit sein zu wollen. Kurz: Gesinnungsschund oder bullshit zeichnen sich in beiden Fällen dadurch aus, dass sie keiner moralischen Ordnung gehorchen, nichts ablehnen, nichts befürworten, was sie auf eine Position festlegen könnte, die ihrer eigenen Wirkung oder Macht abträglich sein könnte. Verfechter bzw. Produzenten von bullshit haben nur scheinbar geistige Werte, denen sie folgen, oder Prinzipien, für die sie einstehen. Sie sind häufig daran zu erkennen, dass sie jedes Aufkeimen ethischen Unbehagens als »Moralisieren« abtun und sich mit blasierter Überheblichkeit als Realisten und Pragmatiker rühmen, die weit über diesen naiven Kleinmädchenidealen einer besseren Welt stehen – weil sie angeblich wissen, wie es in der wirklichen Welt zugeht.

Frankfurt führt dazu Beispiele aus dem amerikanischen Präsidentschaftswahlkampf an. Aber so weit müssen wir gar nicht gehen: Auch wir haben hierzulande genügend Beispiele, die zeigen, dass »Maß und Wert« vielfach nur so weit reichen, wie die Wirkung, die sie in Form von Profit, Macht oder öffentlicher Aufmerksamkeit zu erzeugen imstande sind.

Um diese wirkungsvollen Erfolge feiern zu können, wird so lange an der Realität gedreht, bis sie der eigenen Perspektive entspricht. Dann ist eben auch der Markenkern einer Partei plötzlich nur noch an Energiepreisen und technischer Machbarkeit interessiert, weil die Wirtschaft nun ganz sicher nichts mit moralischen Grundsätzen am Hut haben sollte, egal welchen Schaden diese technische Machbarkeit in anderen Teilen der Welt angerichtet hat. Um solche Seltsamkeiten als kompetentes Statement aufzupolieren, braucht es eine bestimmte Form der Selbstdarstellung, (am besten gekoppelt mit einem gewissen Maß an Realitätsverlust), die sprachlich recht überzeugend daherkommt, immer ein paar erschreckende Zahlen und Fakten im Gepäck hat und auf die Bereitschaft interessierter Medien zählen kann, daraus große Schlagzeilen zu machen. Aber mittlerweile weiß zumindest ein guter Teil der Bevölkerung, welch hohen Preis Politik und Wirtschaft (aber auch einzelne Hauptdarsteller) für ein wenig Aufmerksamkeit und ein paar Wählerstimmen zu zahlen bereit sind. Dafür lässt sich fast jedes Foto retuschieren, jede Meldung kaufen und jedes Versprechen vortäuschen. Verloren geht dabei jegliche Form einer aufrechten Haltung. Was auf der anderen Seite daraus entsteht, wissen wir alle: Misstrauen, Unmut, Empörung und das Gefühl, dass die Dinge eben nicht mehr in Ordnung sind. Wie aber lässt sich dem begegnen, wie können wir unsere eigene Unsicherheit in Bezug auf die politische oder gesellschaftliche Ordnung oder gar das Gefühl der Ohnmacht so verändern, dass wir zumindest unsere eigene Handlungsfreiheit nicht verlieren?

Wahrhaftige Empörung oder ewiges Jammertal?

Was sind wir in unserem Umfeld in der Lage zu tun, zu verändern, anzusprechen? Unser Gefühl, einer bösartigen Welt ausgeliefert zu sein, wird sich ganz sicher nicht verändern, wenn wir uns über den Mangel an Anstand und Gerechtigkeit in der Welt beschweren und es eben dadurch auch noch anfeuern. Aber vielleicht gelingt uns ja auch selbst ein wenig innerer Widerstand, ein bisschen Empörung und »Resistance« im Alltag, wie Stephane Hessel es in seinem kurzen Essay anmahnt – jeden Tag aufs Neue, vielleicht ohne die ganz großen Erfolge, aber mit dem guten Gefühl, zumindest nicht Teil der ganz großen Unordnung zu sein. Es gibt für uns alle die Möglichkeit, Vorbild zu sein, mit gutem Beispiel voranzugehen, Vorurteilen entgegenzutreten und uns dabei ein wenig wertvoller zu fühlen. Das fängt an der Supermarktkasse an, geht über das Infragestellen der eigenen Vorurteile, und manchmal trägt es einen bis zur Übernahme eines zeitraubenden Ehrenamts, das unserem Leben plötzlich eine Wendung, einen ganz anderen Wert geben kann.

Die schönste Form der Mittelmäßigkeit: die eigene Besonnenheit

Das Finden des richtigen Maßes hat nichts mit einem lauwarmen Leben irgendwo im Reich der Vernunft zu tun. Es geht nicht um ein gelangweiltes Mittelmaß, sondern darum, gerade in stürmischen und aufregenden Zeiten zu wissen, wo die eigene Mitte ist. Nur hier findet sich das Gleichgewicht, das schon Demokrit als Ziel einer philosophischen Lebenskunst beschrieben hat – der Ort, an dem wir zur Ruhe kommen können, der Sturm sich legen und die Welt wieder in Ordnung kommen kann – selbst wenn sich da draußen die Balken biegen.

Es geht also in einer sinnvollen Ordnung nicht darum, sich selbst auf ein »Mittelmaß« zu reduzieren, sondern sich darauf zu besinnen, wenn die Ausschläge nach links und rechts, oben und unten uns vollständig zu verschlucken drohen. Nur aus dieser Mitte heraus kann es gelingen, sich – ganz im Sinne der Stoiker – diesen Ausschlägen nicht auszuliefern, sondern sie im Gesamtzusammenhang sehen zu lernen, sie in einen Kontext zu stellen, in all diesen emotionalen und sinnlichen Momenten auch wieder einmal »zur Vernunft zu kommen« und von dort aus den Blick zu wagen, von dem wir bereits so viel gehört haben. Die Euphorie angesichts einer spannenden Aufgabe darf auch mal dazu führen, dass wir tagelang an nichts anderes denken, dass wir viel zu viel arbeiten und viel zu viel Kaffee trinken – aber nur, wenn wir sicher sein können, dass wir diese Anspannung auch wieder ausgleichen. Es geht darum, dass wir uns genauso gut an unseren Grenzen aufhalten können wie in dem wunderbaren Zustand des »Müßiggangs«, den schon der englische Philosoph Bertrand Russell im letzten Jahrhundert hervorgehoben hat und der vor Kurzem von der Zeitung »Die Welt« als einer der wichtigsten Werte der Zukunft beschrieben worden ist. Diese »Mitte« ist das eigentliche Maß – die Königsklasse, in der wir das erreichen können, was die alten Griechen mit dem Begriff der »Glückseligkeit« meinten. Es ist ein Glück nach »Maß«, weil es aus einer ganz persönlichen Haltung hervorgeht, mit der wir auf all das schauen, was uns im Leben begegnet, auch wenn es manchmal finstere, traurige oder schwere Momente sind, die wir aushalten müssen, aber dann eben auch können.

Das, was diese Kraft ausmacht, ist die alte und etwas aus der Mode gekommenen Gabe der Besonnenheit – ein Wert, der bereits in der Antike zu den höchsten Tugenden des Menschen zählte. In Platons Dialog »Charmides« wird die Frage, was Besonnenheit sei, damit beantwortet, das Seine und damit das Gute zu tun. Der Philosoph J. G. Herder sieht Ende des 18. Jahrhunderts in der Besonnenheit den eigentlichen Ausdruck der Vernunftbegabung des Menschen und damit die eigentliche Voraussetzung zur Selbstreflexion. Diese Gabe sei dem Menschen in die Wiege gelegt und es liege nun an ihm, sie auszuprägen: »Sowenig das Kind Klauen wie ein Greif und eine Löwenmähne hat, sowenig kann es wie Greif und Löwe denken; denkt es aber menschlich, so ist *Besonnenheit*, das ist die Mäßigung aller seiner Kräfte auf diese Hauptrichtung, schon so im ersten Augenblicke sein Los, wie sie es im letzten sein wird. Die Vernunft äußert sich unter seiner Sinnlichkeit schon so würklich, daß der Allwissende, der diese Seele schuf, in ihrem ersten Zustande schon das ganze Gewebe von Handlungen des Lebens sah, wie etwa der Meßkünstler nach gegebner Klasse aus *einem* Gliede der Progression das ganze Verhältnis derselben findet.«

Die Fähigkeit zur Besonnenheit müssen wir nach Herder demnach nicht neu erlernen, wir müssen uns vielmehr wieder an sie erinnern und – was in unserem gegenwärtigen Leben vielleicht noch schwieriger ist – uns Zeit für sie nehmen. Durch die Besonnenheit, die sich auch ganz im Sinne der Idee Henri Bergsons aus der Verbindung von Instinkt, Intuition und Intellekt ergibt, entsteht das zentrale Gefühl, sich frei zu seinem Gegenstand verhalten zu können, in dem Wissen, dass die eigenen Möglichkeiten zwar »bedingt«, aber nicht willkürlich sind. Sie sind kontingent, weil sie sich immer aus dem vorhergehenden Zusammenhang ergeben, aber damit sind sie nicht zufällig (in der Physik lässt sich dieser Gedanke damit beschreiben, dass ein Prozess zwar gesetzmäßig, aber nicht berechenbar ist).

Also auch beim Ordnen, Einordnen und Unterordnen der eigenen Sehnsüchte, Wünsche und Gefühle geht es darum, immer einen Schritt vor den nächsten zu setzen, und nicht permanent ein Ziel vor Augen zu haben, das wir möglicherweise gar nicht erreichen können. Es geht darum, eine stimulierende Anspannung zu finden, die uns antreibt, die uns das Gefühl von Sinn vermittelt und uns auch die eine oder andere Höchstleistung abverlangt, die aber immer wieder darauf befragt werden sollte, ob wir uns wirklich in ihr wiederfinden.

Haben wir ein Anliegen oder sind wir auf eine bestimmte Wirkung aus?

Geht es uns um Wirkung, um äußere Anerkennung oder ein wirklich inneres Anliegen, bei dem, was wir tun? Wenn es ein Anliegen ist, dann werden wir feststellen, dass sich sehr viele Fragen von selbst erledigen. Dass wir auch kein Problem damit haben, bis abends um elf zu arbeiten oder ein Basketballturnier am Wochenende zu organisieren. Es geht nicht darum, künstliche »Entspannungsphasen« einzubauen, um sich mithilfe von Wellnesswochenenden auf eine vollgestopfte Woche vorzubereiten, sondern darum, etwas zu tun, etwas in meinem Leben zu finden, das ich »mit Freude« tue, wie es der chilenische Systemtheoretiker Humberto Maturana in einem Interview sehr schön dargestellt hat. Denn nur dann tun wir die Dinge, unsere Arbeit, unsere sogenannte Pflicht, aber auch die Dinge, die wir als Freizeitbeschäftigung bezeichnen, in Übereinstimmung mit uns selbst. Wenn etwas Freude macht, brauchen wir keine künstlichen Entspannungstechniken und Yogaabende, die uns dabei helfen, das auszuhalten, was wir eigentlich nicht gern tun. Neben den wunderbaren Möglichkeiten, die wir hier gerade von den östlichen Kulturen lernen könnten, um sie für unsere eigene Besonnenheit zu nutzen, hat unsere gegenwärtige Entspannungslandschaft in den seltensten Fällen etwas mit ihrem eigentlichen Ziel zu tun, sondern viel eher mit dem Anliegen, durch bestimmte »Techniken« noch leistungsfähiger zu werden. Es geht am Ende darum, sich die Entspannung als Teil einer dauerhaften Spannung einzuverleiben – aber genau das stellt keine Ordnung her. Es fehlt der Gegenpol, der die Spannung zu einer tatsächlichen Kraft werden lässt. Es ist das, was der Philosoph Byung-Chul Han in seinem Essay über die Müdigkeitsgesellschaft als die einseitige Potenz der Positivität beklagt: Wir meinen alles zu können, jederzeit – wenn wir nur wollen, und bringen uns dabei selbst an den Rand des Zusammenbruchs.

Es fehlt das Maß, die Kraft der Negativität, die Einhalt gebietet und für die notwendigen Grenzen sorgt.

Die Idee des rechten Maßes geht davon aus, dass wir zwar die Ausschläge an unseren Grenzen brauchen, aber hauptsächlich, um zu wissen, wo ebendiese Grenzen liegen. Wir stehen in beständigem Austausch mit der Welt, in der wir leben: Wir sind unsere Welt und unsere Welt ist ohne uns nicht. Und auch wenn wir diese Welt nicht so recht mögen, unsere »zarten Seelen« ungerechterweise dem »Zwangsabonnement der Wirklichkeit« ausgesetzt fühlen, wie Wilhelm Genazino in seinem Buch »Das Glück in glücksfernen Zeiten« beschreibt, so wird es der Idee von Verbesserung ganz sicher nicht zuträglich sein zu leugnen, dass uns ebendiese Wirklichkeit umgibt, dass wir eingebunden sind in einen Rahmen, der uns zum Glück auch die eigenen Grenzen aufzeigt – wenn wir denn hinschauen.

In den meisten Fällen liegt es allein bei uns und der Frage, wie wir diese Grenzen bewerten und wie groß unser Papierkorb ist, damit wir bei aller Begrenztheit eben auch das in unser Leben holen können, was Freude macht, ohne dabei aus der Puste zu kommen, wie Beppo der Straßenkehrer seiner Freundin Momo so weise erklärt.

Die Ordnung der Freiheit:
Auch das Glück hat seine Grenzen

In einer Studie des Hamburger Trendbüros vor wenigen Jahren ist die »Freiheit« als Lieblingswert der Deutschen benannt worden – ein Wert, der für uns alle selbstverständlich positiv klingt, gleichzeitig aber ein hochphilosophisches und sehr ambivalentes Thema darstellt. Denn, was genau meint dieser Wunsch nach Freiheit eigentlich genau?

Und was hat die Ordnung damit zu tun? Wir haben schon im Zusammenhang mit der Selbstsorge von einer »Praxis der Freiheit« gesprochen, der Fähigkeit, uns selbst in ein Verhältnis zu den Dingen zu setzen – »Nein« sagen zu können, uns aber eben auch bewusst für sie zu entscheiden. Es geht also um das, was wir etwas differenzierter als Entscheidungs- und Handlungsfreiheit bezeichnen würden. Nun kommt aber eine weitere Unterscheidung hinzu: Wollen wir frei »von etwas« sein (von Zwängen, Pflichten und dem lästigen Einerlei des Alltags?) oder wollen wir frei sein, »etwas zu tun« (den Job wechseln, ins Ausland gehen oder unsere Meinung zu äußern?) Und: Wie denken wir Freiheit in einem größeren Zusammenhang, einem politischen oder gesellschaftlichen Kontext?

Was bedeutet uns die Freiheit?

Jean-Paul Sartre hat die Freiheit als eine »große Last« auf den Schultern der Menschen beschrieben. Sie nötige jeden Einzelnen dazu, die eigene Existenz zu gestalten – ohne dass es dabei einen klaren Rahmen oder eine vorgegebene Richtung gäbe, die uns den Weg weist. Auch das müssten wir uns selbst schaffen – so Sartre: Lust oder Frust?

Dass die Sicht der krisengeschüttelten Existenzphilosophie an dieser Stelle möglicherweise eine sehr extreme und auch einseitige Perspektive darstellt, tut der Tatsache keinen Abbruch, dass Freiheit eine ziemlich anspruchsvolle Angelegenheit ist. Die seltsame Sehnsucht nach unbegrenzter Freiheit, einem Land der »unbegrenzten Möglichkeiten« ist etwas, das wir als Menschen kaum auszuhalten in der Lage wären – einmal davon abgesehen, dass es diese Form der unbedingten Freiheit gar nicht gibt. Sie ist eine Illusion, die immer dann zu einer Sehnsucht wird, wenn wir Nähe mit Enge verwechseln, wenn wir uns von einem Rahmen nicht gehalten, sondern beschränkt fühlen, wenn wir uns in einem fremdbestimmten und keinem selbstbestimmten Leben wiederfinden und nicht wissen, wie wir dort wieder hinausfinden können. Aber dieser nachvollziehbare Wunsch hat selten etwas mit dem zu tun, was wir mittlerweile als Freiheit bezeichnen. Letztlich verbirgt sich hinter diesem »Lieblingswert« recht geschickt und gut verpackt die pure Angst vor jeder Form von Einschränkung, die Sorge, eine falsche Entscheidung zu treffen, also lieber unabhängig zu bleiben und damit ein Leben zu führen, das Beliebigkeit und Unverbindlichkeit mit Freiheit verwechselt. Nur: Das Gefühl, das wir uns erhoffen, bleibt aus, weil wir diese sogenannte Freiheit gar nicht zu nutzen, nicht zu füllen wissen. Womit denn auch, wenn wir uns auf nichts wirklich einlassen? Das, was uns so sehnsüchtig werden lässt, ist ein ganz anderes Gefühl, nämlich der Wunsch nach Selbstbestimmung, nach einem eigen-sinnigen Leben, das den eigentlichen Gegenpol zu dem gehetzten Erfüllen der Wünsche, Anforderungen und Termine anderer bildet.

Wir brauchen Freiräume – mit echten Wänden

Wenn es aber um den Wunsch geht, die eigenen Bedürfnisse zu entfalten, Dinge in unserem Leben zu haben, die uns guttun und Freude machen, die nicht ständig von »Druck« und »Stress« bedrängt werden, dann geht es nicht um ein Leben in »grenzenloser Freiheit«, sondern vielmehr darum, sich zunächst von etwas zu »befreien«, um dann die Freiheit zu haben, etwas »Bestimmtes« tun zu können. Ein solcher Entwicklungsprozess findet aber nicht im luftleeren Raum statt, sondern braucht einen klaren Rahmen – und wenn es nur ein »freier Raum«, ein »Spielraum« ist, es braucht Grenzen, die diesen Raum formen. Ein schönes Beispiel für dieses Wechselspiel von Freiraum und tragenden Wänden in der menschlichen Entwicklung sind Kindergärten – die per se mit einer geballten Ladung freiheitsliebender Energie und der Herausforderung, dafür die richtigen Räume zu finden, konfrontiert sind. Bei der Suche nach einem geeigneten Kindergarten für unsere Kinder entwickelte sich der Umgang mit Strukturen (also der zeitlichen und inhaltlichen Ordnung) zu einem besonderen Aspekt, der mir vorher so nicht klar gewesen war. Ein Kindergarten vertrat in diesem Punkt z. B. ein radikal offenes Konzept, das die lieben Kleinen vom ersten Tag an in alle wesentlichen und unwesentlichen Fragen des Alltags mit einbeziehen sollte. Von der Gestaltung des Außengeländes (wenn ein Kind eine neue Rutsche für eine gute Idee hielt, sollte es einen roten Punkt auf das Bild der Rutsche kleben und so weiter. Interessanterweise fanden gerade die Dreijährigen die ganzen bunte Punkte so wunderbar, dass viele mögliche Spielgeräte aufs Bunteste verziert wurden. Die Entscheidung blieb am Ende die Gleiche und wurde von den Erwachsenen getroffen, aber vielleicht steckte ja tatsächlich eine frühkindliche Strategie dahinter) über die Auswahl der morgendlichen Frühaktivitäten bis zur Überlegung, ob Gummistiefel lieber mit oder ohne Socken getragen werden, alles sollte möglichst frei und ohne Zwang von oben entschieden werden. Das ist eine mögliche Auslegung pädagogischer Freiheit, die häufig aber zu einem chaotischen Miteinander führt, das die Kinder am Ende eher einengt, als Freiräume zu eröffnen. Wir haben uns letztlich für einen anderen Kindergarten und ein anderes Konzept entschieden: Mein Sohn erklärte nach drei Wochen stolz, dass es am Dienstag doch immer Spaghetti gibt, ob ich das immer noch nicht verstanden hätte. Am Freitag durfte jedes Kind ein Spielzeug mitnehmen, am Montag war Turnen, und so ging es gut strukturiert durch die Woche. Ob das nicht gerade die kindliche Selbstbestimmung zu sehr beschränkt? Möglich, aber nach vielen Erfahrungen und noch mehr Nachdenken an dieser Stelle bin ich mittlerweile der festen Überzeugung, dass äußere Ordnung eine wichtige Voraussetzung ist, um den Kindern – und nicht nur ihnen – die Zeit »dazwi-

schen« als echten Freiraum zu eröffnen. Ohne darüber nachdenken zu müssen, was sonst noch passieren könnte oder
ob es nicht doch spannender wäre, Theater zu spielen, statt
im weißen Zelt zu meditieren, hat mein Sohn das »Freispiel«
genossen, auch weil er die Sicherheit hatte, dass mittags wieder die gewohnte Ordnung einkehrte und die Stachelbeer-
gruppe als Erstes in die Küche gehen und den Teewagen holen durfte.

Um sich diese Räume auch in einem erwachsenen Leben
zu schaffen, um sich tatsächlich in eine »zweckfreie« Zone zurückziehen zu dürfen, brauchen wir Strukturen, die das zulassen. Im Job, in der Familie braucht es »Führungspersonen«,
die diese Ordnung schaffen und darin Raum für Freiheit und
Selbstbestimmung lassen. Selbst bei Internetstartups und glü-
henden Verfechtern von Open Source und Cloud-Computing
finden sich grundlegende Strukturen, die den Kosmos im
Chaos abbilden. Erfolgreiche Unternehmen wie Google leben
nicht allein von wild gewordenen Freigeistern, die vor Ideen
nur so strotzen. Das Controlling und die Marketingabteilung
funktionieren wie in vielen anderen Unternehmen auch, es
gibt sogar so etwas wie Hierarchien. Wichtig für dieses Zusammenspiel bleibt also, dass wir zwar die verrücktesten Ideen
mitbringen und die Freiheit haben, sie zu verfolgen, es ist
aber immer etwas da, das den Kontext, den Rahmen für meine Handlungen bildet: meine eigene Geschichte, mein Job,
meine Eltern, meine Kinder, mein Körper. Diese Eckpfeiler,
Wegweiser oder Meilensteine sind ohnehin da, und es liegt
an mir, ihnen eine bestimmte Bedeutung zu geben. Auch hier
hat Rousseau einen sehr schönen Satz geprägt, in dem deutlich wird, dass die Freiheit des Einzelnen sehr verschiedene
Schwerpunkte setzen kann, es aber eben auch muss: »Die
Freiheit des Menschen liegt nicht darin, dass er tun kann, was
er will, sondern dass er nicht tun muss, was er nicht will.«

Und eben das vermittelt uns das eigentliche Gefühl von
Freiheit: den Raum, sich selbst entwickeln zu können – im

Rahmen meiner bzw. der gegebenen Möglichkeiten. Das ist nicht nur ein netter Versuch, der eben gerade so ausreicht, sondern es ist das Wissen um die eigenen Möglichkeiten, inklusive meiner eigenen Grenzen und der Fähigkeit, diese Grenzen verschieben zu können.»Denken heißt Überschreiten« hat Ernst Bloch gesagt, und ebendieses Überschreiten ist den eigenen Möglichkeiten immanent, wenn wir uns und ihnen Raum geben.

Freiraum im Terminkalender

Manchmal reicht es, sich solche »Räume« wie Termine vorzunehmen und eine bestimmte Zeit in der Woche dafür einzuplanen. Ich habe eine Zeit lang regelmäßige Gespräche mit dem Geschäftsführer einer Internetfirma geführt, der sich ausdrücklich darüber freute, dass die Richtung unserer Gespräche so wenig vorgegeben war und es dennoch immer eine Richtung geben würde. Seine Gedanken konnten sich im besten Sinne des Wortes frei entwickeln, ohne sich gleich wieder an der nächsten Biegung zu verheddern – einfach weil sie ihren Lauf nehmen durften, aber immer durch Fragen oder Bemerkungen wieder eingefangen und in einer bestimmten »Bahn«, einem Rahmen blieben. Sie liefen also nicht Gefahr, wie so oft, wenn wir mit unseren Gedanken allein unterwegs sind, sich völlig willenlos zu verselbstständigen, sodass man am Ende das Gefühl bekommt, die ganze Nachdenkerei bringe einen nur noch weiter in die Sackgasse hinein, aus der man eigentlich hinauswollte.

Sobald es aber so etwas wie einen Rahmen gibt, der die eigenen Gedanken leitet, es Geländer oder Stützen gibt, die einen tragen anstatt zu beschränken, entstehen oft die wirklich guten Ideen, die wir für eine eigene Ordnung brauchen. Gelebte Freiheit kann ohne Strukturen, Disziplin und gesellschaftliche Zivilisation bzw. Ordnung nicht funktionieren.

Der bereits erwähnte ehemalige Direktor des Max-Planck-Instituts für experimentelle Medizin in Göttingen Friedrich Cramer bringt es auf den Punkt: »Ohne eine Gesellschaft, in die der Mensch eingebettet ist und durch die er kontrolliert wird, ist er nicht frei. Er ist vielmehr ein armes, gehetztes Naturwesen, das ohne den Vorteil der Arbeitsteilung und ohne den Schutz durch andere von den physischen Notwendigkeiten zerstört wird.«

Wieder suchen wir nach einem geregelten Rahmen, einem Gleichgewicht, in dem sich ungeregelte Frei- und Spielräume finden, um dem »guten Alten und Gewohnten« die nötige »kreative Unruhe« einzuhauchen. Wir können unser Glück nur in unserer Haltung zum Leben finden, in der Beziehung, die wir zu den Dingen aufbauen und die uns lehrt, den nächsten Schritt zu tun. Jeder Schritt ergibt sich aus dem vorherigen, und so geht es weiter, bis wir den ganzen Weg gegangen sind. Wir können versuchen, einen bestimmten Weg einzuhalten, wir können uns auch vornehmen, dabei bestimmte Aufgaben zu bewältigen, aber wir können nicht wissen, ob es wirklich gelingt. Suchen wir also unser Glück in ebendiesen Dingen, stehen wir auf sehr unsicherem Boden, suchen wir unser Glück aber in der inneren Fähigkeit, kraftvoll einen Schritt vor den anderen zu setzen, sieht die Sache schon deutlich vielversprechender aus.

Können wir uns entschließen, glücklich zu sein?

Der österreichische Philosoph Ludwig Wittgenstein hat sich ausführlich mit der Frage beschäftigt, wie wir üblicherweise Regeln folgen, wie wir sie formulieren und ihnen folgen. In seinen Tagebüchern gibt es eine sehr schöne Passage über den Unterschied von Glück und Unglück im Zusammenhang mit Sinn und Sinnverlust, einem Sinn, der eben auch an so etwas wie gesellschaftliche Bedeutungen und Regelzusammenhänge gebunden ist. Die Welt des Glücklichen ist nach Wittgenstein eine andere als die des Unglücklichen, und den Unterschied zwischen beiden Welten macht nach Wittgenstein die Frage aus, ob sie als »sinnvoll« empfunden wird oder nicht. Das glückliche Leben besteht in nichts anderem als der Sicherheit, die Welt zu »haben« und der Gewissheit ihrer Sinnhaftigkeit, die einem nicht genommen werden kann – egal, was in dieser Welt vor sich geht. Sofern uns diese Gewissheit abhandenkommt, wird die Welt kleiner – sie schrumpft. Am 30. Juli 1916 notiert der Philosoph in seinem Tagebuch: »Immer wieder komme ich darauf zurück, dass einfach das glückliche Leben gut, das unglückliche schlecht ist (...) (E)s scheint, als dass sich das glückliche Leben von selbst rechtfertigt, dass es das einzige richtige Leben *ist*.«

Das Glück, das hier gemeint ist, entscheidet sich in aller Freiheit dafür, »glücklich« sein zu wollen. Es ist das, was bei Friedrich Nietzsche das »große Glück« bedeutet, also nicht mit dem zu verwechseln ist, was wir uns immer mal wieder an kleinen und großen Glücksmomenten bescheren, wenn wir uns das neueste Handy, die schickste Handtasche oder den Fallschirmsprung in unser Leben holen. Diese konsumierbaren »Kicks« bieten herrlichen Zeitvertreib. Wir sollten sie uns nicht verbieten, aber eben auch nicht überbewerten, denn sie sind meist nichts anderes als das, was der Kulturphilosoph Georg Simmel schon im Berlin der 1920er-Jahre als reine »Zerstreuung« beschrieben hat. Sie bedeuten hier und da das »Lüstchen für den Tag und das Lüstchen für die Nacht«, das kleine Glück, wie Nietzsche es nennt, und lenken meist sogar davon ab, einen Zugang zum »großen« Glück zu finden, diesem Empfinden einer sinnhaften Ordnung, die sich von ihren tatsächlichen Umständen befreien kann.

Also auch im Sinne der großen Freiheit gilt es, die kleinen Schritte ernst zu nehmen, sich nicht allein dem großen Ziel zu verpflichten, sondern beim Gehen festzustellen, wie sich die Dinge und unsere Perspektive auf sie Stück für Stück verändern. Ähnlich einem Sportler, der dem Ziel einer Medaille auch nicht durch die bloße Entscheidung dazu näher kommt oder dem Schüler, der sich daranmacht, eine neue Sprache zu lernen. Einen anderen Blick auf die eigene Welt zu entwickeln und sich damit in den Widerstand zu gewohnten und vielfach auch geschätzten Kriterien zu begeben, ist alles andere als einfach. Demnach sollten wir die Suche nach dem »anderen«, dem »Neuen«, das uns dennoch uns selbst wieder näher bringt, zunächst an den kleinen und trotzdem gar nicht so selbstverständlichen Begebenheiten ausprobieren. Nehmen Sie sich die Freiheit, es kostet oft nicht viel: etwas Zeit und Ruhe, ein wenig Abstand zu dem, was wir Alltag nennen, und ein Blick auf die Dinge, wie sie sind. Seien sie einfach einmal »grundlos vergnügt« – wer weiß, wo es Sie hinführt. Eine sehr schöne Begleitung dabei bieten die folgenden Zeilen der Dichterin Mascha Kaléko in der Sammlung »Mein Lied geht weiter«.

Sozusagen grundlos vergnügt
Ich freu mich, daß am Himmel Wolken ziehen
Und daß es regnet, hagelt, friert und schneit.
Ich freu mich auch zur grünen Jahreszeit,
Wenn Heckenrosen und Holunder blühen.
– Daß Amseln flöten und daß Immen summen,
Daß Mücken stechen und daß Brummer brummen.
Daß rote Luftballons ins Blaue steigen.
Daß Spatzen schwatzen. Und daß Fische schweigen.

Ich freu mich, daß der Mond am Himmel steht
Und daß die Sonne täglich neu aufgeht.
Daß Herbst dem Sommer folgt und Lenz dem Winter,
Gefällt mir wohl. Da steckt ein Sinn dahinter,
Wenn auch die Neunmalklugen ihn nicht sehn.
Man kann nicht alles mit dem Kopf verstehn!
Ich freue mich. Das ist des Lebens Sinn.
Ich freue mich vor allem. Daß ich bin.

In mir ist alles aufgeräumt und heiter:
Die Diele blitzt. Das Feuer ist geschürt.
An solchem Tag erklettert man die Leiter,
Die von der Erde in den Himmel führt.
Da kann der Mensch, wie es ihm vorgeschrieben,
– Weil er sich selber liebt – den Nächsten lieben.
Ich freue mich, daß ich mich an das Schöne
Und an das Wunder niemals ganz gewöhne.
Daß alles so erstaunlich bleibt, und neu!
Ich freue mich, daß ich ... Daß ich mich freu.

Die Freude geht weit über das Glück hinaus – sie ist beständiger, tiefer und gleichmäßiger. Aber sie ist selten genug Ziel unserer Bemühungen, die Welt zu verstehen, zu erklären, in Ordnung zu bringen. Die Freude ist eher so etwas wie eine Begleiterscheinung, etwas, das sich einstellt, wenn etwas passiert, passieren wird, auf das wir uns freuen, weil wir wissen, dass es uns guttut, dass es Genuss, Aufmerksamkeit, Erfolg mit sich bringen wird. Als Kind kann man sich 84 Tage lang sehnsüchtig auf seinen 8. Geburtstag freuen, wie ein großer Zettel am Bett meiner Tochter beweist. Jeden Tag wird ein Kästchen weggestrichen, und mit jedem Strich wachsen die Aufregung und die Freude auf das, was an diesem köstlichen Tag geschehen wird. Sich an das Schöne, das Wunder niemals zu gewöhnen, die Welt erstaunlich und wunderbar finden – all diese philosophischen Facetten sind das, was uns zu einem weiteren Aspekt der Ordnung bringt, die wir weder in der Wissenschaft noch in der reinen Philosophie finden können.

Es geht um die »Kunst«, die philosophische Lebenskunst im Besonderen, die vieles von dem, was wir bisher gehört haben, in sich vereint.

Kapitel 3

Ordnung als Lebenskunst:
Vom kreativen Chaos zur Schönheit
des Wunderbaren

Aufgabe von Kunst heute ist es, Chaos in die Ordnung zu bringen.

T.W. ADORNO

Einen ganz besonderen Blick für dieses »grundlose Vergnügen« von dem Mascha Kaléko so emphatisch schreibt, diesen Blick für das Fragmentarische und oft genug auch für das Abwesende hat nur selten ein Wissenschaftler, dem es schlicht um etwas anderes geht. Auch der Philosoph richtet seinen Blick eher auf das, »was ist«, das, was sich vermitteln lässt – allein der Künstler verbindet die Fähigkeit der Wahrnehmung des Eindrucks mit der Gabe eines Ausdrucks, der nicht darauf ausgelegt ist, erklärbar sein zu müssen. Der Philosoph Peter Bieri hat einmal geschrieben, dass die Naturwissenschaft bzw. ein rein logisches und theoretisches Denken im Umgang mit dem Phänomen des Lebendigen ähnlich vorgehe wie ein Chemiker, der versuche, anhand der Analyse der Farbpartikel den ästhetischen Wert eines Gemäldes darzustellen. Auch zum wahrhaftigen Beherrschen eines Instruments gehört weitaus mehr als Fingerfertigkeit und das Erlernen von Noten. Entsprechend brauchen wir für ein Leben, das in Ordnung sein soll, mehr als reines »Wissen«, Informationen, starke Muskeln und einen gut funktionierenden Körper. Wir brauchen die wirkliche und gelebte Erfahrung, das »Beeindrucktsein«, das in unseren Handlungen einen Ausdruck findet. Friedrich Nietzsche hat sich im Vorwort zu seinem Frühwerk »Die Geburt der Tragödie aus dem Geiste der Musik« vorgenommen, die Philosophie immer aus der Perspektive des Lebens zu sehen, das Leben aber aus der Perspektive der Kunst. Dieser künstlerische Blick ist es, der uns auch dort Zusammenhänge eröffnet, wo wir sonst nur vor einer vermeintlichen Ansammlung von Dingen, von Fragen oder Entscheidungen stehen. Er ist es, der ein Gleichgewicht erzeugen, in der Schwebe halten und dennoch stabilisieren kann. Denn genau das ist es, was sich die Kunst zur Aufgabe macht – wenn sie das Abwesende in all seiner Präsenz einfängt, dem Unmittelbaren einen Ausdruck gibt, der mit Worten nicht zu fassen ist – wenn sie dem Heidegger'schen Geheimnis zu einem Antlitz verhilft, ohne dabei sein Gesicht zu enthüllen.

Skizzen, Entwürfe, flüchtige Zeichnungen – im Atelier des Lebendigen

Vor dem Hintergrund dieser Rätselhaftigkeit – die übrigens sehr inspirierend sein kann, wenn man sich nicht zum Ziel setzt, das Rätsel lösen zu müssen – können wir unserer Geworfenheit in die Freiheit, die Sartre beklagte, im besten Falle einen »Entwurf« unseres Lebens entgegensetzen. Dieser Entwurf ist das Höchste, was wir uns selbst an Ordnung geben können. Und wenn wir bei diesen Begriffen bleiben, so liegt darin die »Ent-wicklung« meines wahrscheinlich ziemlich verwickelten Verhältnisses zu den Dingen und damit die höchste Form der Erkenntnis, die uns zugänglich ist. Schon diese Einsicht kann einen Treffen wie der Blitz, und so manches Mal ist diese Erfahrung bereits ein kreativer Akt, der dem flüchtigen Augenblick, einem Gefühl oder Erlebnis, eine zumindest spürbare Form verleiht, die »stimmt«, auch wenn sie vielleicht nicht wahr ist.

Bleiben wir an dieser Stelle noch einen Moment bei Nietzsche: Er hat den Menschen für diese kreative Gabe bewundert, für sein sprachliches Baugenie, mit der er die Welt beschreibbar gemacht hat, aber gerechtfertig war diese Welt für Nietzsche allein als »ästhetisches Phänomen«, nicht als ein Ort der kausalen und schlüssigen Zusammenhänge, die wir nur noch zu entschlüsseln brauchen, um die darunterliegende Ordnung zu erkennen. Ähnlich wie Friedrich Schlegel warnt er die Menschen, durch die Ritzen ihres Bewusstseinszimmers blicken zu wollen, eines Zimmers, zu dem die Natur den Schlüssel weggeworfen habe. Angst und Bange würde uns werden, wenn wir sehen müssten, wie wir »auf den Schultern eines Tigers« in Träumen hingen. Einer unverständlichen Natur und ihren Launen ausgeliefert, könnten wir dem Versuch einer rationalen Welterkenntnis nach Nietzsche am wenigsten über den Weg trauen. Aber es gibt eben noch die Möglichkeit, das Leben auf künstlerische Weise sehen zu lernen. Denn nur in diesem Tun, diesem Suchen und Finden von künstlerischen Ausdrücken offenbare sich sein eigentliches Wesen, seine ganze Schönheit. So beschreibt Nietzsche in seinem »Zarathustra« auch folgerichtig *den* Menschen als den »hässlichsten«, der alles weiß, der sich in seinem Panzer aus Wissen verkapselt und keinen Zugang mehr zum Leben hat, sondern ein Leben voller Kälte und Abstraktion lebt, das die Schönheit der Unvollkommenheit bzw. die Weisheit des Nichtwissens ausgeklammert hat – Bedingungen, die paradoxerweise die Voraussetzung für ein erfülltes Leben ausmachen (wir erinnern uns an Jake Sully).

Nietzsche legt seinem philosophischen Denken also die Perspektive eines Künstlers zugrunde – ein Anliegen, das ein Jahrhundert später auch der Künstler Joseph Beuys verfolgt hat, wenn er seinen ausdrücklichen Wunsch, wir mögen doch endlich einmal anfangen zu denken, »mit dem Denken endlich mal beginnen« damit begründet, dass es am Ende um die Erweiterung des Kunstbegriffs gehen müsse: »Das Ganze läuft hinaus auf ein umfassendes Erkennen unserer Lebensgrundlagen, auf eine neue Methode des Denkens, eine Philosophie, die ich den ›erweiterten Kunstbegriff‹ nenne.«

Diese Erweiterung schafft eine Verbindung zwischen Philosophie und Kunst, die den Ausgangspunkt einer sehr bewussten Lebenspraxis darstellt. Damit ist also alles andere als ein schöngeistiges Flanieren fernab der Realität gemeint, sondern die gelungene Verbindung eines hoch konzentrierten und strengen Denkens mit der Fähigkeit, die Welt mit all unseren Sinnen wahrzunehmen und ihr einen schöpferischen Ausdruck zu verleihen. Es geht darum, die Gestaltung unseres Lebens in die eigenen Hände zu nehmen, immer vor dem Hintergrund einer sinnvollen Ordnung – nicht im Sinne von vernünftig, sondern als ein Zusammenspiel von Beziehungen –, die wir nicht denken können, die aber deswegen nicht wertlos ist oder in einer rein religiösen Form des Glaubens aufgehen muss.

Das, was diese Form der Ordnung ausmacht, ist nicht Erlösung oder Erkenntnis, sondern das Erlebnis von Schönheit, die in dem sinnvollen Zusammenspiel der Dinge um uns herum verborgen liegt. Eine Schönheit, die Hand in Hand geht mit dem Empfinden von Freude angesichts des »Erstaunlichen« oder aber des Einverständnisses der Dinge, wie es Hermann Hesse beschrieb. Ein neuer Begriff betritt die Bühne, der eine wichtige Rolle in unserem Leben spielen sollte – gerade, wenn wir uns fragen, ob unser Leben wirklich in Ordnung ist: das Schöne bzw. die Schönheit.

Alles gut und schön?
Das Verhältnis von Ordnung und Schönheit

Welche Form der Schönheit aber ist hier gemeint? Die Welt der Klumschen Topmodels scheint ziemlich in Unordnung zu geraten, gerade weil sich alles um die sogenannte Schönheit zu drehen scheint. Wir sind an diesem Punkt aber schon so weit zu wissen, dass die Schönheit, von der hier die Rede ist, etwas mit »Einklang« zu tun haben muss und ganz sicher nicht mit der Sehnsucht danach, sein Gesicht auf einem Zeitschriftencover sehen zu wollen und diesen Wunsch vor aller Welt öffentlich zur Schau zu tragen.

Der griechische Redner Isokrates, ein Zeitgenosse Platons, nannte das Schöne in seinen »Orationes« »das Ehrwürdigste, das Verehrteste und Göttlichste von allem«. Die Inder ehren mit ihrem Gruß »Namaste« – das »Heilige« in ihrem Gegenüber und attestieren ihm damit eine innere Schönheit. Der Dichter Homer huldigte der Schönheit des menschlichen Körpers, nannte aber auch nützliche Gebrauchsgegenstände oder menschliche Handlungen »schön«. Die Zuschreibung des Schönen hat ihre Bedeutung bis heute beständig erweitert, verändert und verschoben: vom ästhetisch Gefälligen über das Nützliche, das Schickliche bis hin zum moralisch Guten, von der Schönheit innerer Werte bis hin zur vereinheitlichten Schönheitsnorm in Film und Fernsehen. Was aber können wir von dieser Vielfalt lernen, wie kann sie uns in Sachen »Ordnung« weiterhelfen?

Immanuel Kant bezeichnet in seiner »Kritik der Urteilskraft« die Schönheit als zentralen Gegenstand einer bestimmten Tätigkeit der individuellen Urteilskraft. Wir fällen ein ästhetisches (also ein sinnlich wahrgenommenes), ein Geschmacksurteil über einen bestimmten Gegenstand. Allerdings sieht Kant trotz aller Subjektivität, die diesem Urteil anhaften muss, darin einen Unterschied beispielsweise zur reinen Empfindung des Angenehmen. Das Schöne bescheibt so etwas wie eine »subjektive Allgemeinheit«, die über die Empfindung des Einzelnen hinauszugehen vermag. Wie lässt sich diese Verbindung von Subjektivität und Allgemeinheit aufrechterhalten? Der Schriftsteller William Sommerset Maugham äußerte sich in diesem Zusammenhang bedenklich: »Jene Philosophen, die das Schöne unter die absoluten Werte einreihen wollen, haben eine schwere Aufgabe. Wenn man etwas als schön bezeichnet, so meint man damit nur, dass es bestimmte Gefühle hervorruft, aber was dieses Etwas ist, hängt von verschiedenen Umständen ab. Welcher Art wäre ein absoluter Wert, der von persönlichen Neigungen, Erziehung, Mode, Gewohnheit, Geschlecht und der Anziehungskraft alles Neuen beeinflusst wird? Wenn eine Sache einmal als schön erkannt wurde, dann müsste ihr eigentlich so viel fester Wert innewohnen, dass sie ihre Schönheit unbegrenzt beibehielte. Wir wissen jedoch, dass dies nicht so ist. Wir werden ihrer müde. Gewohnheit führt vielleicht nicht gerade zu Verachtung, aber zu Gleichgültigkeit; und Gleichgültigkeit bedeutet das Ende des ästhetischen Gefühls.«

Der Wert der Schönheit

In diesen Sätzen steckt sehr viel, dass wir nutzen können, um dem auf die Spur zu kommen, was für uns »schön« ist: Möglicherweise ist die Wankelmütigkeit der Schönheit nur dann ein Werteproblem, wenn wir es von den Gegenständen her denken. Sobald die Schönheit darüber definiert wird, was sie in uns auslöst, wie sie sich möglicherweise in ihrem Ausdruck verändern muss, um uns immer wieder aufs Neue in ihren Bann zu ziehen, so wird sie zu einem relationalen Phänomen, das seinen Wert im Zwischenraum zwischen Ding und Betrachter findet. Hier findet sich auch das wieder, was mit der griechischen Liebe zum »Schönen«, dem Eros gemeint ist.

Das Schöne ist nicht etwas Substanzielles, das sich festlegen ließe, sondern es ist so etwas wie eine Kraft, die etwas in uns auslöst, freisetzt, vielleicht sogar entzünden kann und dabei nicht von äußeren Zwecken oder Maßstäben geleitet ist. Hier können wir wieder zu Kant zurückfinden, der das »interesselose Wohlgefallen«, diese wohlwollende Empfindung, die von jedem Ziel oder Nutzen abgekoppelt zu sein scheint, als Kriterium für die Erfahrung des Schönen herausarbeitet. Und in dieser Wirkung ist das Schöne offenbar doch mehr als nur ein subjektives Gefühl, das wankelmütig von Schönheit zu Schönheit eilt. Vielleicht zeigt sich die Schönheit in dem, was den Dichter Baudelaire in seiner Idee des »Malers« des modernen Lebens hat schreiben lassen: »Das Schöne besteht aus einem ewigen, unveränderlichen Element, dessen Anteil äußerst schwierig zu bestimmen ist, und einem relativen abhängigen Element, das, wenn man so will, eins ums andere oder insgesamt, die Epoche, die Mode, die Moral, die Leidenschaft sein wird.«

Dabei ist es nach Baudelaire die Moderne, die »das Vergängliche, das Flüchtige, das Zufällige, die eine Hälfte der Kunst« ausmacht, »deren andere Hälfte das Ewig und Unwandelbare ist«. Denn so wie »jede Epoche (…) ihre Haltung, ihren Blick und ihr Lächeln« hat, so ist es eben auch eine unterschiedliche Idee der Schönheit, die diese Epochen prägt. Darin liegt aber in diesem Fall kein Werturteil. Das Schöne ist durch seine Veränderlichkeit nicht weniger schön. Es bedarf nur eines vielschichtigen Blicks – der auch den Betrachter selbst betrifft –, den Wunsch eines tatsächlichen Verstehens, um eine solche Schönheit zu Gesicht zu bekommen.

Dieses Schöne strahlt zum einen das aus, was Kant als das »Erhabene« einer Naturschönheit beschrieben hat. Es ist in der Lage, uns einen Einblick in einen Zusammenhang zu gewähren, der über uns hinausgeht – einen Zusammenhang, in den wir uns im besten Sinne demütig einordnen können. Diese Schönheit liegt in der Gewalt eines Gewitters, der majestätischen Ausstrahlung einer Bergkette oder der Stabilität eines uralten Baumes. Das Erhabene erinnert uns an unsere eigenen Ursprünge, unsere Wurzeln und verbindet sich auf ergreifende Weise mit einer natürlichen Schönheit. Friedrich Schiller hat dieses Erhabene in seiner Ästhetik auf die menschliche Bewegung übertragen und insbesondere im Tanz und der graziösen Haltung eine ähnliche Ausstrahlung von Schönheit entdeckt, die er mit Anmut bezeichnet. Diese Form des Schönen geht von der Kraft der Bewegung, der Veränderung, des Lebendigen aus, die sowohl der Natur wie auch dem Menschen als Teil von ihr innewohnt.

Es gibt aber auch eine Schönheit, die den Dingen nicht so sehr innewohnt, sondern allein durch unser Gefühl zu diesen Dingen entsteht. Wir finden die Dinge meist schön, die wir lieben – auf eine völlig andere und sehr viel weniger ästhetische Weise, sondern durch das, was sie uns »bedeuten«, und auch durch das, was sie im Rahmen einer bestimmten Kultur, eines bestimmten Zeitgeistes bedeuten. Auch das räumt wiederum Somerset Maugham ein: »Wir finden Dinge aber auch schön, weil sie uns an Gegenstände, Menschen oder Orte erinnern, an etwas, was wir einmal geliebt haben oder was im Laufe der Zeit für uns eine sentimentale Bedeutung bekommen hat. Wir finden Dinge schön, weil wir sie wiedererkennen, oder, umgekehrt, weil uns das Neue an ihnen überrascht. Das heißt, dass in die ästhetische Wahrnehmung assoziative Elemente eingehen.«

Gerade in dieser assoziativen Beweglichkeit liegt ein Schatz, der es uns ermöglicht, immer wieder auf die Suche zu gehen, in Bewegung zu bleiben und uns nicht auf ewig in etwas einrichten zu müssen, das uns schon bald nicht mehr angemessen erscheint. Ebendiese zeitliche Gebundenheit der Schönheit macht sie erst lebendig, liebens- und lebenswert.

Wie begegnet mir die Schönheit?

Wenn wir an ein »schönes« Leben, »schöne« Menschen oder ein »schönes« Haus denken, dann haben wir oft Bilder aus Magazinen oder Möbelhäusern vor Augen, die sich dadurch auszeichnen, dass keine Ecken und Kanten zu sehen sind, keinerlei Kram herumliegt und nichts auf die Persönlichkeit irgendeines Bewohners hindeutet. Wir sehnen uns in den seltensten Fällen nach einem Leben, das aussieht, als wäre es aus einem solchen Katalog. Was wir suchen, ist ein gelungenes Miteinander aus den Dingen, die unser Leben ausmachen, ähnlich dem Zusammenspiel einzelner Töne im Kontext einer Symphonie oder eines Liedes im Radio, mit dem wir etwas Besonderes verbinden. Das Empfinden für dieses »harmonische Ganze« hat nichts damit zu tun, dass sich hier eine ewige Wahrheit oder perfekte Optik ausdrückt, sondern mit dem Gefühl, dass etwas zusammenpasst, das uns »betrifft« und deutlich macht, dass wir den Dingen eben nicht einfach nur teilnahmslos gegenüberstehen.

Unser Anliegen, Ordnung schaffen zu wollen, nimmt eine völlig andere Richtung an, wenn wir es unter dieser »künstlerischen« Perspektive angehen und uns auf die Suche nach den »schönen« Dingen in unserem Leben machen, die eine Resonanz in uns erzeugen, etwas zum Schwingen bringen – uns berühren. Das bedeutet natürlich nicht, dass wir unser Wohnzimmer in ein Atelier umfunktionieren müssen, Töpferkurse in der Toskana zum alljährlichen Sommerurlaub dazugehören und die Küche als Kreativraum für kulinarische Experimente herhalten muss – obwohl – warum eigentlich nicht? Aber wir sollten uns fragen, ob wir in unserem Leben überhaupt Raum für solche Experimente, solche Resonanzräume und künstlerischen Ausflüge haben? Wann lassen wir uns tatsächlich einmal auf die Begegnung mit dem Schönen ein? Schließlich haben wir doch meist vor lauter Listen und To-Do's eh schon zu wenig Platz in unserem durchorganisierten Alltag, um all den Erledigungen nachzukommen. Und die abendliche Begegnung mit privaten Fernsehsendern oder öffentlich-rechtlichen Gesprächsrunden offenbaren auch nur selten etwas von einem künstlerischen Zusammenspiel der Dinge.

Schönheit ist höchst erstaunlich

Wann also lassen wir ein wenig von jenem Zusammenspiel in unser Leben, um es einfach mal auszuprobieren, um auch mit dem zu experimentieren, das wir nicht verstehen, nicht erklären oder analysieren können? Wann holen wir uns das Staunen, das Erstaunen vor einer Welt zurück, die immer eine Nummer zu groß für unsere eigene kleine Ordnung zu sein scheint, die sich leise lächelnd den sprachlichen oder tatsächlichen Geländern entzieht, die wir für sie entworfen haben? Denn das, was für die Ordnung gilt, trifft allemal auf die Schönheit zu: Sie ist zu gern ein Geheimnis, ein Rätsel und ein Spiel mit dem Nichtzugänglichen und doch Faszinierenden. Schönheit bedeutet immer eine bestimmte Form von Offenheit, die sich nur dem Betrachter »eröffnet«, aber eben das macht sie aus. Darin liegt das Wesentliche des Lebens – ein Wesen, das sich nun einmal dadurch auszeichnet, infrage zu stehen, ein Rätsel zu sein oder zumindest immer in einer letzten Distanz des »Symbolischen« verbleibt, wie Ernst Cassirer es mit seiner Philosophie der symbolischen Formen deutlich macht. Aber macht es die Ordnung der Schönheit dadurch zu etwas weniger Kostbarem?

Um das Staunen als philosophische Qualität wiederzu-
entdecken und festzustellen, dass auch ein Geheimnis seine
ganz eigene Schönheit haben kann, müssen die Dunkelheiten nach Simmel Dunkelheiten bleiben können, damit wir
das Helle überhaupt erkennen. Diese Einsicht hat Karl Jaspers
als wesentlichen Schritt zur »inneren Menschwerdung« beschrieben, ein Empfinden, eine ganz »bestimmte« (getragen
von einer Stimmung) Weise, sich zum eigenen Leben zu verhalten, es für einen Moment »fremd« werden zu lassen, es infrage zu stellen und zu lernen, dass es diese Fragen sind, die
uns das Wesen der Schönheit näherbringen können. Schon
in dem Wort »bestimmt« steckt etwas, das uns gerade in Sachen Ordnung etwas anderes zu bieten hat als reine Systematik oder Struktur. »Bestimmt« beschreibt eine »Bestimmung«, etwas, das von einer »Stimmung« getragen ist und
das wir dadurch als schön, zumindest aber als klar und deutlich empfinden.

Das Geheimnis der Stimmung

Schauen wir uns einmal genauer an, was es mit dem Phänomen der »Stimmung« auf sich hat. Wenn die Stimmung
steigt, ganz egal wann oder wo davon die Rede ist, ist das in
Sachen Ordnung ein gutes Zeichen, das wir im Blick behalten
sollten, um unsere Strukturen daran auszurichten. Sofern sie
»in den Keller« geht, ist irgendetwas schiefgelaufen. Meistens
ist Stimmung etwas, das von mehr als einem Menschen empfunden wird. Dennoch ist das Empfinden von Stimmungen
alles andere als objektiv oder theoretisch zu erfassen. Es gibt
Menschen, die ein besonderes Gespür für »Gestimmtheiten«
haben, andere sind mit einem dicken Fell ausgestattet, das
manchmal ganz hilfreich sein kann, aber mitunter für leise

Stimmungsschwankungen unempfindlich macht. Nach Martin Heidegger gelten Stimmungen als »flüchtige Erlebnisse, die das Ganze des ›Seelenzustandes‹ färben«.

Diese Färbung gilt für das Miteinander von Menschen ebenso wie das Miteinander der Dinge in Häusern und Wohnungen – und so sind die Stimmungen, in denen wir uns wiederfinden, in die wir uns hin und wieder auch versetzen können, so individuell und vielfältig wie wir selbst. Der eine lebt gern inmitten all der Dinge, die ihm wichtig sind, und stapelt eifrig und ohne jedes schlechte Gewissen ungelesene Zeitungsartikel um seinen Lieblingssessel. Der Nächste entschuldigt jedes unabgewaschene Glas und ein Dritter beschriftet akribisch seine Ordner und stimmt die Karteikarten farblich auf die Bleistifte ab – während seine Frau sich nicht so recht entscheiden kann und ihre Ordnungen je nach Stimmung und Aufgabenbereich wechselt. Die Katastrophe ist vorprogrammiert, denn die Frage nach dem, was »abgestimmt« sein will, reicht zu allem Unglück sehr weit: von der morgendlichen Wahl der Garderobe bis zum kompletten Lebensentwurf. Weiterhin gilt es nach Heidegger zu unterscheiden, ob wir es bei diesen gefühlten Katastrophen mit Verstimmungen zu tun haben oder aber dem Gefühl der »Ungestimmtheit«, in dem »sich das Dasein selbst überdrüssig« wird. Da gilt es gerade im Miteinander viel zu lernen und oftmals einiges auszuhalten, auch wenn es nur um den gemeinsamen Haushalt geht. Aber vielleicht gelingt es ja auch – bei allem Kopfschütteln –, ein Verständnis für die »Stimmungsschwankungen« unserer Lieben zu entwickeln, die jeder von uns kennt, weil sie menschlich und nicht weiblich sind und damit zu jeder lebendigen Ordnung dazugehören.

Sofern etwas für mich stimmig ist, ist zumindest unsere gefühlte Welt für diesen Moment in Ordnung. Diese Ordnung kann sogar so etwas wie eine Hochstimmung, eine festliche Stimmung auslösen, und manchmal sind wir auch in der Lage, durch kleine Rituale oder Feierlichkeiten zu dieser Stimmung beizutragen. Wir versetzen uns in eine bestimmte Stimmung, wenn wir denn wollen und wissen wie.

Manche Umstände lösen in uns einen bestimmten emotionalen Zustand aus, das eine oder andere Gefühl kommt durch Erinnerungen, sinnliche Erfahrungen oder Erlebnisse wieder an die Oberfläche und »tut einfach gut«.

Gefühle sind per se irrational, sie stellen sich im subjektiven Erleben einer Situation, eines bestimmten Moments ein und sind der Kern dessen, was wir hier als Emotionen bezeichnen wollen. Emotionen laufen auf verschiedenen Ebenen der Seele und der Psyche als komplexer Prozess ab, der wiederum von bestimmten Gefühlen der Freude oder Trauer begleitet werden kann. Dabei sind sie immer geprägt von dem, was wir denken, erlebt und erfahren haben. Wenn wir beispielsweise denken, dass es wichtig ist, dass wir ein bestimmtes Auto fahren oder im richtigen Stadtteil wohnen, wenn wir denken, die Welt geht erst dann ihren Gang, wenn unser Haus und Garten auf Vordermann gebracht sind, dann hat das etwas damit zu tun, dass wir dazu bestimmte Erfahrungen gemacht haben, die wir weiter mit uns herumtragen. Im besten Fall gibt uns dieser geharkte Vorgarten einfach ein »gutes Gefühl«, er versetzt uns in einen guten emotionalen Zustand, und daran müssen wir weder verzweifeln noch wirklich etwas verändern, solange es uns gut darin geht. Aber wir sollten diese Zusammenhänge kennen und ernst nehmen. Sofern wir sie als unwichtig oder lästig abtun, uns ihrer schämen oder uns gar nicht erst damit beschäftigen, laufen wir Gefahr, am Ende eben nicht »selbstbestimmt«, sondern »fremdbestimmt« durch unser Leben zu marschieren – gefangen in Vorgaben, die niemals unsere eigenen waren. Oft genug glauben wir, ganz genau zu wissen, was richtig und falsch ist, haben aber kein Gespür für das, was »gut und schön« ist. Wir spielen nicht das ganze Repertoire unserer Möglichkeiten, sondern bleiben bei dem stehen, was wir vermeintlich kennen und als richtig mit auf den Weg bekommen haben.

Instrumente werden »gestimmt«, damit sie den »Ton« treffen, sich so weit es geht, dem annähern können, was der Musiker zum Ausdruck bringen will. Die Fähigkeiten des Musikers, seine persönliche Geschichte und Erfahrung, seine Erlebnis- und Gefühlswelt sowie das Zusammenspiel verschiedener Instrumente erweitern die Möglichkeiten, diese Ausdrücke zu finden und mit ihnen zu spielen. Genauso geht es uns Menschen in dem, wie wir unsere eigenen Instrumente (unsere Sinne) stimmen und uns darin üben, sie zu benutzen. Ein blinder Mensch ist in der Lage, sich die Welt über die Welt der Klänge und Geräusche anzueignen, und niemand kann darüber urteilen, welche Welt die »richtige« oder vollständigere sein sollte. Wir haben uns selbst so viel mehr zu bieten als unseren Verstand und lassen doch viele dieser wertvollen und kostbaren Begabungen verkümmern oder halten ihre Benutzung für wertlos.

Manchen reicht eine ungefähre Annäherung an den richtigen »Ton«, andere haben ein ausgeprägtes »Taktgefühl« und hören oder spüren geringste Abweichungen und »Verstimmungen« sofort. Das Gespür für diese Schwingungen macht sich auch die Medizin zunutze. Resonanzen herzustellen, Zellfrequenzen zu erspüren und letztlich eine Form von organischer Kommunikation zurückzugewinnen – all diese Methoden ganzheitlicher Heilungsverfahren sind keineswegs esoterischer Hokuspokus, sondern gerade in Bezug auf die Erkenntnisse der Quantenphysik der logische Schritt in eine stimmige – weil lebendige – Ordnung.

Perfektion ist das Gegenteil von Stimmigkeit

Aber auch hier bleibt es dabei, dass das Ergebnis der eigenen Wahrnehmung das Resultat einer Beziehung ist und bleibt – einer Beziehung zwischen mir und dem, was ich wahrnehme.

Das Zusammenspiel des Tons mit demjenigen, der ihn hört, ist grundlegend für die Empfindung einer besonderen Stimmung. Es kommt nicht nur darauf an, dass ein Instrument exakt gestimmt ist oder der Musiker es perfekt beherrscht, sondern auf die Resonanz, die es in seinem Gegenüber, dem Zuhörer, erzeugt. Wieder entsteht ein Zwischenraum, der das eigentlich Entscheidende ausmacht. Perfektion ist hier wie überall die Vorstufe zur Erstarrung und Langeweile – das, was uns berührt, entsteht nicht durch das ausnahmslose Funktionieren eines Apparats, sondern durch die Verbindung eines seelischen Ausdrucks mit der Lebenswelt des Zuhörers: Dann sind wir beeindruckt, berührt oder betroffen.

Das gilt für Dirigenten und Pianisten genauso wie für Vorstandschefs, Autoverkäufer oder Lehrer. Die Gabe, aus dem, was wir tun, ein Kunstwerk werden zu lassen, liegt in der Verbindung von uns zu den Dingen und der Erkenntnis unserer eigenen Begabung und Begrenzung. Wenn wir also genau »hinschauen«, innehalten und versuchen, unsere eigene Wahrnehmung zu schulen, einer Stimmung nachzugehen, stellen wir fest, dass sich dort Unterschiedlichstes zeigt. Wir finden Gedanken, die um etwas kreisen, Gefühle, die mit etwas oder jemandem verbunden sind und eine bestimmte Stimmung hervorzaubern. Wir sind »gestimmt« und »bestimmt«, wenn wir fröhlich, traurig, entspannt, glücklich oder niedergeschlagen sind.

Mut und Sinn: Vom Wesen der Stimmungen

Dabei gibt es gerade, wenn wir uns näher anschauen, wie wir unsere Stimmungen beschreiben, eine interessante Nähe zu zwei Begriffen, die offensichtlich etwas mit unserer Gestimmtheit zu tun haben: Sinn und Mut. Wir sprechen von Trübsinn, Frohsinn, Leichtsinn, aber auch von Übermut, Schwermut, Wehmut. Das »Gemüt« wird als Sitz dieser Gefühlswelten beschrieben. Unsere Stimmungen sind vielfach der Ausdruck dafür, dass wir intuitiv Sinnzusammenhänge bzw. bereits erlebte Muster wahrnehmen und diese über ein Gefühl bzw. eine Emotion ausdrücken. Gleichzeitig deuten die erwähnten sprachlichen Wendungen an, dass es ein Wagnis darstellt, wir Mut aufbringen müssen, um uns diesen Stimmungen zu widmen, sie offenzulegen bzw. zu leben.

Welche Rolle aber spielen unsere Stimmungen bei der Suche nach Ordnung? Ganz einfach: Sie sind der Indikator dafür, dass unsere Welt für diesen Moment in Ordnung oder aber in Unordnung ist – nicht mehr und nicht weniger. Wir alle kennen das Gefühl, eine »bestimmte« Ordnung, einen »bestimmten« Zustand zu brauchen, um auf gute Ideen, neue Gedanken oder einfach nur zur Ruhe zu kommen. Manche Menschen brauchen Raum für sich, um arbeiten oder nachdenken zu können, andere brauchen die Gesellschaft anderer, wieder andere sind auf der Suche nach einer »bestimmten« Aufgabe, um sich als Teil von etwas zu fühlen. Unsere Welt ist in Ordnung, sobald wir das Gefühl von Stimmigkeit in unserem Leben haben. Und diese Stimmigkeit hat weniger mit der Idee einer »Übereinstimmung« von Wunsch und Wirklichkeit zu tun, sondern mit dem Zusammenspiel vielfältiger Komponenten zu einer Ganzheit – die eben keine Einheit zu sein braucht.

Der andere Blick und die Aura der Dinge

Allerdings hat die Sache einen Haken. Diese Momente, diese Stimmungen, in denen wir mit den Dingen um uns herum so einverstanden sind, dass wir tatsächlich »kreativ« werden können, einfach weil alles so herrlich richtig ist, sind zum einen sehr selten und zum Zweiten nicht planbar. Sie sind nicht »herzustellen«, sondern müssen sich ergeben, sich entfalten. Wenn wir verkrampft auf die Suche nach einer bestimmten Stimmung gehen, kann leicht das Gegenteil dabei entstehen: Ich habe nach Kräften aufgeräumt, abgeheftet, vielleicht sogar weggeschmissen, aber am Ende bleibt das gute Gefühl aus, es tut sich eher eine Leere auf, eine erschöpfte Einsamkeit. Die entstandene Ordnung eröffnet mir keinen Zwischenraum, sondern verschließt die Dinge in Kisten, Kästen und Schubladen. Das Geheimnis hat den Vorhang gesenkt. Dann hilft meist nur noch ein radikales Gegenprogramm: ein heißes Bad, ein gutes Buch und frühes Insbettgehen. Manchmal sieht die Welt am nächsten Tag tatsächlich anders aus.

Es gilt also einen eigenen, neugierigen, aber auch souveränen Umgang mit diesem Rätsel zu finden, mit dem Leben, das uns einerseits so selbstverständlich und nah ist, andererseits aber geprägt von geheimnisvollen Momenten, die sich uns zu verschließen scheinen. Sofern wir uns aber darin üben, vor solchen Momenten nicht zu erschrecken oder aus lauter Angst davonzulaufen, sondern mutig genug sind, ein wenig zu verharren und uns am nächsten Tag vielleicht noch einmal anders zu nähern, so gibt es hin und wieder einen blitzartigen Einblick in das »Dahinter« – den wir oft genug jedoch geduldig abwarten müssen. Aber auch hier können wir durchaus von der künstlerischen Arbeit lernen, die ihre Inspiration, ihre intensivsten Momente auch nicht aus sich selbst heraus produzieren kann, sondern auf etwas angewiesen ist, das über sie hinausgeht. Georg Simmel beschreibt diesen Moment in seiner Rembrandtstudie als das Verschmelzen der dualistischen Trennung in Betrachter und Betrachtetes, in Künstler und Kunstwerk: »Aber vielleicht gehört es gerade zum Wesen der Kunst, die Einheit in ihr wirksames Recht treten zu lassen; gerade die Kunst gestaltet die menschliche Erscheinung so, dass die Zweiheit des physischen und des seelischen Auffassens, der Wahrnehmung und der Deutung, in die das unzulängliche Verhältnis des Betrachters zum Betrachteten oft die Betrachtung zerdehnt – dass diese verschwindet.«

Egal, wann und wie wir unser Leben betrachten, wir nehmen es in einer Bewegung, einem Prozess wahr, der nur so abläuft, weil wir selbst Teil dieses Prozesses sind. Gelingt es uns – nur hin und wieder – ganz in dieser Bewegung aufzugehen, dann entsteht eine solche Verbindung, eine »Betroffenheit« im besten Sinne, die sich vielfach nur mit den Mitteln der Kunst einfangen lässt.

Plötzliche Einfälle – aber was fällt da auf uns ein?

Wir alle kennen diese kleinen und großen Momente: »Plötzlich wusste ich, was es war!« – »... genau in diesem Moment habe ich mich entschieden« – »Ich war auf einmal ganz sicher, dass es das Richtige ist.« Irgendwann haben wir alle dieses Gefühl der Gewissheit und wissen nicht warum. Manchmal sind es die Dinge, die uns irgendetwas zu sagen scheinen, manchmal ist es eine Erinnerung oder eine Inspiration, die wir gebraucht haben, um etwas anderes tun oder vollenden zu können. Diese Augenblicke scheinen von etwas auszugehen, das zwar in den Dingen liegt, aber erst in dem Moment, in dem wir es wirklich wahrnehmen, »bereit«, »offen« dafür sind, zu dem wird, was es eigentlich ist. Es ist eine Form der »Ausstrahlung«, die sich vielleicht am besten mit dem Begriff der »Aura« beschreiben lässt – einem Begriff, der nicht nur Anhängern der Esoterik etwas bedeutet, sondern auch in der Fototheorie des letzten Jahrhunderts eine interessante Rolle gespielt hat.

Die Aura als Ausdruck der Dinge

Der philosophische Schriftsteller Walter Benjamin hat sich im vergangenen Jahrhundert sehr eingehend mit dem Begriff der Aura beschäftigt und ihn anhand von Kunstwerken untersucht, die im »Zeitalter ihrer technischen Reproduzierbarkeit«, wie er es in der Überschrift eines Textes zu diesem Thema nennt, ihre auratische Qualität verlieren, weil sie die Ausstrahlung eines »Originals« nicht mehr erreichen. Die Sonnenblumen von van Gogh verlieren ein wenig an Strahlkraft, wenn wir sie an jeder Ecke als Postkarte erstehen können. Schon im März 1930 sagt Benjamin in einem frühen Text über die Erfahrung der Aura (in Abgrenzung zu dem, was er als ein rein esoterisches, theosophisches Verständnis der Aura abgelehnt hat): »Vielmehr ist das Auszeichnende der echten Aura: das Ornament, eine ornamentale Umzirkung, in der das Ding oder Wesen fest wie in einem Futeral eingesenkt liegt. Nichts gibt vielleicht von der echten Aura einen so richtigen Begriff wie die späten Bilder van Goghs, wo an allen Dingen – so könnte man diese Bilder beschreiben – die Aura mitgemalt ist.«

Letztlich wird mit dieser Beschreibung zwar kein großer Unterschied zu dem deutlich, was die Theosophen unter einer »auratischen« Erscheinung verstanden. Allerdings würde Benjamin nicht so weit gehen, der Aura bestimmte Maße und Kriterien zuzuschreiben, wie es Rudolf Steiner in seinen Schriften beispielsweise tut. Mit dem erwähnten Essay »Das Kunstwerk im Zeitalter seiner technischen Reproduzierbarkeit« aber bleibt Benjamin dem Begriff selbst verbunden. Er nimmt seine eigene Definition wieder auf und veranschaulicht sie anhand einer Erfahrung in der Natur, die an ein Zitat aus einem Gedicht Rainer Maria Rilkes angelehnt ist: »An einem Sommernachmittag ruhend einem Gebirgszug am Horizont oder einem Zweig folgen, der seinen Schatten auf den Ruhenden wirft – das heißt die Aura dieser Berge, dieses Zweiges atmen.«

Beschrieben wird also ein Moment der Ruhe, des Innehaltens und der inneren Einkehr, ähnlich dem Augenblick, den Nietzsches Zarathustra zur Zeit des großen Mittags erlebt, als er sich unter einem Baum zur Ruhe legen will und in den kleinen Regungen der Natur das »große Glück« erfährt. Die Natur ist auch hier das Sinnbild einer Ordnung, die uns als unvergleichlich schön, mächtig und unantastbar gegenübersteht (auch wenn wir sie nur selten entsprechend behandeln). Aber dieser Sinnzusammenhang, der von Benjamin mit dem Begriff der Aura beschrieben wird, ist genau das, was uns als innere Quelle zur Verfügung steht. Selbst der zivilisierteste Bourgeois ist mit Rousseau ein Naturwesen, sich selbst entfremdet und doch mit einem unzerstörbaren Zugang zu seinen eigenen Wurzeln – ebendiesen Zugang freizulegen, dafür eröffnet die Kunst, die Idee einer philosophischen Lebenskunst Wege und Perspektiven.

Flüchtige Momente der Einsicht

Das bedeutet aber immer und immer wieder, dass sich dieses Empfinden von Ordnung, diese Stimmung nicht festhalten oder konservieren lässt. Sie ist mit demjenigen verbunden, der sie zu einem bestimmten Zeitpunkt in der Wechselwirkung (Simmel) mit anderen Menschen, Dingen und Situationen erlebt. Und nur aus diesem Zusammenspiel entsteht das Auratische ebendieses Moments. In der Kunst, insbesondere der Fotografie, geht es immer wieder um diese Frage des Abbildens, des »Festhaltenkönnens« – und damit um die Frage, wie sich Erinnerung und die Abbildung eines bestimmten Moments tatsächlich zu dem verdichten, was das eigene Erlebnis ausgemacht hat. Diese Frage sollten wir uns hin und wieder stellen, wenn wir versuchen, jeden Ausflug, jedes Familienfest und jede Firmenfeier akribisch durch Videos, Fotos und sonstiges technisches Equipment zu konservieren, um uns abzusichern, dass nichts verloren geht, dass wir irgendwann in der Lage sein werden, diesen oder jenen Moment am Rechner wieder zurückzuholen. Vielleicht sollten wir hin und wieder die Digitalkamera einfach mal im Schrank liegen lassen und uns darin üben, uns ein eigenes Bild zu machen.

Wenn das gelingt, so Benjamin, dann erscheint das Auratische als das, was unseren Blick aus den Dingen heraus zu erwidern scheint: »Der Angesehene oder angesehen sich Glaubende schlägt den Blick auf. Die Aura einer Erscheinung erfahren, heißt, sie mit dem Vermögen belehnen, den Blick aufzuschlagen.« Es ist ein Moment der Gewissheit, der Einsicht in das, was die Dinge ausmacht – was ihnen wesentlich ist, ohne dass wir sie deswegen begrifflich oder gedanklich in eine Theorie gießen müssten. Das Glück, das wir empfinden, liegt allein in der Gewissheit dieses Erlebnisses: Dazu brauchen wir keine Archive, Ordner oder Dateien, es ist an einem anderen Ort abgespeichert, an dem wir es ebenso abrufen und uns daran freuen können.

Dieses sinnliche Empfinden – diese Erwiderung – beschreibt der französische Denker Roland Barthes in seiner Schrift »Die helle Kammer« mit einem anderen Begriff: dem »Punctum«. Barthes formuliert darin ein persönliches Erlebnis nach dem Tod seiner Mutter. Er suchte auf alten Fotos nach einem Anhaltspunkt für das, was seine Mutter für ihn gewesen war, was sie im Innersten ausgezeichnet hat – das Wesenhafte, das ihn mit ihr verband. Auf einem einzigen Foto, so Barthes, machte er die Erfahrung, dass ebendieses Wesenhafte seinen Blick zu erwidern schien. Dieses Phänomen nannte er das »Punctum«. Barthes schreibt: »So ging ich die Photos meiner Mutter durch, einer Spur folgend, die in diesen Schrei mündete, mit dem jede Sprache endet: ›Das ist es!‹ … ein jähes Erwachen, durch keinerlei ›Ähnlichkeit‹ ausgelöst, das satori, wo Worte versagen, die seltene, vielleicht einzigartige Evidenz des ›So, ja, so, und weiter nichts‹.«

So folgen wir bei der Suche nach diesem sinnhaften Wesentlichen immer einer Spur, die uns hin und wieder zum Ziel, oft aber nur zur nächsten Spur führt. In den Fragmenten des unvollendeten Passagenwerks, an dem Walter Benjamin von 1927 bis zu seinem Tod arbeitete (eingeordnet in die Stichwortsammlung zum »Flaneur«) findet sich eine Aufzeichnung, in der ganz entsprechend der Begriff der Aura neben den Begriff der Spur gestellt wird: »Spur und Aura. Die Spur ist Erscheinung einer Nähe, so fern das sein mag, was sie hinterließ. Die Aura ist Erscheinung einer Ferne, so nah das sein mag, was sie hervorruft. In der Spur werden wir der Sache habhaft; in der Aura bemächtigt sie sich unser.«

Den Dingen auf der Spur

Was bedeutet das genau? Wenn wir eine Spur von etwas entdecken, einen vergessenen Handschuh von einem Freund, der uns vor Monaten besucht hat, ein Bild von einem der Kinder aus der Grundschule oder ein Foto aus einem lang zurückliegenden Urlaub – dann mag der Anlass dieser Spur noch so weit weg sein, plötzlich ist dieser Moment wieder da, ganz nah und wirklich. Es ist die Einheit von Betrachter und Betrachtetem, die Georg Simmel in seinen Rembrandtstudien beschreibt. Die Aura hingegen bezeichnet so etwas wie den Gegenpol – die »Größe« des Zusammenhangs, in die dieser Gegenstand eingebettet ist, das, worauf er hinweist, weil er etwas berührt hat, das in mir einen weitaus größeren Zusammenhang eröffnet. Das kann ebenso ein Foto aus Schulzeiten sein, das aber etwas anderes in mir anrührt, fast jedes Jahr sind es die blühenden Obstbäume im Frühjahr, ein Stein, den meine Tochter von ihrem Schulweg mitgebracht hat, oder die Betrachtung eines Baumstumpfs, der die Zeit in seinen bemoosten Jahresringen fast greifbar werden lässt.

Dieses Vermögen, den Blick so auf die Dinge zu richten, dass sie den Blick aufschlagen und uns ansehen, lässt eine gemeinsame Erfahrung, vielleicht den Teil einer gemeinsamen Geschichte entstehen und verbindet unsere eigenen Spuren mit denen des Gegenstands. Es geht um die Konzentration auf das, was ich sehe, vielleicht die Vertiefung in das, was ich sehe, um es möglicherweise aus seinem gewohnten Kontext herauszulösen, es zu verfremden, ihm neue Aspekte abzugewinnen, ihm sein Wesen zu entlocken. Die bereits erwähnte Autorin Siri Hustvedt, die gleichermaßen eine anerkannte Kunstliebhaberin und -expertin ist, schreibt in einem aktuellen Essay »Wenn die Dinge zurückschauen«, über ebendiesen »anderen Blick«, der uns die Dinge auf eine neue, ihnen eigene Weise näherbringt. Darin macht sie auf anschauliche Weise die Verwandlung einer Perrierflasche auf ihrem Schreibtisch deutlich, die sich nur durch fünf Minuten konzentrierte Betrachtung von einem Alltagsgegenstand in eine Skulptur verwandeln lässt. Aus der rein funktionalen Wasserflasche ist allein durch die andersartige Betrachtung ein eigenes, neues Ding geworden, das völlig unabhängig von dem zu existieren scheint, was diese Flasche ohne ihren Blick als intensive Betrachterin für ein Gegenstand ist:

»Als Erstes bemerkte ich ihre grüne Farbe und die Form ihres Bauches und ihres Halses, die sich vom Durcheinander auf meinem Schreibtisch abhob. Dann besah ich mir eine Weile unscharf Gedrucktes auf dem Etikett. Dann wurde ihre Wölbung in dem durch mein Fenster strahlenden Licht plötzlich zu einer eigenständigen Form, ebenso ein einzelner Lichtfleck auf dem Flaschenboden. Je mehr ich schaute, desto mehr sah ich. Ich bemerkte winzige Wassertropfen im Innern der Wölbung nach deren Muster, und die durch das Glas hindurchscheinenden, verzerrten Reihen meines Bücherregals sorgten für weitere Formen und Farben. Meine Aufmerksamkeit hatte die Mineralwasserflasche völlig verwandelt.«

Siri Hustvedt bringt mit dieser Beschreibung zwei wichtige Aspekte auf den Punkt, die uns helfen können, wenn wir unser Leben in Ordnung bringen wollen: Je mehr wir schauen, desto mehr können wir sehen. Und: Unsere Aufmerksamkeit verwandelt die Dinge und kann ihnen eine eigene auratische Erscheinung zurückgeben.

Den Rahmen für diesen Blick, diese phänomenologische »Wesens-Schau«, bilden die gegebenen Umstände unseres Lebens. So wie ein Maler nur bestimmte Materialien, Farben und Fertigkeiten zur Verfügung hat, so sind auch wir auf das angewiesen, was wir in unserem Leben vorfinden. Aber meist reicht das, was wir haben aus, es ist oft mehr als genug – wenn wir lernen zu schauen. Und es lässt sich noch um einiges bereichern, wenn ich aus dem Schauen heraus auch in einen Austausch über das »Gesehene« komme, also mit anderen darüber spreche, mit ihnen den Dingen nachdenke, sie weiterentwickle und so herausfinde, »was ist« und was vielleicht noch werden kann.

Im Dialog mit der Welt: Eine Ordnung im Gespräch

Das führt uns zu einem weiteren Punkt der philosophischen Lebenskunst: der Bereitschaft, sich mitzuteilen, Gespräche zu führen, die Kunst der Kommunikation zu lernen bzw. zu vertiefen. Vielfach ersticken wir in Diskussionen und Auseinandersetzungen, verlieren aber den Sinn für wirkliche Gespräche. Ein Gespräch im Sinne des christlichen Denkers Martin Buber meint ein dialogisches Entdecken der Welt und der Dinge, die sie zusammenhalten, also gerade nicht das Abgleichen von fertigen Meinungen, Fakten und Überzeugungen. Auch das Gespräch ist eine Form der Kunst, wenn wir darin das wiederentdecken, was eine tatsächliche Mitteilung, einen

Dialog (der Gedanke eines sinnhaften »logos«, der durch zwei Menschen hindurchfließt) ausmachen kann. »Der Reichthum aller menschlichen Erkenntnis beruhet auf dem Wortwechsel« hat der Dichter Georg Friedrich Hamann in seinen »Vermischten Anmerkungen über die Wortfügung in der französischen Sprache« bemerkt. Platon nennt schon das Denken ein inneres Gespräch der Seele mit sich selbst, bei Karl Jaspers ist Kommunikation das eigentliche Instrument auf dem Weg zu sich selbst und Martin Buber bringt es auf die wenigen Worte: »Das Ich beginnt am Du.«

Wo fängt ein Gespräch an?

Ob wir Kommunikation hier auf Sprache begrenzen oder sie auf all unsere Äußerungen und Momente des Schweigens erweitern – es geht am Ende um eine bestimmte Form des Austauschs, die das Eigene wirklich und wahrhaftig einbringt, um es an den eigenen Grenzen mit dem anderen ins Gespräch zu bringen – also das Gegenteil dessen, was wir als »bullshit« kennengelernt haben. In diesem Sinne ist all unser Handeln und Tun eine Form von Kommunikation, wir hinterlassen Spuren, verweisen auf Zusammenhänge, die von anderen gedeutet werden. Hier geht es um das Suchen und Finden von Bedeutung – ganz im Sinne der philosophischen Hermeneutik, die eben nicht die eine und letzte Bedeutung aus Schriften und Worten herauszulesen versucht, sondern das Verstehen als ganz eigene Erkenntnisform neben das Erklären stellt. Wenn ich jemand anderen verstehen kann, dann ist möglicherweise noch lange nicht alles geklärt und erklärt, aber vielleicht muss es das dann auch nicht mehr. Das dialogische Verstehen ist eine Einsicht in die Sinnzusammenhänge des anderen vor dem Hintergrund meiner eigenen Vorstellungen, Werte und Prägungen. Wenn ich etwas verstanden habe, dann kann ich es möglicherweise auch ruhen und »in Ordnung «sein lassen, selbst wenn ich das Verstandene nicht teile. Ich habe in diesem Verstehen sowohl etwas über den anderen als auch über mich selbst gelernt.

Wir sollten viel mehr über die Dinge reden, die wir nicht verstehen

Heinrich von Kleist beschreibt in seinem Text »Über die allmähliche Verfertigung des Gedankens beim Reden« ebendiese Erfahrung in Bezug auf das Gespräch und berichtet einem Freund von dieser Erkenntnis: »Wenn Du etwas wissen willst, und es durch Meditation nicht finden kannst, so rate ich Dir, mein lieber sinnreicher Freund, mit dem nächsten Bekannten, der dir aufstösst, darüber zu sprechen. Es braucht nicht eben ein scharfdenkender Kopf zu sein, auch meine ich es nicht so, als ob Du ihm darum befragen solltest: nein! Vielmehr sollst Du es ihm selber allererst erzählen. Ich sehe Dich zwar große Augen machen, und mir antworten, man habe Dir in früheren Jahren, den Rat gegeben, von nichts zu sprechen, als nur von den Dingen, die bereits verstehst. Damals aber sprachst Du wahrscheinlich mit dem Vorwitz, andere zu belehren, ich will, dass Du aus der verständigen Absicht sprichst, dich zu belehren. Und so können, für verschiedene Fälle verschieden, beide Klugheitsregeln gut nebeneinander bestehen.«

In dieser Art des Dialogs geht es nicht darum, den anderen von etwas zu überzeugen, ihn gar zu überreden, sondern darum, etwas über sich selbst herauszufinden – indem wir uns selbst zum Thema machen. In der Philosophie ist das zentrale Vorbild für diese Form des eigenen Weltverstehens die sokratische Philosophie. In den Dialogen mit seinen Schülern – allen voran in den Gesprächen mit Platon, aber auch mitten im Alltag (auf dem Marktplatz, in den Straßen Athens) suchte Sokrates den Kontakt zu seinen Mitmenschen. Er war immer in Bewegung, um sie auf »andere« Gedanken zu bringen, um das für sie scheinbar Selbstverständliche zu hinterfragen, aber auch, um seine eigenen Gedanken auf den Prüfstand zu stellen. Dabei war nach Sokrates das höchste Wissen das Wissen um das Nichtwissen, das uns an all unseren Grenzen begegnet. Eine solche Denk- und Lebensweise kann nicht in der Einsamkeit, sondern immer nur im »Vollzug«, wie Heidegger es nannte, in der Gemeinschaft mit anderen entstehen und sich entwickeln. Philosophie ist also alles andere als ein individueller Rückzug in die Innerlichkeit, sondern die Fähigkeit, das Innen in einen fruchtbaren Austausch mit dem Außen zu bringen – dem anderen, dem Neuen, dem Fremden. Nur so lernen wir, auch uns selbst in diesem dynamischen Prozess immer wieder neu zu verorten und damit als wandelbares »Ich« zu konstituieren – es unter einer schöpferischen und künstlerischen Perspektive zu sehen.

Nur durch den anderen kann ich wissen, wer ich bin

Wichtig bleibt also auch im Gespräch, dass wir nicht auf der Suche nach einer »Vereinheitlichung« sein dürfen. Die Wertschätzung des anderen hat nichts damit zu tun, dass ich genauso denken, genauso urteilen will und soll wie er oder sie. Es geht um den Respekt für ebendieses andere, das immer auch das andere bleiben wird – eine zentrale Aussage des französischen Philosophen Emmanuel Lévinas. Gerade in Beziehungen, die tatsächlich Partnerschaften sein sollen, ist dies ein sehr wichtiger und zentraler Punkt: »Er versteht mich einfach nicht«, »er kennt mich gar nicht richtig« – so lauten häufig geäußerte und nicht selten vorwurfsvolle Äußerungen dezent frustrierter Ehefrauen.

Aber wie oft steht dahinter auch die seltsame Verweigerung, sich kennenlernen zu lassen, sich gegenseitig einmal so in den Blick zu nehmen, wie wir nun einmal sind – ohne den ständigen Wunsch nach Veränderung, nach »so wäre es aber viel schöner« oder »ich möchte auch mal, dass man mir meine Wünsche von den Lippen abliest«. Ja, es wäre immer schöner, wenn es schöner wäre, ist es aber nun mal nicht – und jetzt? Nun haben wir die Wahl, uns auf Spielplatzbänken mit Gleichgesinnten zusammenzutun und unser Unglück zu bedauern oder aber den Versuch in eine andere Form der »Kommunikation« zu wagen, die den »anderen« eben auch als etwas grundsätzlich anderes anerkennt. Der Versuch, den anderen so zu verändern, dass er mir gleicht, ist die denkbar ungünstigste Voraussetzung für ein gutes Zusammenspiel. Versuchen wir es lieber einmal mit dem ernst gemeinten Versuch herauszufinden, wer uns da gegenübersteht. Zugegeben gibt es hier keinerlei Garantien und so manche Ehe ist gerade deshalb in die Brüche gegangen, weil einer der beiden plötzlich angefangen hat, Fragen zu stellen. Aber ist die Alternative eines permanenten Aushaltens irgendetwas, das die Welt in Ordnung bringt? Wohl kaum. Natürlich gilt es hier abzuwägen, nicht jeder Selbstfindungstrip ist es wert, Partnerschaften und Familien aufs Spiel zu setzen. Aber denken wir an die Idee der griechischen Selbstsorge, so geht es hier eben auch nicht um einen Egotrip, sondern um die Frage gelungener Beziehungen. Manchmal passieren erstaunliche Dinge, wenn wir den Wunsch nach einem Urlaub allein, einer beruflichen Weiterbildung oder einem festen Fußballabend tatsächlich auch einmal äußern. Als Wunsch, als etwas, das nichts mit dem anderen zu tun hat – sondern ausschließlich mir selbst gilt. Auch hier ist es ein ewiger Schwebezustand, ein Balanceakt auf unserer Wippe, der mal mehr und mal weniger Gewicht auf die Nähe zu mir selbst oder die Nähe zu anderen legt. Aber ebendiesen Wunsch nach mehr oder weniger Nähe gilt es zu thematisieren – der Mensch ist ein gesellige Wesen, aber eben auch eines, das sich mit sich selbst auseinandersetzen sollte. Um es mit einer weiteren Zeile der Dichterin Mascha Kaléko zu sagen: »Zwei Singulare ergeben noch lange keinen Plural«, aber sie können sich im Dialog, im Gespräch dennoch prächtig miteinander unterhalten und dabei sehr viel über ihre ganz persönlichen Eigenheiten und Ordnungen herausfinden. Und die Verbindung zweier selbstständiger Geister ist vielleicht die schönste und fruchtbarste Verbindung, die Menschen miteinander eingehen können.

Kreativität, Innovation und das Land unserer Träume

All diese Überlegungen lassen immer wieder die Frage aufkommen, wozu das alles? All diese veränderten Perspektiven und manchmal mühsamen Versuche, an unseren geistigen Stellschrauben zu drehen – warum sollten wir uns all das aneignen? Der Grund dafür ist einfach: Es geht gar nicht darum, sich etwas Neues anzueignen, sondern das, was wir alle in uns tragen, tatsächlich einmal zu nutzen. Viele unserer Anstrengungen rühren gerade daher, dass unsere eigentlichen Kraftquellen verschüttet worden sind und wir gerade die menschliche Begabung, kreativ – also schöpferisch – zu sein, zu denken und zu handeln immer wieder in ihre Schranken weisen. Jeder Mensch kommt als kreatives, schöpferisches, künstlerisch begabtes Wesen auf diese Welt, und nicht umsonst werden die Rufe nach »neuen«, innovativen und kreativen Lösungen immer lauter und dringlicher. Mit dem statischen Denken kommen wir irgendwie nicht weiter. Ohne viel darüber nachzudenken, was eigentlich gemeint ist, scheint »die« Kreativität von der Wirtschaft bis zur Grundschule zu einer Schlüsselkompetenz geworden zu sein, die uns eines garantieren soll: Fortschritt, Wohlstand, einen angstfreien Blick in die Zukunft. Der Wunsch nach einer Ordnung, in der das Neue, das Dynamische bereits das eigentlich »Gute« zu sein hat. Wir sprechen sogar von einer neuen Bevölkerungsschicht, den »kulturell Kreativen«. Aber bei aller Begeisterung ist nicht klar, was das »Schöpferisch-Künstlerische« an dieser Lebensform ausmacht.

Ist Kreativität immer innovativ?

Es geht manchmal recht diffus zu bei der Begeisterung für das »Neue« – denn nichts anderes meint Innovation. Aber erinnern wir uns: Worin liegt der Sinn und worin der Zweck dieses Neuen? Ist es wirklich das Neue, dem wir uns in unserer Kreativität verschreiben sollten, um die Welt in Ordnung zu bringen? Und welche Rolle spielt dabei das Alte, von dem wir zwingend ausgehen müssen? Wir werden sehen.

Auch hier ist die Kunst ein Kontext, in dem sich diese Wechselwirkung in ihrer ganzen Ambivalenz zeigt. Jede Kultur, jedes Erschaffen von etwas hat zur Folge, dass wir ein Gebilde auf die Welt geholt haben, das dem Fluss des Lebens etwas Statisches entgegensetzt. Es ist damit zwingend ein Akt der Entfremdung, wie es der Philosoph Theodor Adorno in seiner Ästhetik betont. Auch Georg Simmel sieht in diesem ewigen Zwischenspiel der kulturellen Gebilde und der Dynamik des Lebens eine »Tragik«, die nicht überwunden werden kann. Sie gehört zwingend zur Entwicklung des Menschen dazu, aber – und ähnlich argumentiert auch der Soziologe Arnold Gehlen – er kann sie bei aller Entfremdung auch als »Entlastung« empfinden, weil es nur in diesem schöpferischen Tun so etwas wie einen Moment der Ruhe geben kann. Wir können uns in der kulturellen Ordnung aufhalten, uns darin einrichten, sie gestalten – so lange, bis wir den nächsten Schritt, die nächste Veränderung zum Anlass nehmen, die bestehende Ordnung zu verändern. Kreativität im rechten Maß.

Eine Bekannte von mir war vor Kurzem in einer Ausstellung des Malers Philip Otto Runge und brachte von dort ein Zitat mit, einen Ausspruch des Malers, der ebendiesen Zusammenhang zum Ausdruck bringt: »Es gibt nur zweyerley in der Welt, das einen Menschen bestimmt: das Alte zu erhalten, oder das Neue zu fördern. In beiden Fällen müssen wir uns selbst deutlich verstehen: im ersten, um erst recht zu erkennen, was die Alten gedacht haben; und im zweyten den Zusammenhang aller dieser Gedanken mit einem großen Gedanken in uns, der einen anderen Zusammenhang, den des ganzen mit unsrer eignen Seele, und das Neue erzeugt.« (P. O. Runge)

In uns selbst also läuft dieses »Neue« zusammen, als das, was wir darin sehen, etwas, das möglicherweise einfach eine zeitliche Komponente meint, etwas, das wir bisher noch nicht kannten – etwas, das die »Alten« nach Runge noch nicht kannten. Aber, und das ist das, was uns am Neuen immer wieder zu faszinieren scheint, es gibt auch dieses Gefühl, durch eine Erfahrung des »Neuen« ein Stück weitergekommen zu sein – ein klein wenig von dem Gefühl der Erkenntnis erahnt zu haben, und vielleicht ist es das, was uns immer wieder und weiter danach suchen lässt.

Bedeutet das Neue die Zerstörung des Alten?

Der Anlass, bei dem ich das erste Mal über den Begriff des Neuen und die Frage, was das Neue eigentlich mit der alten Ordnung macht, gestolpert bin, war das Forschungsprojekt eines Freundes, der über »Neue« Musik arbeitet. Die »Neue« Musik, die mit den Kompositionen des Wieners Arnold Schönberg Anfang des letzten Jahrhunderts wie eine Provokation gegen das bisherige Regelwerk der Musik daherkam. Ohne sich in der Materie auszukennen, hat mich der Gedanke fasziniert: sich über Regeln und Gesetze hinwegzusetzen, die doch eigentlich einen Bereich durchziehen, der gar nicht geregelt werden kann, der aber Rhythmen und Harmonien gehorcht, die ihrerseits eine eigene Ordnung bilden. Aber wo steht geschrieben, wie Musik zu komponieren, zu hören, zu gestalten ist? Was genau bedeutet Atonalität oder das Aufheben der Funktionsharmonik für mein musikalisches Empfinden? Welche Rolle also spielen kulturelle Prägungen und Gewohnheiten beim Be- bzw. Verurteilen bestimmter Rhythmen und Harmonien? Es gibt hier keine natürliche Auslese oder einen biologischen Zweck, dem die Kompositionslehre zuträglich wäre, und doch hat sich eine »Gewohnheit«, eine Tradition eingestellt, der wir unser musikalisches Gefühl zu-, vielleicht untergeordnet haben. Und so war die »Neue Musik« eine Revolution des musikalischen Materials, nicht weil sie etwas »absolut« Neues in der Musik bedeutete, sondern weil Schönberg und andere sich anmaßten, innerhalb eines bestimmten Kulturkreises eben das infrage zu stellen, was jahrhundertelang als harmonisch, als »richtige« – ordentliche – Musik galt.

Wenn ich mit der bestehenden Ordnung unzufrieden bin – muss ich dann etwas Altes zerstören, um auf Neues zu stoßen, oder braucht es nur eine andere Form der »Inspiration«, um es zu entdecken? Reicht der »andere Blick« oder ist auch dieser durch die ihm innewohnende Verfremdung zerstörerisch? Muss ich den Prozess der »schöpferischen Zerstörung« immer und tatsächlich auch selbst vollziehen oder »entsteht« eine neue Ordnung nicht schon allein dadurch, dass etwas »Neues« in die Welt gekommen ist? Und welchen Bezug braucht das Neue zum Alten, damit es für mich überhaupt als Bereicherung erkannt werden kann und nicht schlicht unverständlich bleibt?

Wie kommt dieses Neue in die Welt?

Offensichtlich braucht es einen Rahmen, in dem sich kreative Lösungen entwickeln können. Einen Bezug zu dem, »was ist«, damit sich die Dinge miteinander verknüpfen können. Grenzenlose Kreativität wäre Neues im freien Fall, ohne einen

Bezug, einen Anknüpfungspunkt, ohne die Möglichkeit, einen tatsächlichen Zwischenraum zu eröffnen. Um Neues zu schaffen, ist es notwendig, sich mit dem Alten, dem, was ist, zu beschäftigen, es zu hinterfragen – ganz im Sinne des Malers Runge. Vielleicht müssen wir gegen das Gewohnte verstoßen, Regeln und vielleicht sogar Gesetze für einen Moment oder auch nur einen Gedanken außer Acht lassen oder zumindest hinterfragen, und erst dann ergibt sich ein unverstellter Blick auf das Dahinter. Das, was uns dabei zugutekommt, ist eine menschliche Eigenschaft, die wir alle haben bzw. einmal hatten: die Neugier!

Aber die Neugier hat es wahrlich nicht immer leicht. So richtig anerkannt als menschliche Tugend ist sie nicht: »Sei nicht so neugierig« – diesen Satz bekommen viele Kinder gern und bis heute zu hören, wenn sie ihre kleinen Nasen in Dinge hineinstecken, die sie vermeintlich nichts angehen. Aber wie können wir herausfinden, was uns tatsächlich etwas angeht oder was uns vielleicht nur nichts angehen soll, weil es so furchtbar unbequem ist. Bequemlichkeit ist auch nur eine reduzierte Form von Ordnung. Am Ende finden wir eben nur dann etwas heraus, wenn wir unsere Nasen munter und überall in all das hineinstecken, was interessant erscheint, gut riecht oder spannend aussieht. Die Neugier, das neugierige Fragen und Hinterfragen, das auch die Hauptmethode jeder philosophischen Arbeit ist, ist eine Eigenschaft, die schon Albert Einstein »heilig« genannt hat. »Das Wichtigste ist, dass man nicht aufhört zu fragen. Neugierde hat ihren eigenen Existenzgrund. Sie kann nicht anders als staunend über die Ewigkeit, das Leben und die wunderbare Struktur der Realität nachzudenken. Es ist mehr als genug, wenn man lediglich versucht, die kleinen Mysterien des Tages zu verstehen. Verliere niemals diese heilige Neugierde«, so Einstein.

Diese Neugier hat aber etwas anderes im Sinn, als eine neue Kampagne auszutüfteln, ein neues Regal aufzubauen oder fünf Kilo abzunehmen, um ein neues Lebensgefühl zu kreieren.

Sie will verstehen lernen, sie ist »interessiert« – also im Sinne des lateinischen »inter-esse« mitten zwischen den Dingen. Aus dieser Geisteshaltung, dieser Art und Weise, auf die Welt zu sehen, entsteht ein beständiger Austausch, ein Blick, der sich für das Alte oder das Neue entscheiden kann, ohne dabei ständig bewerten zu müssen – und eben das macht wahre Kreativität und schöpferische Kraft aus. Das Neue ist genau wie das Alte kein Wert an sich, erst der Kontext bestimmt, ob das Neue auch das Bessere oder nur das andere ist. Denn selbst wenn wir daran festhalten, dass das Neue im Sinne eines Fortschritts (eines Fortschreitens) immer wieder eine Verbesserung gegenüber dem Alten bedeutet, können wir dieses Neue ganz sicher nicht erzwingen.

Mit dem bloßen Entschluss ist es nicht getan, das wissen wir alle aus eigener Erfahrung. Wichtig ist bei allem Hang zur Bequemlichkeit die Erkenntnis, dass Stillstand kein Zustand ist, in dem es der Mensch lange aushält. Wir sind tätige, kreative Wesen, die handeln und gestalten, die Dinge herstellen und Ziele erreichen wollen, und das ist gut so – bei aller Tragik und Entfremdung.

Kunst als größtmögliche Annäherung an das Leben

Die Bewunderung gilt der kreativen Begabung des Menschen, die den Dingen eine besondere Ordnung gibt, nicht aber der menschlichen Ratio, dem Verstand oder seiner Vernunft allein. Das lesen wir schon bei Nietzsche. Die Fähigkeit, sich in einer unverständlichen und chaotischen Welt einzurichten, indem wir den Dingen Namen geben, uns Häuser und Strukturen schaffen, um uns selbst ein Zuhause zu erschaffen, das sieht Nietzsche als künstlerische Meisterleistung an, die aber nichts mit richtig und falsch zu tun hat. Erst der Anspruch an eine sogenannte Wahrheit macht diese geschaffenen Strukturen zu einem Problem, behaftet sie mit einem Mangel, denn

Kreativität ist ganz sicher nicht die Antwort auf ontologische Fragen nach dem Sein des Lebens. Ganz im Gegenteil, der kreative Blick ermöglicht es uns, diese Fragen »sein« zu lassen, sie vielleicht weiterhin zu stellen oder zu bedenken, aber ohne den verkrampften Anspruch einer schlüssigen Antwort. Nur so entwickelt sich die Gabe, die Dinge sein zu lassen – nicht an ihnen zu ziehen und zu zerren und möglicherweise die eigene Kraft dafür zu verschwenden, dass wir Dinge ändern wollen, die nicht in unserer Macht stehen. Diese Balance aus Sicheinlassen und Loslassen ist die wahre Gelassenheit, wie sie Martin Heidegger in seinem Denken einfordert. Und wenn es uns gelingt, eine solche Haltung einzunehmen, diese Perspektive zu unserer zu machen, dann liegt das Neue tatsächlich viel weniger in den Dingen selbst als in der Art und Weise unserer Betrachtung. So wie es der Dichter und Schriftsteller T. S. Eliot beschrieb: »Und das Ende allen Erkundens wird sein, dass wir ankommen, wo wir aufbrachen. Und diesen Ort zum ersten Mal erkennen.«

Wir drehen uns nie im selben Kreis

Wir alle kennen die Geschichte von Janosch, die genau diese »Erkenntnis« in ihrer ganzen Schönheit zum Thema hat. Der kleine Tiger und der kleine Bär machen sich auf den weiten Weg nach Panama. Denn in Panama riecht es nach Bananen: Also ist Panama das Land ihrer Träume. Kurz entschlossen schnüren sie ihr Bündel, machen sich auf den weiten Weg ins Land ihrer Träume und erleben allerhand Abenteuer, bevor der Weg sie in einer großen Schleife wieder zurück zu ihrem kleinen Häuschen führt. Mit all den Erlebnissen und Erfahrungen im Gepäck ist auch der Ort, von dem sie aufbrachen, bei ihrer Ankunft nicht mehr derselbe, und sie freuen sich unendlich über scheinbar Gewohntes und Selbstverständliches. Während ihrer Abwesenheit ist das eine oder andere verwittert und zerbrochen, das Alte wird im Sinne des Neuen wieder instandgesetzt und – auch wenn es an diesem Ort nicht nach Bananen riecht – es ist der Ort ihrer Träume, es ist Panama.

Wenn wir lernen, auch in unseren Mustern und Ordnungen diese Momente zu suchen und unser »Land der Träume« vielleicht im Bestehenden finden, dann ergeben sich daraus Zusammenhänge, Kontexte und Ordnungen, die für uns ihre ganz eigene Stimmigkeit entfalten. Und es entsteht am Ende doch etwas Neues, aus dem schlichten Grund, dass wir nicht mehr dieselben sind. Veränderung kann an den verschiedensten Orten stattfinden und beeinflusst doch immer das Ganze. Auf diesem Fundament lässt sich sehr viel Chaos und lebendige Vielfalt aushalten. Wenn es gut läuft, nehmen wir sie einfach an, und wenn wir noch einen Schritt weitergehen, lernen wir dieses Chaos als Teil unserer eigenen Ordnung zu genießen, als kreative Quelle und Potenzial für eine neue Ordnung, ganz im Sinne der griechischen Idee des Kosmos.

Wenn wir also über den Zusammenhang von (Lebens-) Kunst, dem anderen Blick, Harmonie und Stimmigkeit und der Suche nach Kreativität und Neugier nachdenken, dann fragen wir uns, was uns am Ende einer solchen Suche erwartet, wenn es denn keine »bestehende« Ordnung sein kann. Die Antwort ist kurz und fällt eher schlicht aus: Es ist ein »gutes« Gefühl, mit Platon vielleicht eher das Gefühl des »Guten«, das wir bei aller Suche am Ende finden können. Dieses Gefühl ist mit einer bestimmten »Stimmung« verbunden, die wir in unserem wild gewordenen Alltag vermissen – Ruhe, Zeit, Genuss für diesen Moment, in dem eben einfach einmal alles stimmt und wir unseren eigenen, oft so unerreichbaren Ansprüchen an ein »gutes Leben« gerecht werden können.

Wider die Vollkommenheit:
Kunst ist der Umgang mit dem Unvollkommenen

Dieser Wunsch nach einer (ästhetischen) Ordnung, die uns
so etwas wie Ruhe und Zeit verspricht – einfach, weil sie uns
nicht dazu auffordert, irgendetwas tun oder verändern zu
müssen, ist weder auf Dauer zu erfüllen, noch ist es möglich,
ihn von unserer Wunschliste zu streichen. Aber die Kunst besteht darin, ihn immer wieder einmal zu erfüllen – einen Zustand herzustellen, in dem wir diese Stimmung tatsächlich
haben und spüren können, um uns dann wieder anderen
Dingen zuwenden zu können. Es geht eben nicht um Perfektion, nicht darum, hinter jedem Weinglas auf dem Glastisch
schon den Rand zu sehen, den es hinterlassen wird, und uns
mit Untersetzern jeder Form und Größe auszurüsten, um all
diese Ränder schon im Ansatz zu verhindern. Vielmehr geht
es darum, nach einem weinseligen Abend vielleicht doch die
Gläser abzuräumen und vielleicht sogar die Geschirrspül-
maschine anzustellen, damit der nächste Tag wieder ganz für
sich beginnen kann – ohne all die Überreste und Ränder des
vergangenen Abends. Eine Frau erklärte mir vor Kurzem in
einem Gespräch, dass es für sie ein unerlässliches Ritual sei,
morgens das Bett zu machen. Nicht, weil es sein muss oder irgendein Überraschungsbesuch vielleicht den Kopf durch die
Schlafzimmertür stecken könnte, sondern weil es für sie eine
Wertschätzung für den einzelnen Tag bedeutet, an seinem
Ende unter eine durchgeschüttelte und nur für diese Nacht
glatt gezogene Bettdecke zu kriechen. Der Unterschied zwischen diesem Gedanken der »Achtung« für den jeweiligen
Tag oder der bloßen Erledigung einer Aufgabe, die dazugehört, weil wir es immer schon so und nicht anders gehalten
haben, ist von außen nicht zu unterscheiden. Und doch stecken zwei völlig unterschiedliche Handlungen dahinter. Genauso gibt es auch das umgekehrte Phänomen, den gefühlten

Befreiungsschlag, wenn wir eines Morgens aus dem Haus gehen und das Bett einfach einmal sein lassen wie es ist, das letzte Glas Orangensaft vom Frühstück nicht austrinken und abwaschen, sondern einfach nur gehen und die Tür ins Schloss ziehen.

Dahinter steckt eine andere Form der inneren Ordnung, nämlich das Bewusstsein der eigenen Gestaltungsfähigkeit. Ich muss die Dinge nicht tun, ich kann das Glas auch heute Abend noch abwaschen, ich entscheide über die Dinge und nicht umgekehrt.

Perfektion ist das Gegenteil jeder lebendigen Ordnung

Es geht also wieder und wieder um die eigene Geschichte, die in den Dingen wohnt und sich an ihnen weiterspinnt. Darin ist fast alles möglich, solange wir uns vom leidigen Ideal der Perfektion verabschieden. Perfektionismus ist angesichts des Lebens bloße »Theorie«, ein Muster, ein Ideal, das uns permanent das Gefühl des Scheiterns beschert, solange wir das perfekte Bild als tatsächlich zu erreichendes Ziel formulieren. Demgegenüber steht die Idee eines »lebendigen« und ganzheitlichen Denkens, dessen Ordnung am Ende nichts mit Perfektion, sondern mit »Aufrichtigkeit« zu tun hat – dem Anstand einer kosmischen Ordnung, der Glaubwürdigkeit mir selbst und meiner Umwelt gegenüber. Es geht nicht darum, perfekt zu sein, sondern »gut« und damit auf eine ganz eigene Weise schön.

Perfektionismus meint in der Philosophie die Kunst der »Selbstvollendung«, die Gabe, etwas Vollendetes zu schaffen, das nichts statisch Abgeschlossenes meint, das sich an einer Liste mit Eckdaten abgleichen ließe, sondern eine vollendete Form der Stimmigkeit, die nur in der Beweglichkeit des Lebens selbst zu erreichen ist bzw. erfahrbar werden kann. Die Perfektion als zu erreichendes Ideal und als Abwesenheit jeder Form von Makel oder Unvollkommenheit ist der Tod jeder Kunst, jedes Kunstwerks. Sie ähnelt dem theoretischen Modellversuch im Labor der Naturwissenschaften, das die Realität aussperrt. Auch wenn es sowohl in der Naturwissenschaft als auch in der Kunst darum geht, die Realität »abzubilden«, versteh- und vielleicht erklärbar zu machen, bleibt es grundlegend, dass wir uns ebendieses »Versuchscharakters« bewusst bleiben und jede Form der Perfektion lediglich als eine mögliche Annäherung an das Gute erkennen – und nicht als letzte Form einer »Identität« mit der Wirklichkeit bzw. dem, was wir dafür halten.

Das, was wir als perfekt ansehen, erscheint meist nur deshalb so makellos, weil wir es nur als Fragment kennen. Wir ergänzen die Bausteine, die wir sehen, durch unsere eigenen Erfahrungen, Werte und Sehnsüchte und stricken uns am Ende ein Bild daraus, das nichts mehr mit irgendeiner Form von Wirklichkeit zu tun hat. Auch das ist ganz im Sinne Nietzsches ein künstlerischer Akt, der als solcher bewundert werden kann, aber er formuliert kein Lebensmodell, dem wir uns verpflichten sollten. Es geht nicht um das perfekte Kopieren oder Abbilden der Welt da draußen, sondern um eine hermeneutische Interpretation, eine Deutung der Dinge, die mir entsprechen, die eine Beziehung zwischen mir und ihnen herstellen und mich damit »berühren«, mich betroffen, besorgt oder begeistert werden lassen. Machen wir uns also auf die Suche nach Zeichen und Wundern, nach kleinen und großen Geheimnissen und Chiffren, die möglicherweise weiterhelfen können, unserem Perfektionismus wieder ein paar Rätsel und Geheimnisse abzuringen.

Vom Umgang mit dem Wunderbaren:
Die Kunst der (Be)Deutung

Es gilt, unser Leben als »Kunstwerk«, als Geschichte oder einen eigenen Text, in jedem Fall als ein lebendiges Zusammenspiel von Erfahrungen und Erlebnissen ernst zu nehmen. Dabei müssen wir uns gewahr werden, was wir eigentlich für Ordnungssysteme in unserem Leben haben, mit denen wir die Welt ordnen. Natürlich haben wir Dinge wie Schubladen, Kartons, Schränke und Regale. Aber, wie wir gehört haben, haben wir außerdem geistige Baukästen und Muster, wir haben Religionen, Weltanschauungen und ganz persönliche Überzeugungen. Wir haben jede Menge Definitionen, von denen Herbert Marcuse einst sagte, die meisten von ihnen seien eher so etwas wie Konfessionen, also Ausdruck einer bestimmten Überzeugung. All das sind »Ordnungssysteme«, die wir unserer Umwelt vermitteln: erst einmal durch Sprache, Symbole, Statussymbole und die Art, wie wir uns kleiden oder uns bewegen – in einem Wort, durch die Art, wie wir uns darstellen, wie wir kommunizieren und welche Signale und Zeichen wir aussenden.

Mit Zeichen und Symbolen gaben die Menschen bereits in den frühesten Kulturen dem Unsichtbaren, dem Unfassbaren eine Form. Der Freud-Schüler C. G. Jung ging davon aus, dass jeder von uns mit sogenannten archetypischen Bildern tief in unserer Seele verbunden ist, Bildern, die auch kulturell von großer Bedeutung sind. Die Zeichen für Stern, Sonne und Mond beispielsweise haben immer schon auf einen weitaus größeren Zusammenhang hingewiesen als auf das bloße Abbild eines Himmelskörpers. Das Zeichen selbst stand symbolisch für etwas, das über es hinausging, und jeder, der es sah, war sich dessen bewusst – auch wenn er die genaue Erklärung möglicherweise nicht kannte. Symbole sind immer so etwas wie eine Annäherung an das Wesen der zu beschreibenden

Phänomene, die sich der weiterhin bestehenden Kluft nur allzu bewusst sind. Aber sie lassen sich nutzen, um die Dinge »anzuzeigen«, um uns eine Orientierung und eine Verständigung und Vermittlung zu ermöglichen. Aus diesem Miteinander ensteht so etwas wie ein kulturelles Gedächtnis, das aus unserer Geschichte hervorgeht, eine Geschichte, in die jeder auf irgendeine Weise hineingeboren ist. Charles Taylor spricht an dieser Stelle von unserem »Bedeutungshorizont«, in den wir unser Verstehen einordnen, den wir nicht abstreifen oder infrage stellen können. Diese Geschichte, diese systemischen Zusammenhänge bilden kulturelle und gesellschaftliche Ordnungen, auf die wir uns verlassen, die wir uns als Leitbild und Wertmaßstab nehmen – trotz aller Fragmentierung und Auflösung von Zusammenhängen in der Moderne.

Was hat das alles zu bedeuten?

Zeichen und Symbole sind »Chiffren« (ganz im Sinne Karl Jaspers, der den Begriff der »Chiffer« für die geheimnisvollen Zusammenhänge des Lebens geprägt hat) für das, was wir als persönliche, soziale oder gar kollektive Identität bezeichnen, aber nicht in Theorien oder logischen Zusammenhängen ausdrücken können. So sagt Jaspers: »Wir leben in einer Welt der Chiffern, in der sich uns zeigen soll, was eigentlich ist, aber sich nichts zeigt, sondern in unendlich sich abwandelnden Bedeutungen bleibt. Chiffern sind gleichsam die als von uns hervorgebrachte Sprache, die doch von dort zu uns dringt. Die Chiffern sind objektiv: in ihnen wird etwas gehört, was dem Menschen entgegenkommt. Die Chiffern sind subjektiv: der Mensch schafft sie nach seiner Vorstellungsweise, Denkungsart, Auffassungskraft.«

Wieder zeigt sich die ganze Ambivalenz unserer Welt, die beständig von einer subjektiven Wahrnehmung, einem Gefühl zu einer Form wird, die wir anderen – objektiv – zu vermitteln versuchen. Diese Form greift zurück auf etwas, das aus den Dingen zu uns dringt – das Auratische, das Sinnvolle, das in ihnen liegt. Aber eben dafür fehlen uns allzu oft die Worte, die Methoden, die Instrumente – und genau hier hilft die Kunst, die Kunst der Auslegung und der hermeneutischen Deutung, um auf diese zweifache Ambivalenz hinzuweisen. Es ist nicht ihre Aufgabe, die Lücke zu schließen und die einzig gültige Methode zu sein. Ihre Kompetenz liegt darin, überhaupt erst auf diese Lücke aufmerksam zu machen, damit wir mit ihr Leben lernen können. Denn auch in der Kunst, der Musik, der Dichtung bleibt es immer bei der Suche nach einer geeigneten Ausdrucksform, niemals erreichen wir so etwas wie ein exaktes Abbild.

Inspiration, Intuition und die Freude am Spiel

Wenn wir uns also immer wieder aufs Neue auf den Weg machen, diese Zeichen und Signale zu deuten, uns in ihnen zu erkennen, dann brauchen wir andere Mittel als unseren Verstand. Hier kommt uns unsere Intuition erneut auf wertvolle Weise zu Hilfe. Aber wie wir schon bei der Formulierung der eigenen Prioritäten herausgefunden haben – nur wenige von uns haben es gelernt, dieser Stimme gerecht zu werden. Manche hören sie gar nicht mehr, andere rennen ihr blind hinterher, weil sie Intuition mit dem leidenschaftlichen Ergreifen des »Jetzt« verwechseln, und die wenigsten haben Zugang zur Intuition und der Stimme der Vernunft gleichermaßen. Sich mit diesen beiden Gesellen einmal gemeinsam an den Tisch zu setzen, verspricht eine sehr interessante Angelegenheit zu werden: ein Streitgespräch vielleicht, möglicherweise aber auch ein Dialog im besten Sinne des Wortes – eine Bereitschaft zur Kooperation. Die Intuition nicht als Gegenspieler, sondern als wertvollen Partner der Vernunft ins Boot zu holen, um die Zeichen um uns herum besser deuten zu lernen, ist zwar keine neue Idee, aber wenn wir uns umschauen, noch lange keine gängige Praxis. Doch es lohnt, sich darauf zu besinnen: Wir denken an den »anderen Blick« – je mehr wir schauen bzw. wahrnehmen, desto mehr sehen wir.

Wenn wir das Leben nicht zu erklären versuchen, um es zu kontrollieren, sondern uns in dieser »Schau« üben und das Gesehene für uns nutzen lernen, entstehen völlig andere Regeln und Ordnungen. Regeln, die eher denen eines Spiels gleichkommen, weil sie etwas zu regeln versuchen, dem wir nie in Gänze auf die Spur kommen werden. Am Ende ist also die höchste Form der Ordnung, in der sich sowohl der künstlerische, kreative Aspekt als auch der Wunsch nach Systematik und Regeln vereinen lässt, die Idee des Spiels. Denn dieses weiß, streng und diszipliniert geregelt, um seinen experimentellen und fragmentarischen Wert und ist – und das ist vielleicht der Kern dieser Idee – darauf ausgelegt, Freude zu machen.

Von der Kunst des Spielens – oder die Freude am eigenen Tun

Auf der Suche nach dem eigenen Spielfeld ist die Philosophie viel weniger eine Antwort oder ein Lösungsvorschlag als eine wertvolle Wegbegleiterin. Nach Michel Foucault ist sie »eine Bewegung, mit deren Hilfe man sich nicht ohne Träume und Illusionen von dem freimacht, was für wahr gilt, und nach anderen Spielregeln sucht«. Es geht darum, dem Leben mit einem experimentierfreudigen, neugierigen und letztlich spielerischen Blick zu begegnen, der sehr wohl darum weiß, wie wichtig es ist, die Spielregeln einzuhalten, wenn man sich denn einmal auf sie geeinigt hat. Der chilenische Philosoph und Systemtheoretiker Humberto Maturana beschreibt das gesamte Leben als Spiel, sofern wir uns auf das besinnen, was wir tun und wie wir es tun. Eine Qualität des Spiels liegt darin, sich fokussieren zu lernen und nicht bei allem, was ich tue, die vermeintlichen Konsequenzen mitzudenken. Es geht um den Umgang mit Vorgaben und Regeln, um Beschränkungen und Zwänge, die wir annehmen, verändern oder auch brechen können, sofern wir bereit sind, die Konsequenzen dafür zu tragen, die wir aber nicht immer vorausplanen können. Sich auf ein Spiel einzulassen, bedeutet eben auch, dieses Risiko eingehen zu können und die eigene innere Sicherheit, die Freude am eigenen Tun zum Maßstab für das zu machen, was mein Handeln bestimmt. Diese Freude ist kein flüchtiger Spaß oder schnelles Vergnügen, sondern ein Gefühl, das uns ganz in dem aufgehen lässt, was wir tun – auch wenn es hin und wieder quer zu den gängigen Handlungsmustern steht.

Nach einem Vortrag habe ich vor Kurzem ein interessantes Gespräch mit einem Zuhörer geführt, der sich gegen eine solche Sichtweise mit den klaren Worten zur Wehr setzte, er könne sich doch nicht beständig gegen das herrschende System stellen – nicht, weil er dieses System für richtig halte, sondern weil er nun mal nicht gern verliere. Das ist konsequent, gibt aber ebenso Spielregeln vor, die wir in diesem Fall vorfinden und uns zunutze machen. Sie sind nicht von uns gemacht und möglicherweise auch nicht gemocht. Ist aber das persönliche Gewinnen das Ziel, um das es geht, dann sollten wir die Spielregeln des herrschenden Systems bedienen – müssen dann aber auch die Konsequenzen dafür tragen. Und eben hier tun sich oft Differenzen auf.

Rollenspiele

Allerdings gelingt es natürlich ebenso wenig, ein Spiel zu entwerfen, das sich komplett außerhalb der bestehenden Regeln bewegt. Jeder anarchische Versuch, sich außerhalb einer Gesellschaft zu bewegen, ist meist extrem darauf angewiesen, dass die negierte Gesellschaft diesen Versuch billigt. Wir erinnern uns an die Abhängigkeit, die die vollständige Negation des Alten zu ebendiesem Alten eingeht. Wenn wir im Bild des Spiels bleiben, gilt es vielmehr, verschiedenste Spiele spielen zu lernen – nacheinander und manchmal auch im Wechsel, je nachdem, wie viel Raum und Kraft wir zur Verfügung haben. Wir müssen also auch zu lernen, das Widerständige, das Nichtgemochte in unser Spiel zu integrieren. Nach Heidegger vermögen wir zwar nur das tatsächlich, was wir tatsächlich »mögen«, aber wir haben auch die Begabung, die Gegensätze, die Polarität der Welt in einer Balance auszugleichen, die dem Spiel selbst innewohnt. Denn jedes Spiel ist bei Weitem keine spielerische Leichtigkeit allein, sondern eine verdammt ernste und verbindliche Angelegenheit. Das wissen wir aus dem Fußballstadion, der Doppelkopfrunde oder wenn wir unseren Kindern beim Spielen zusehen bzw. – hören. Meine Tochter ist hoch empört, sofern sich ohne vorherige Ansage die Rollen innerhalb eines Spiels verändern – ihre Freundin sich beispielsweise spontan entscheidet, dass sie doch lieber die Schwester und nicht die Mutter spielen möchte oder der Stoffhund in der Tierarztpraxis wie aus heiterem Himmel plötzlich nicht mehr operiert werden muss. Auch die Frage, ob man »Mensch-ärgere-Dich-nicht« nun mit oder ohne Rausschmeißen spielen kann und es dann noch dasselbe Spiel ist – worüber soll man sich denn dann noch ärgern bzw. eben nicht ärgern? –, haben in unserem Wohnzimmer schon längere Grundsatzdebatten zutage gefördert. Sofern wir unseren Wunsch nach Ordnung also mit der Idee des Spiels verbinden, entsteht ein Rahmen, in dem wir all die genannten Aspekte unterbringen können. Es geht um Systematik und klare Kriterien, es geht um die Sicherheit und Verbindlichkeit, dass sich meine Mitspieler auch an die vereinbarten Regeln halten – und es geht darum, die eigenen inneren Fähigkeiten zu nutzen, um in diesem Spiel zu bestehen, es entsprechend auszuwählen und eben nicht Handballer zu werden, wenn ich mit Bällen nichts anfangen kann.

Wenn diese Kriterien feststehen, kann ich mich in diesem Spiel üben – trainieren, experimentieren –, es bis zur »Meisterschaft« bringen, im Sinne einer ganz persönlichen Bestheit, die sich im Rahmen meiner selbst gewählten Möglichkeiten und der Gemeinschaft, in der ich lebe, verwirklichen lässt. Das ist das höchste Gut, das wir erreichen können – die antike Tugend der »Glücksseligkeit«. Und was wollen wir anderes, wenn wir uns danach sehnen, dass endlich einmal alles in Ordnung ist? Friedrich Schiller hat in seinem 15. Brief »Über die ästhetische Erziehung des Menschengeschlechts« geschrieben, der Mensch »sei nur da ganz Mensch, wo er spielt« – ein »homo ludens«. Aber dieses Spiel bedeute eben auch, den ganzen Ernst von Pflicht und Schicksal mit zu bedenken, wenn wir die Regeln auswählen – nur dann könne sich ein Gleichgewicht aus dem inneren »Müssen« und der äußeren Freiheit des Spiels ergeben. Das Spiel wird bei Schiller zu einem Fundament für jede Form der Kunst, insbesondere aber für ihre schwierigste Form – die der Lebenskunst. Und dabei halten wir es am Ende noch einmal mit Hermann Hesse, der die wahren »Künstler«, die Lebenskünstler als die Menschen beschreibt, denen es »Bedürfnis und Notwendigkeit ist, sich selber lebend und wachsend zu fühlen«, die »sich der Grundlage ihrer Kräfte bewusst« sind und auf ihr »nach eingeborenen Gesetzen sich aufzubauen, also keine untergeordnete Tätigkeit und Lebensäußerung zu tun, deren Wesen und Wirkung nicht zum Fundament in demselben klaren und sinnvollen Verhältnis stünde, wie in einem guten Bau das Gewölbe zur Mauer, das Dach zum Pfeiler.« Alles steht in einem Zusammenhang, den wir sehen und gestalten, ja manchmal sogar selbst »bauen« lernen können.

Kapitel 4

Wie bringe ich mein Leben in Ordnung?
Ein philosophischer Wegweiser in aller Kürze

Where is the wisdom we have lost in knowledge?
Where is the knowledge we have lost in information?

T. S. ELIOT

Wenn wir all das Gehörte am Ende auf eine einzige Regel bringen wollten – vielleicht sogar auf eine Formel, und wie herrlich sind Formeln angesichts all der unbeantworteten Fragen –, dann könnte es diese sein: D * V * F > R.

Nach dieser Formel (aufgestellt von den Organisationsentwicklern Richard Beckhard und David Gleicher am MIT) findet immer dann Veränderung statt, wenn das Produkt aus der Unzufriedenheit mit dem Bestehenden (D = Dissatisfaction), einer Vision des Möglichen (Vision) und ersten greifbaren Schritten (First concrete steps) größer ist als der Widerstand (Resistance), den wir aufbringen können. Dass der Widerstand gegenüber Veränderung häufig unüberwindbar erscheint, zeigt, wie viel Unzufriedenheit, aber auch visionäre Kraft und umsetzbare Ideen in der Wagschale liegen müssen, um diesem Widerstand zu begegnen. Es ging in den letzten Abschnitten immer um die Frage der Ordnung, aber sobald wir Ordnung im Sinne einer Liebe zum Chaos weiterdenken und die Lebenskunst und das spielerische Element in diese neue Idee von Ordnung hineinholen, haben wir es vorrangig damit zu, die Veränderbarkeit, die verschiedenen Gesichter jeder Form von Ordnung sehen und leben zu lernen. Veränderung ist das eigentliche Thema, um das es in den letzten Kapiteln gegangen ist – Veränderung als Bedingung, als Ziel, aber auch als

Hindernis all unserer Bestrebungen, unsere Welt in Ordnung zu bringen. Veränderung ist der Grund, warum wir immer wieder aufs Neue aufräumen (müssen), sie ist das Neue, das wir suchen, wenn etwas nicht mehr in Ordnung ist, und sie ist das, was uns häufig genug in die Quere kommt, wenn wir glauben, nun endlich die richtige Ordnung gefunden zu haben. Denn – und auch das wusste schon Immanuel Kant: »Nichts ist beständig als die Unbeständigkeit.«

Die Lust an Veränderung

Wenn wir »Veränderung« nun in einer solchen Formel als scheinbar konkretes Phänomen anschauen, dann wird deutlich, dass sie hin und wieder eben nicht etwas zu Bekämpfendes darstellt, sondern das ist, was wir brauchen, was uns fehlt, damit unser Leben in Ordnung »kommen« kann. Sie muss uns nicht den Boden unter den Füßen wegziehen oder alles in Unordnung bringen, sondern sorgt hin und wieder dafür, dass wir das fehlende Puzzlestück finden, dass wir Neues entdecken und in unser Leben holen können.

Ordnung zu schaffen, bedeutet letztlich nichts anderes, als mit Veränderung umgehen zu lernen. Wenn wir uns nach alldem, was wir in den letzten Kapiteln über die Verschiedenheit und Komplexität von Ordnungen gehört haben, immer noch auf diese Suche nach dieser Fähigkeit machen wollen, dann gilt es im Kern, sich von der vermeintlichen Wahrheit freizumachen, dass es um das »Finden« von etwas Bestimmten geht, dass wir so etwas wie ein »klares Ziel« festlegen können und dieses dann nur noch erreichen müssen. Auch das Finden einer eigenen Ordnung ist ein Prozess und damit deutlich komplexer als der Zieleinlauf beim 800 Meter-Lauf oder die Erleichterung über den wiedergefundenen Schlüsselbund. Allerdings ist dieses Finden auch interessanter, denn dass, was wir finden können, ist die Art und Weise, wie wir am besten suchen. Das klingt nun nicht gerade reizvoll – aber bei aller Liebe zu klaren Ordnungen, wissen wir mittlerweile, dass immer das Chaos bleibt, das jeder Form von Ordnung zugrunde liegen wird. Wir können es einrahmen, wir können uns einen Weg hindurchbahnen, wir können ihm einen bestimmten Raum geben, damit es sich aus anderen Räumen heraushält. All das können wir tun, aber wir können es nicht zum Verschwinden bringen. Das Chaos ist das, was alles andere möglich macht, es ist das Potenzial für all das, was wir tun und lassen. Warum sollten wir ebendiese Möglichkeiten nicht auch dann lieben lernen, wenn sie nicht alle Realität werden können? Diesen »Schwebezustand« tatsächlich in Ordnung zu finden, sich darin bewegen zu lernen und ihn irgendwann ganz selbstverständlich zu leben, darin tanzen, laufen und anhalten zu können – egal in welcher Stimmung –, darum geht es. Das ist das Ziel.

Der erste Schritt auf dem Weg:
Anhalten und Hinsehen

Um die »Dinge« wirklich und wahrhaftig in Ordnung zu bringen, reicht es also nicht, wahllos große blaue Müllsäcke vollzustopfen und zum nächsten Container zu fahren. Wir müssen uns zunächst mit all diesen Dingen beschäftigen, eine bewusste Auswahl treffen, und das gelingt nur, wenn wir unser tägliches Programm unterbrechen und die Dinge ansehen. Es muss gar nicht lang sein. Alles, was nötig ist, ist Aufmerksamkeit, die volle Aufmerksamkeit für diesen einen Moment und die Bereitschaft hinzusehen. Ach, ja – und ein wenig Licht wäre schön: Es gilt, den Lichtschalter zu finden, die Gardinen aufzuziehen, vielleicht sogar die Fenster zu öffnen, um auch noch ein wenig frische Luft hereinzulassen.

Erst wenn wir in Ruhe und genau hinsehen, können wir herausfinden, worum es eigentlich geht. Die Philosophie ist an dieser Stelle kein Ratgeber, der die richtige Antwort aus dem Hut zaubert. Sie ist eher so etwas wie eine »Sehhilfe« – eine neue Brille oder das Putzzeug, mit dem ich endlich den Dreck und die Streifen von den Fenstern wegbekomme. Wir alle kennen dieses Gefühl, wenn die erste Frühlingssonne durch die Winterfenster scheint und uns eröffnet, was sich in ein paar Monaten alles an gräulichen Seltsamkeiten auf Fensterscheiben ansammeln kann: Wir sehen die Welt durch einen Schleier und merken es erst jetzt, wenn die Sonne uns darauf aufmerksam macht. Für manche Menschen scheint es leichter, diesen Schleier beizubehalten – hin und wieder ist es ganz angenehm, wenn die Dinge nicht so klare Konturen haben, wenn alles etwas neblig von einem ins andere übergeht. Und doch ist es interessant zu erfahren, was passiert, wenn dieser »Schleier der Maja« – wie es Nietzsche und Schopenhauer genannt haben – reißt. Es kann schmerzhaft und kaum auszuhalten sein, wenn wir etwas entdecken, das wir aus gutem Grund hinter diesem Vorhang in einer dunklen Ecke versteckt hatten. Aber es kann auch der Weg zur eigentlichen »Ordnung« sein, wenn wir es da wieder herauskramen. Wir müssen nicht zwingend und bei Festbeleuchtung permanent in alle Ecken und Winkel unseres Lebens schauen. Das Wesentliche bleibt bei aller Philosophie, Psychologie und Forschung am Ende geheimnisvoll genug, wie wir mittlerweile wissen. Aber wenn es immer und immer wieder dieselben Fragen sind, die uns umtreiben, die uns rastlos von A nach B und wieder zurück hasten lassen, dann sollten wir doch ein wenig genauer hinschauen, um die Ursache unserer Fragen herauszufinden. Darüber hinaus ist es nicht schlecht, vorbereitet zu sein, wenn uns das Leben hin und wieder zuvorkommt und mit aller Kraft und Plötzlichkeit den Lichtschalter umlegt, um uns auf unsere dunklen Ecken und wunden Punkte hinzuweisen. Aber um diesen ersten Schritt in unsere persönliche Ordnung zu tun, brauchen wir keine existenzielle Krise – oft reicht eine schlichte Frage oder ein leises Unbehagen. Manchmal ist es schon eine Riesenhilfe, einen Eimer Wasser zu nehmen und die Fenster putzen – von innen und von außen. Der Blick wird klarer, und mit etwas Glück helfen uns die Dinge selbst auf die Sprünge, wenn sie sich »klären« oder gar »lichten«, ohne uns zu fragen. Am Ende spricht Kurt Tucholsky uns aus der Seele, wenn er sagt:« (...) aber laß' Licht in alle deine Ecken. Und höre nicht auf die Stimme deiner Frau, die dir sonst so gut rät; wenn sie aber sagt: ›Man kann das noch gebrauchen!‹ – dann denk an den großen Kasten mit alten Schlüsseln, die du immer, immer noch aufbewahrst, Schlüssel, zu denen die Schlösser verloren gegangen sind ... Kann man das noch gebrauchen? Das kann man nicht mehr gebrauchen. Die Basis jeder gesunden Ordnung ist ein großer Papierkorb.«

Aufräumen mit alten Mustern:
Wo stehe ich und habe ich eigentlich einen Standpunkt?

Wenn ich also genau hingesehen habe, die Fensterscheiben blitzen – kann ich mich an die Bestandsaufnahme machen und Tucholskys großen Papierkorb neben mir aufbauen. Was brauche ich eigentlich wofür – was ist unsere eigene »Kiste mit den alten Schlüsseln«? Was ist eine lieb gewordene Erinnerung, was eine alte Gewohnheit und was eine geistige Krücke? Wo stecken meine Vorurteile und woher kommen diese inneren Baukästen? Was gibt mir Sicherheit und muss in jedem Fall bleiben, und was rangelt da miteinander? Auch Vorurteile und alte Pantoffeln geben Sicherheit, sollten aber vielleicht trotzdem das Feld räumen.

Trotz aller Fragen ist eine erste Auswahl meist nicht so schwer zu treffen: Einiges an inneren wie äußeren »Kostbarkeiten« ist bei näherem Hinsehen schon ziemlich aufgetragen, völlig aus der Mode oder einfach in unserem derzeitigen Lebensabschnitt nicht mehr notwendig: also aussortieren?

Um diese Fragen zu stellen, ihnen »nachzudenken« und Entscheidungen zu treffen, gilt es, sich all das in Erinnerung zu rufen, was wir über die Zeit – den richtigen Moment –, die Stimmigkeit und das Einverstandensein der Dinge miteinander gehört haben. Es geht nicht um eine perfekte Ordnung, sondern darum, dass wir uns nicht mit Krempel das eigene Leben verstellen, unsere eigene Intuition schärfen und neben dem Hinsehen auch Hin- und Zuhören lernen, um die eigene Geschichte von ebendiesem Krempel frei zu halten. Die Intuition ist an dieser Stelle mehr als ein Bauchgefühl, das uns immer mal wieder dazwischenkommt und am Ende dafür sorgt, dass wir irgendwelche völlig irrwitzigen Entscheidungen treffen. Die Intuition ist das, was uns mit Martin Heidegger die »Evidenz« einer inneren Gewissheit beschert – wir wissen einfach, dass etwas in diesem Moment für uns das Richtige ist. Um dieses intuitive Moment aber nicht mit plötzlichen Leidenschaften oder sinnlichen Querschlägern zu verwechseln, gilt es, den Kontakt zur Vernunft, zum Intellekt zu pflegen und beide Quellen zu nutzen, um uns besser kennenzulernen.

Diese Sicht kann recht souverän mit all den inneren Stimmen umgehen, die wir gewöhnlich zu hören bekommen, wenn wir versuchen, unser Leben in Ordnung zu bringen. Legen wir den Ordner mit den »guten« Dingen an, behalten wir ruhig ein paar alte Hefte aus dem Englisch-Leistungskurs oder das Cheerleader-Kostüm aus dem Austauschjahr in Amerika – pflegen wir unsere Macken und vermeintlichen Schwächen ruhig mit gebührender Achtung. Auch sie haben ein Recht auf einen Platz in der Ordnung, solange es genügend Luft und Platz für neue Kapitel in der eigenen Geschichte gibt.

Entrümpeln, Wegwerfen, Loslassen:
Was brauche ich wirklich?

Sortieren ist großartig. Nun gilt es aber, das Gerümpel tatsächlich zu entsorgen – und das ist ebenfalls ganz wörtlich gemeint. Wenn wir etwas »ent-sorgen«, ist es wichtig, dass wir unseren alten Kram loslassen können, alte Sorgen also ebenfalls in der Mülltonne landen. Wir können die Dinge entweder wegwerfen, hinter uns lassen oder aus der Welt schaffen: Kleiderkammer, Recyclinghof oder aber das überfällige Gespräch mit der Nachbarin über die Benutzung der gemeinsamen Auffahrt oder die Frage, warum es eigentlich so wichtig ist, 60 Stunden in der Woche zu arbeiten. Auf allen Ebenen können wir Klarheit zu schaffen und uns von jeder Menge Müll befreien: innen wie außen.

Beginnen wir am besten bei der Schublade mit den Plastiktüten und Gummibändern. Was um Himmels willen wollen wir damit noch alles transportieren oder zusammenschnüren? Entweder nutzen wir eine dieser wertvollen Plastiktüten, um all die anderen damit zu Grabe zu tragen, oder wir überlegen uns einen Ort, an dem sich solche Dinge tatsächlich weiterverwenden lassen. Auf Wochenmärkten werden Gummibänder gern gesehen, insbesondere am Stand mit den frischen Eiern, um die Eierkartons zusammenzuhalten. Vielleicht wäre das eine Möglichkeit?

Denn es ist natürlich nicht immer nur der ideelle Wert, die Erinnerung, die Geschichte, die an den Dingen hängt, sondern auch der tatsächliche. Ganz sicher kann »man« vieles von dem noch gebrauchen, was uns an Geschenkpapier und -bändern, an Kartons und Boxen, Eisstielen und Weinkorken so ins Haus flattert. Aber wir sind eben nicht immer dieser »man«: Kunstlehrer an Grundschulen sind hin und wieder sehr angenehme Abnehmer für diese Form von »Wertigkeiten« – und die liebe Seele hat endlich Ruh: Die Dinge werden weitergebraucht. Damit sollte die Trennung doch eigentlich nicht mehr allzu schwerfallen? Schließlich erwartet uns nun etwas völlig Ungewohntes: Platz. Nach dem Wegwerfen entsteht Raum für Neues – oder aber für das, was wir sowieso schon haben, eingezwängt oder vergessen in viel zu kleinen Schubladen, weil ja die Plastiktüten irgendwohin mussten.

Was gibt es Neues? Der Mut zur Neugier und der Blick über die eigenen Grenzen

Der Platz ist geschaffen: und nun? Brauche ich einfach nur Luft zum Atmen oder will ich etwas anderes, etwas Neues, das in mein Leben einzieht? Im ersten Fall sollte ich einfach nur den freien Raum genießen und mich im Widerstand gegen jede Neuanschaffung üben. Im zweiten Fall aber gilt es auf Entdeckungsreise zu gehen: mutig und mit der nötigen Geduld im Gepäck.

Vielleicht ist es tatsächlich eine Reise, die erst einmal weiterhilft – nicht wie jedes Jahr an die Ostsee, sondern vielleicht einmal auf die andere Seite des Kontinents. Wer muss schon französisch sprechen, um einen schönen Urlaub am Atlantik zu verbringen? Oder wer war »noch niemals in New York«, wollte aber immer so gern einmal dorthin? Vielleicht nehme ich aber auch einmal mit meiner Tochter zusammen eine Reitstunde, rufe einen alten Schulfreund an, probiere ein paar neue Rezepte aus, buche einen Volkshochschulkurs oder kaufe im Asialaden nebenan ein paar Dinge, die ich nicht einmal aussprechen kann? Es gibt vieles, das wir nicht oder nicht mehr kennen, vieles, auf das wir uns einfach einmal einlassen könnten, ohne große Risiken einzugehen. Und wer weiß, was sich daraus für Ideen, Begegnungen, Gespräche ergeben, die dann die Themen mitbringen, die in meiner neuen Ordnung einen Platz haben werden?

Nach der Entdeckungsreise gilt es aber wiederum anzuhalten und hinzuschauen: Was ist von diesen interessanten Neuerungen wirklich dafür gemacht, bei mir einzuziehen? Was passt zu dem, was da ist, und wie könnte eine Verbindung von beidem aussehen? Der Wunsch nach einer Weltumsegelung wird schwierig in die Tat umzusetzen sein, wenn ich gerade einen neuen Job angenommen habe – aber vielleicht gelingt ein Segelkurs in der Nähe? Wir können uns also auch hier entscheiden: Trauern wir der vagen Vielfalt der Möglichkeiten nach oder freuen wir uns über die eine Wirklichkeit gewordene Möglichkeit, die wir tatsächlich erleben können?

Einräumen und Einrichten:
Die Freude an meiner eigenen Ordnung

Haben wir nun aus all unseren Neuigkeiten ausgewählt, dann gilt es, sich »einzurichten« – in dem, was wir schon hatten, was neu dazugekommen ist, und dem, was an Platz da ist. Und es geht um die Frage, mit wem wir unsere Schätze teilen wollen und wie der gemeinsame Raum gefüllt werden kann. Daraus entsteht im besten Fall ein stimmiges Bild mit einem »Wechselrahmen« – ein ganz persönliches Kunstwerk, das sich auf die Dinge einlässt, wie sie sind. Wir erinnern uns: ein Mosaik, das den einzelnen Teilchen ihren Platz in einer Gesamtheit zuweist, sie selbst aber ihre Eigenheit beibehalten lässt (selbst wenn sie dann hin und wieder den Rahmen sprengen).

Ein solches Kunstwerk maßt sich nicht an, allein in der Hand des »Künstlers« zu liegen. Es ist immer so etwas wie ein Zwischenspiel, zwischen demjenigen, der sein Leben lebt, gestaltet und von Herzen in die Hand zu nehmen bereit ist, und all dem, was in diesem Leben vor sich geht – den Menschen, die darin vorkommen, den Vorgaben der Epoche, den Gebräuchen und Sinnzusammenhängen, in die wir alle hineingeboren werden.

Aber lassen wir uns auf dieses Zwischenspiel tatsächlich ein – und schaffen wir uns darin unsere eigenen Spielregeln –, dann ist es nichts weniger als die Freude, die uns dadurch eröffnet und vielleicht wiedergeschenkt wird. Es ist die Form von gelassener Ruhe, die sich in der geübten Form der Meditation einstellt: eine Freude, die lieben kann, was ist, weil sie nicht ständig darauf aus ist, die Dinge nach ihren Erwartungen anzupassen.

Dieses ganz grundsätzliche Zugeneigtsein, diese Bereitschaft, sich überraschen zu lassen, Neues zu entdecken und darin für das eigene Leben Bereicherung zu finden, beschreibt einen Optimismus, der nichts mit »Simplify your life« oder dem schlichten Appell an ein positives Denken zu tun hat, sondern mit einem unerschütterlichen Vertrauen in die Welt – einer Welt, die mit Wilhelm Leibniz die beste aller Welten sein muss, einfach, weil wir keine andere haben, in die wir uns zurückziehen könnten. Es geht also um die Entschlossenheit, aus dem, was wir haben, das Beste zu machen – auch wenn wir nicht wissen können, wie dieses Beste aussieht. Gehen wir wach und aufmerksam durch unser Leben, ganz im Sinne der modernen Tapferkeit, wie Karl Jaspers es so schön formuliert hat: »Das ist die moderne Tapferkeit: Fortfahren im versuchenden Leben, wenn auch keine Gewissheit ist, – nicht das Ergebnis verlangen, sondern das Scheitern wagen, – das Ja zum Leben vollziehen, als werde in der Tiefe eine Hilfe sich zeigen, welche jedenfalls das bedeutet, dass das gut Gewollte nicht Nichts sei, dass es am Ende einströme in das Sein.«

Durch diese stille Form der Tapferkeit ist es möglich, sich zwischen den Dingen einzurichten, das Chaos und die Kostbarkeit eines großen Dachbodens zu lieben, in dem es – in der

Tiefe – immer wieder Überraschungen und Geheimnisse zu entdecken gibt, und sich dennoch einen Raum zu schaffen, in dem die beruhigende Übersichtlichkeit kleiner und großer Schubladen das Sagen hat. Das eine mit dem anderen in Einklang zu bringen und verstehen zu lernen, dass wir uns nicht nur nicht entscheiden müssen, sondern es auch gar nicht können – weil es immer dieses Ganze ist, das uns umgibt –, darin liegt das eigentliche Glück, die Einsicht, dass wir mitten im Chaos unser Leben in Ordnung bringen und halten können. Möglicherweise müssen wir dafür gar nicht viel tun, außer genau hinzuschauen, um festzustellen, dass die Dinge plötzlich ganz in Ordnung sind. Denn wir haben uns verändert und das verändert einfach alles. Sie werden sagen:»Na, so einfach ist das aber nicht« – Doch, genauso einfach ist es. Nur unsere Vorstellung, dass es das nicht sein darf, macht es oft so wahnsinnig kompliziert. Aber vielleicht ist sogar das letztlich auch völlig in Ordnung.

Diese Einsicht zu finden und sich darin einrichten zu können, ist die höchste Form der Ordnung, eine Ordnung, die nicht zu zerstören ist. Sie hat keinen Anspruch auf irgendeine statische Haltbarkeit oder inhaltliche Richtigkeit, sondern bezieht ihre Stabilität aus der inneren Überzeugung, zu wissen, wo man steht – auch mitten im Chaos.

Nachwort und Danksagung

»Na, wie fühlt es sich an, das Glück?« fragte Pistazia
und flatterte um seine Nase. »Es ist so dick wie du!« rief Lukas.
»Es ist dick und frech und warm und weich und rot und blau und federleicht!«

CORNELIA FUNKE, DIE GLÜCKSFEE

Nachdem dieses Buch geschrieben war, habe ich versucht, die Welt um mich herum einmal ohne »Filter«, nicht als mögliches Material oder Ideengeberin anzusehen. Ich habe meinen Blick (wieder einmal) durch unser Haus schweifen lassen, so manche der beschriebenen Ecken und Baustellen entdecken können, und interessanterweise ging es nun viel weniger darum, sie zu betrachten wie all die Monate zuvor, sie nicht »so schlimm« zu finden und damit die eigene These zu überprüfen, sondern darum, sie tatsächlich und endlich in Angriff zu nehmen.

Irgendetwas war wieder in Bewegung, und so hat in den letzten vier Wochen der Maler unseren Wintergarten gestrichen und sich über unsere alten Türen hergemacht. Die Dachdecker haben den längst überfälligen Schornstein saniert. Unsere Terrasse hat eine neue Seitenwand, nachdem wir über zehn Jahre überlegt hatten, wie diese Wand wohl aussehen könnte und ob es nicht vielleicht doch lieber eine komplett andere Terrasse sein sollte. Ich habe die letzten Steuerunterlagen zusammengetragen. Der Glaser hat eine gesprungene Scheibe ausgetauscht und der Kammerjäger ein Wespennest unter dem Schlafzimmerfenster beseitigt. Neben vielen großen und kleinen Erledigungen, die der Alltag so mit sich bringt, war es nun und endlich Zeit, um auch die alten Baustellen und Vorhaben in Angriff zu nehmen und ein wenig Ballast von der »leidigen Liste« der Erledigungen abzuhaken – ohne viel darüber nachzudenken. Das Haus ist nicht perfekt aufgeräumt, aber es sieht irgendwie aus wie frisch gewaschen und riecht noch leise nach Farbe.

Aber dieser Moment des »entschlossenen Handelns« (Heidegger) ergibt sich eben oft erst dann, wenn wir uns durch all dieses Nachdenken, das eigene Suchen und Finden hindurch so gut kennengelernt haben, dass wir einfach wissen, wann was an der Zeit ist, wann wir anfangen, uns selbst in die Tasche zu lügen und das Chaos eben doch nur noch eine Ansammlung unerledigten Krempels ist. Ein Chaos, das beseitigt werden muss, damit das große Chaos der darunterliegenden Möglichkeiten wieder sichtbar wird. Dass es dafür immer Helfer, Ratgeber, Kritiker, Zuhörer und Mitstreiter geben muss, sollte nach den letzten Kapiteln klar geworden sein. In diesem Sinne möchte ich all denen danken, die mit ihrer Hilfe, ihren Gedanken und Gesprächen Teil dieses Buches geworden sind – oder mich einfach nur in meiner eigenen Ordnung begleiten und aushalten:

Zuallererst gilt dieser Dank meinem Mann Nils, seiner Liebe, die so ein großer und wichtiger Teil meiner Suche, Wege, Schritte und unserer gemeinsamen, immer wieder neu herzustellenden Ordnung ist. Auch meinem Sohn Iver Bane danke ich für seine wunderbaren Gedanken, Fragen und Inspirationen, die ich teilweise in diesem Buch wiedergeben durfte. Dasselbe gilt für meine Tochter Lina Nike, die mir erlaubt hat, einen Blick in ihre so besondere, eigene Welt – und ihren Kleiderschrank zu veröffentlichen, und die mir immer wieder deutlich macht, dass es auch eine Sprache jenseits der Wörter gibt. Meinem jüngsten Sohn Per Marten danke ich für die Kraft, mit der er sich für Pausen und Gefühlsausbrüche in alle Richtungen stark macht, Chaos verbreitet und Momente der Ruhe einfordert. Ich danke meiner Schwester Gesa Carstensen für ihr »Dasein« durch all ihre und meine Höhen und Tiefen der letzten Jahre – auch und vielleicht gerade, weil nicht mehr alles zusammenpasst und dadurch ein anderer Blick auf das Eigene möglich wird. Auch meinen Eltern gilt ein großer Dank für ihren beständigen Einsatz und das, was sie bei aller Unterschiedlichkeit für mich und meinen eigenen Weg bis heute bedeuten.

Außerdem danke ich Dorothee Wienand-Kranz, Elke Jeanrond-Premauer und Heidemarie Bennent-Vahle für viele beflügelnde, wunderbare Gespräche und Anregungen, die mich immer und immer wieder ins Nachdenken bringen und das noch hoffentlich sehr lange tun werden, Carl-Ernst Müller für die gedankliche Nähe, die die letzten 28 Jahre überdauert hat und für mich mittlerweile eine wichtige Verbindung nicht nur in die Welt der Nachhaltigkeit geworden ist, Güde Bross danke ich für eine wiedergefundene Freundschaft und ihre Ausdauer, die Kunst mit ihrer Begeisterung für das Familienleben zusammenzubringen und bei aller Liebe zum Chaos niemals das Suchen aufzugeben, Stefanie Bunk für ihren klugen und offenen Blick auf das, was wir wirklich abbilden können, und ihre Aufmunterung, nicht jedes Projekt verwirklichen zu müssen. Ralf Westphal danke ich für die ausschweifenden »Elbgold«-Gespräche, die so manchen Gedanken für dieses Buch vorbereitet haben, Christoph Quarch für seine wertvollen Hinweise und den morgendlichen Blick bei Hermann Hesse, Doreen Weidlich für den wunderbaren Milchkaffee und die Geschichte aus Kreta, Ulrike Jackson für die Begeisterung, auch in Sachen Ordnung immer wieder das Neben- und Miteinander zu leben, Heide Peuckert für die gute Flasche Rotwein, für die sich auch die siebenmonatige Terminsuche gelohnt hat, Thomas Stammwitz u. a. für den »Ordner der guten Dinge«. Bei Bettina Bühler, Philip Eckhard und Karin Fronemann-Klos bedanke ich mich für die wichtigen und bleibenden Einblicke in das, was Gesundheit ausmacht.

Ein besonderer Dank gilt außerdem meiner Lieblingscousine und »Lieblingslektorin« Imke Sörensen (auch wenn es nicht ihre Schubladen waren, die mir im Alter von neun Jahren eine neue Weltordnung eröffnet haben), die mich immer wieder aufgemuntert hat, am Ball zu bleiben, und mich beim letzten Feinschliff so tatkräftig begleitet hat. Und nicht zuletzt danke ich Andrea Kunstmann vom Ludwig Verlag, die so viel Vertrauen und Begeisterung für die Ordnung aufbringen konnte, dass sie auch die manchmal verschlungenen Wege der Philosophie nicht abschrecken konnten.

Anmerkungen und Literatur

Im Folgenden wird die Literatur angegeben, auf die ich in den einzelnen Abschnitten entweder direkt Bezug genommen habe oder der ich wichtige Anregungen verdanke. Dass auch diese Anmerkungen nicht dem Ziel der Vollständigkeit verpflichtet sind, sondern eine persönliche Auswahl und eigene Vorlieben widerspiegeln, versteht sich am Ende dieses Buches wahrscheinlich fast von selbst.

Motto

Jaspers, Karl: Von der Weite des Denkens, München 1992, zitiert aus: Einführung in die Philosophie.

Einführung

Albert, Karl: Lebensphilosophie. Von den Anfängen bei Nietzsche bis zu ihrer Kritik bei Lukacs, Freiburg 1995.

Epiktet: Wege ins glückliche Handeln, Frankfurt 2009.

Fellmann, Ferdinand: Einführung in die Lebensphilosophie, Reinbek 1996.

Kozljanic, Robert Josef: Lebensphilosophie. Eine Einführung, Stuttgart 2004.

Leibniz, Wilhelm: Candide oder die beste aller möglichen Welten, Stuttgart 1986.

Nietzsche, Friedrich: Zarathustras Vorrede (5), in: Also sprach Zarathustra, hrsg. von Volker Gerhardt, München 2010.

Popper, Karl: Alle Menschen sind Philosophen, München 2004.

Stölzel, Thomas und Simone (Hrsg.): Denken mit W. Somerset-Maugham, Zürich 2009.

Abrahamson, Eric/David H. Freedmann: Das perfekte Chaos. Warum unordentliche Menschen glücklicher und effizienter sind, Berlin 2007.

Arendt, Hannah: Denken ohne Geländer, München 2006.

Aristoteles: Metaphysik (9. Buch), hg. von Paul Gohlke, Paderborn 1951.

Ders.: Nikomachische Ethik, hrsg. von Ernst A. Schmidt und Franz Dirlmaier, Stuttgart 2005.

Ders.: Physik, IV, 12, 220b, in: Philosophische Bibliothek Band 380: Aristoteles' Physik – Vorlesung über Natur – Erster Halbband: Bücher I–IV, hrsg. von Hans-Günter Zekl, Hamburg 1987.

Augustinus: Confessiones/Bekenntnisse, hrsg. von Kurt Flasch und Burkhard Mojsisch, Stuttgart 1989.

Baricco, Alessandro: Novecento, München 2006.

Bergson, Henri: Schöpferische Entwicklung, Zürich 1907.

Bollnow, O. F.: Vom Wesen und Wandel der Tugenden, Berlin 1963.

Cramer, Friedrich: Chaos und Ordnung. Die komplexe Struktur des Lebendigen, Frankfurt/M. 1993.

Damasio, Antonio: Descartes' Irrtum. Fühlen, Denken und das menschliche Gehirn, Berlin 2004.

Descartes, René: Meditationen über die erste Philosophie/Meditationes de prima philosophia (1637), hrsg. von Gerhard Schmidt, Stuttgart 2008.

Dürr, Hans-Peter: Vortrag anlässlich der Basler Umwelttage 2009: unter: http://www.youtube.com/watch?v=6xQwigIn05Q&feature=related

Eliot, T. S.: Vier Quartette (1943), in: Werke in vier Bänden: Gesammelte Gedichte 1909–1962, hrsg. von Eva Hesse und Christian Enzensberger, Frankfurt/M. 1988.

Ende, Michael: Momo, Stuttgart und Wien 2005.

Fischer, Ernst Peter: Die Hintertreppe zum Quantensprung. Die Erforschung der kleinsten Teilchen der Natur von Max Planck bis Anton Zeilinger, München 2010.

Friedell, Egon (Hrsg.): Denken mit G. C. Lichtenberg, Zürich 2009.

Geo/Ausgabe Nr. 2/07.05.1990: Chaos und Kreativität.

Heidegger, Martin: Freiburger Antrittsrede: Die Selbstbehauptung der deutschen Universität, Frankfurt/M. 1990.

Ders.: Sein und Zeit, Würzburg 2001.

Ders.: Was heißt Denken? Vorlesung von 1950/51, Tübingen 1997.

Heisenberg, Werner: Der Teil und das Ganze. Gespräche im Umkreis der Atomphysik, München 1996.

Hesse, Hermann: Glück, hrsg. von Volker Michels, Frankfurt/M. 2000.

Hornby, Nick: High Fidelity, München 1999.

Hüther, Gerald: Bedienungsanleitung für ein menschliches Gehirn, Göttingen 2010.

Ders.: Die Macht der Inneren Bilder. Wie Visionen das Gehirn, den Menschen und die Welt verändern, Göttingen 2010.

James, William: Das pluralistische Universum, Darmstadt 1994.

Knapp, Natalie: Anders denken lernen: von Platon über Einstein zur Quantenphysik, Bern 2008.

Dies.: Quantensprung im Denken: Was wir von der modernen Physik lernen können, Reinbek 2011.

Krohn, Wolfgang und G. Küppers: Vom Wirrwar zum Durcheinander. Wissenschaftsphilosophische Reflexionen zum Thema Chaos, in: Pierre-Simon Laplace: Vorwort zum Essai philosophique sur les probabilités, 1814, in deutscher Übersetzung: Philosophischer Versuch über die Wahrscheinlichkeit, hrsg. von Richard von Mises, Leipzig 1932, 2. Auflage, Frankfurt 1996.

Levine, Robert: Eine Landkarte der Zeit. Wie Kulturen mit Zeit umgehen, München 1999.

Lichtenberg, Georg C.: Aphorismen, Stuttgart 1986.

Luckner, Andreas: Klugheit (Grundthemen der Philosophie), Berlin 2005.

Montaigne, Michel de: Philosophieren heißt Sterben lernen, in: Essais, Frankfurt 1998.

Mutius, Bernhard von: Die andere Intelligenz, Stuttgart 2008.

Nietzsche, Friedrich: Über Wahrheit und Lüge im außermoralischen Sinne, in: Kritische Studienausgabe Band 1, hrsg. von G. Colli und M. Montinari, München 1980.

Platon: Sämtliche Werke Bd. 2: Lysis, Symposion, Phaidon, Kleitophon, Politeia, Phaidros. Reinbek 2004.

Saint-Exupéry, Antoine de: Die Stadt in der Wüste, Berlin 1996.

Schlegel, Friedrich: Über die Unverständlichkeit (1800), in: Athenäum. Eine Zeitschrift, hrsg. von A. W. Schlegel und F. Schlegel (1798–1800), Bd. 1–3, Darmstadt 1983.

Schumpeter, Joseph A.: Kapitalismus, Sozialismus und Demokratie, Stuttgart 2005.

Ders.: Theorie der wirtschaftlichen Entwicklung. Berlin 1912.

Simmel, Georg: Lebensanschauung, München/Leipzig 1922.

Taleb, Nassim Nicholas: Der Schwarze Schwan – Die Macht höchst unwahrscheinlicher Ereignisse, München 2008.

Terzani, Tiziano: Das Ende ist mein Anfang. Ein Vater, ein Sohn und die große Reise des Lebens, München 2008.

Kapitel 2

Adorno, Theodor W./Max Horkheimer: Dialektik der Aufklärung, Frankfurt/M. 2000.

Antonowsky, Aaron: Salutogenese. Zur Entmystifizierung der Gesundheit, Tübingen 1997.

Arendt, Hannah: Vita activa. Oder vom tätigen Leben, München 1981.

Baricco, Alessandro: Novecento, München 2006.

Bennent-Vahle, Heidemarie: Glück kommt von Denken. Die Kunst, das eigene Leben in die Hand zu nehmen, Freiburg 2011.

Dies.: Zitterpartie. Die zitternde Frau. (unveröffentlicht).

Böhme, Gernot: Einführung in die Philosophie, Frankfurt/M. 1994.

Botton, Alain de: Trost der Philosophie, Frankfurt/M. 2002.

Ders.: Status Angst, Frankfurt/M. 2006.

brand eins: Schwerpunkt Zu viel! Leben im Überfluss, Juli 2007.

Camus, Albert: Der Mythos von Sisyphos, Reinbek 2000.

Ders.: Fragen der Zeit, Reinbek 1997.

Ders.: Weder Opfer noch Henker. Über eine neue Weltordnung, Zürich 2009.

Csikszentmihaly, Mihaly: Dem Sinn des Lebens eine Zukunft geben. Eine Psychologie für das 3. Jahrtausend, Stuttgart 2005.

Der Spiegel: Ich bin dann mal off. Über die Kunst des Müßiggangs im digitalen Zeitalter, 19. 07. 2010.

DIE ZEIT: Verzettelt Euch nicht, Dossier, Mai 2011.

Ehrenberg, Alain: Das erschöpfte Selbst. Depression und Gesellschaft in der Gegenwart, Frankfurt/M. 2004.

Felixberger, Peter: Chaotify your life (change X).

Ferry, Luc: Leben lernen. Eine philosophische Gebrauchsanweisung, München 2009.

Foucault, Michel: Die Hermeneutik des Subjekts. Vorlesungen am Collége de France 1981/82, Frankfurt/M. 2009.

Frankl, Viktor: Der Mensch vor der Frage nach dem Sinn, München 2005.

Frisch, Max: Frage: Mögen Sie Zäune? in: Fragebogen, Frankfurt/M. 1998.

Ders.: Unsere Gier nach Geschichten, in: Gesammelte Werke in zeitlicher Folge, hrsg. von Hans Mayer und Walter Schmitz, Frankfurt/M. 1998.

Frankfurt, Harry G.: bullshit, Frankfurt/M. 2006.

Gadamer, Hans-Georg: Wahrheit und Methode, Tübingen 2010.

Gehlen, Arnold: Über die Geburt der Freiheit aus der Entfremdung, Gesamtausgabe, Bd. 4, Frankfurt/M. 1983.

Ders.: Zeitbilder, Frankfurt/M./Bonn 1965.

Wilhelm Genazino: Das Glück in glücksfernen Zeiten, München 2009.

Hamburger Trendbüro: Otto Group Trendstudie 2009: Die Zukunft des ethischen Konsums.

Han, Byun-Chul: Die Müdigkeitsgesellschaft, Berlin 2010.

Heidegger, Martin: Gelassenheit, Stuttgart 2008.

Ders.: Vorträge und Aufsätze, Pfullingen 1954 (1985).

Herder, Johann Gottfried: Abhandlung über den Ursprung der Sprache, Stuttgart 1986.

Hessel, Stephane: Empört Euch, Berlin 2010.

Ders./Richard David Precht: DIE ZEIT, Dossier, Juni 2011.

Humboldt, Wilhelm von: Ideen zu einem Versuch, die Grenzen der Wirksamkeit des Staates zu bestimmen, Stuttgart 1986.

Husserl, Edmund: 5. Logische Untersuchung (1901), Über intentionale Erlebnisse und ihre Inhalte, Hamburg 1992.

Ders.: Logos-Aufsatz: Philosophie als strenge Wissenschaft (1913), in: Die Krisis der europäischen Wissenschaften und die transzendentale Phänomenologie: Eine Einleitung in die phänomenologische Philosophie von Edmund Husserl, Hamburg 2007.

Hustvedt, Siri: Die zitternde Frau, Reinbek 2009.

Jaeggi, Rahel: Entfremdung. Zur Aktualität eines sozialphilosophischen Problems, Frankfurt/M. 2005.

Jahre des Unmuts, Thomas Manns Briefwechsel mit René Schickele 1930–1940, Frankfurt/M. 1992.

Jaspers, Karl: Einführung in die Philosophie, siehe Kapitel 1.

Ders.: Von der Weite des Denkens, München 2008.

Kaléko, Mascha: Mein Lied geht weiter, München 2007.

Kierkegaard, Sören: Abschließende und unwissenschaftliche Nachschrift zu den philosophischen Brocken, 1. Teil, 16. Abteilung, Düsseldorf/Köln 1959.

Meckel, Miriam: Ein Brief an mein Leben, Reinbek 2010.

Musil, Robert: Der Mann ohne Eigenschaften, Bd. II, aus dem Nachlass, Reinbek 1981.

Pascal, Blaise: Gedanken über die Religion und einige andere Themen, hrsg. von Jean-Robert Armogathe, Stuttgart 1997.

Pearce, Allison: Working Mum, München 2003.

Platon: Gorgias, in: Sämtliche Werke Bd. 1, Reinbek 2004.

Ders.:, Symposion, ebenda.

Pöppel, Ernst: Zum Entscheiden geboren: Hirnforschung für Manager, München 2008.

Riemen, Rob: Adel des Geistes. Ein vergessenes Ideal, München 2010.

Ders,: Maß und Wert (Vorwort): in: Thomas Mann Studien Bd. 10.

Rilke, Rainer Maria: Lied der Bildsäule, in: Wie soll ich meine Seele halten. Liebesgedichte, Frankfurt/M. 1975.

Rosa, Hartmut: Beschleunigung: Die Veränderung der Zeitstrukturen in der Moderne, Frankfurt 2005.

Rousseau, Jean-Jacques: Emile oder über die Erziehung, Stuttgart 1998.

Ders.: Vom Gesellschaftsvertrag oder die Grundsätze des Staatsrechts, Stuttgart 1986.

Sartre, Jean-Paul: Der Existenzialismus ist ein Humanismus und andere philosophische Essays, Reinbek 2000.

Schmid, Wilhelm: Glück: Alles, was Sie darüber wissen müssen, und warum es nicht das Wichtigste im Leben ist. Frankfurt 2007.

Ders.: Mit sich selbst befreundet sein. Von der Lebenskunst im Umgang mit sich selbst. Frankfurt 2007.

Schopenhauer, Arthur: Aphorismen zur Lebensweisheit, Stuttgart 1986.

Simmel, Georg: Die Großstädte und das Geistesleben, Frankfurt/M. 2006.

Storch, Maja: Das Geheimnis kluger Entscheidungen. Von somatischen Markern, Bauchgefühl und Überzeugungskraft, München 2005.

Tucholsky, Kurt: Das kann man noch gebrauchen, Neue Leipziger Zeitung, 19.08.1930.

Vauvenargues, Luc de: Große Gedanken entspringen im Herzen. Seine Maximen. Hrsg. von Wolfgang Kraus. Übers. von Candida Kraus. Wien 1954 (Zürich 1992).

Vom philosophicum zum physicum in der Medizin: Ärzteblatt, 27.12.2010.

Wittgenstein, Ludwig: Geheime Tagebücher 1914–1916, hrsg. von Hans Albert und Wilhelm Baum, Wien 1991.

Kapitel 3

Adorno, Theodor W.: Ästhetische Theorie, Frankfurt/M. 2010.

Aristoteles: Metaphysik (siehe Kapitel 1).

Balmer, Hans-Peter: Philosophische Ästhetik: Eine Einladung, Tübingen 2009.

Barthes, Roland: Die helle Kammer. Bemerkungen zur Photographie, Frankfurt/M. 1989.

Baudelaire, Charles: Das Schöne, die Mode und das Glück. Constantin Guys, der Maler des modernen Lebens (1863), Berlin 1999.

Benjamin, Walter: Das Kunstwerk im Zeitalter seiner technischen Reproduzierbarkeit. Drei Studien zur Kunstsoziologie, Frankfurt/M. 2010.

Bergson, Henri: Schöpferische Entwicklung (siehe Kapitel 1).

Bertram, Georg W.: Kunst. Eine philosophische Einführung. Stuttgart 2007.

Beuys, Joseph: Interview mit der Cosmopolitan (4/1985).

Bieri, Peter: Handwerk der Freiheit, Frankfurt/M. 2006.

Bloch, Ernst: Das Prinzip Hoffnung, hrsg. von Burkhard Schmidt, Frankfurt/M. 1978.

Bollnow, O. F.: Das Wesen der Stimmungen, Würzburg 1995.

Brand eins: Schwerpunkt Spielen, August 2006.

Buber, Martin: Ich und Du (1923), Stuttgart 1995.

Cassirer, Ernst: Die Philosophie der symbolischen Formen, Bd. 1–3, Hamburg 2002.

Demand, Christian: Wie kommt die Ordnung in die Kunst?, Lüneburg 2010.

Eliot, T. S.: Vier Quartette (1943), siehe Kapitel 1.

Foucault, Michel: Die Ordnung der Dinge. Eine Archäologie der Humanwissenschaften, Frankfurt/M. 2003.

Ders.: Die Ordnung des Diskurses, Frankfurt/M. 1991.

Heidegger, Martin: Der Ursprung des Kunstwerks, Stuttgart 1986.

Ders.: Sein und Zeit (siehe Kapitel 2).

Hustvedt, Siri: Der andere Blick, Cicero 2010.

Janosch: Oh wie schön ist Panama, Weinheim 2004.

Jasper, Karl: Metaphysik als Chifferschrift, in: Einführung in die Philosophie, München 2004.

Jung, C. G.: Taschenbuchausgabe in 11 Bänden: Archetypen, München 2001.

Kaléko, Mascha: In meinen Träumen läutet es Sturm, München 1977.

Kant, Immanuel: Die Kritik der Urteilskraft (1793), Stuttgart 1986.

Ders.: Vom Schönen und Erhabenen, Konstanz 1983.

Kleist, Heinrich von: Über die langsame Verfertigung des Gedankens beim Reden, in: Sämtliche Werke und Briefe, zweibändige Ausgabe in einem Band, hrsg. von Helmut Sembdner, München 2001.

Maturana, Humberto: Liebe und Spiel. Die vergessenen Grundlagen des Menschseins, Heidelberg 1993.

Ders.: Über die Freude, Interview mit der brand eins, August 2006.

Merö, László: Die Logik der Unvernunft. Spieltheorie und die Psychologie des Handelns, Reinbek 2004.

Nietzsche, Friedrich: Also sprach Zarathustra (siehe Kapitel 1).

Ders.: Die Geburt der Tragödie, hrsg. von G. Colli und M. Montinari, München 1999.

Ders.: Über den Nutzen und Nachteil der Historie für das Leben, in: Krit. Studienausgabe Bd. 1, hrsg. von G. Colli und M. Montinari, München 1980.

Ders.: Über Wahrheit und Lüge im außermoralischen Sinne (siehe Kapitel 1).

Platon: Sophistes, in: Sämtliche Werke Bd. 3, Reinbek 2004.

Quarch, Christoph: Eros und Harmonie. Eine Philosophie der Glückseligkeit, Freiburg 2006.

Rilke, Rainer Maria: Die Gedichte, Frankfurt 2006.

Schapp, Wilhelm: In Geschichten verstrickt: Zum Sein von Mensch und Ding, Frankfurt/M. 1985.

Schiller, Friedrich: Über Anmut und Würde, Stuttgart 1991.

Ders.: Über die ästhetische Erziehung des Menschen, in einer Reihe von Briefen: Mit den Augustenburger Briefen, hrsg. von Klaus L. Berghahn, Stuttgart 2000.

Ders.: Vom Pathetischen und Erhabenen, Stuttgart 1991.

Schlegel, Friedrich: Athenäum (siehe Kapitel 1).

Schmid, Wilhelm: Die Philosophie der Lebenskunst, Frankfurt/M. 1999

Ders.: Mit sich selbst befreundet sein. Von der Lebenskunst im Umgang mit sich selbst, Frankfurt/M. 2007.

Schumacher, Eckhard: Die Ironie der Unverständlichkeit: Johann Georg Hamann, Friedrich Schlegel, Jacques Derrida, Paul de Man, Frankfurt/M. 2000.

Georg Simmel: Das Abenteuer, in: Philosophische Kultur (1911), Berlin 1983.

Ders.: Die Rembrandtstudie, in: Aufätze und Abhandlungen, 1909–1918, Band II, hrsg, von Klaus Latzel, Frankfurt/M. 2000.

Ders.: Lebensanschauung (siehe Kapitel 1).

Stölzel, Thomas und Simone (Hrsg.): Denken mit W. Somerset Maugham, (siehe Kapitel 1).

Taylor, Charles: Das Unbehagen an der Moderne, Frankfurt/M. 1995.

Kapitel 4

Eliot, T.S.: Vier Quartette (1943), siehe Kapitel 1.

Nachwort und Danksagung

Funke, Cornelia: Die Glücksfee, Frankfurt/M. 2006.

Interessante Links zur lebendigen Umsetzung philosophischer Gedanken

Agora 42
www.agora42.de

Change X
www.changex.de

Chateau D'Orion
www.chateau-orion.com

Der blaue Reiter
www.derblauereiter.de

Internationale Gesellschaft für philosophische Praxis
www.igpp.org

Modern life school
www.modernlifeschool.de

Philosophiearena
www.philosophiearena.de